세계 슈퍼 리치

초판 1쇄 발행 | 2012년 9월 5일
초판 2쇄 발행 | 2013년 2월 1일

지은이 | 최진주, 문향란, 남보라
발행인 | 정숙경
편집장 | 이원범
기획·편집 | 김은숙
편집 지원 | 조아라
표지디자인 | 강선욱
본문디자인 | 김수미
마케팅 | 안오영

펴낸곳 | 어바웃어북 about a book
출판등록 | 2010년 12월 24일 제313-2010-377호
주소 | 서울시 마포구 서교동 394-25 동양한강트레벨 1507호
전화 | (편집팀) 070-4232-6071 (영업팀) 070-4233-6070
팩스 | 02-335-6078

ⓒ 최진주·문향란·남보라, 2012

ISBN | 978-89-97382-12-5   13320

* 이 책은 어바웃어북이 저작권자와의 계약에 따라 발행한 것이므로
  본사의 서면 허락 없이는 어떠한 형태나 수단으로도 책의 내용을 이용할 수 없습니다.
* 잘못된 책은 구입하신 서점에서 바꾸어 드립니다.
* 책값은 뒤표지에 있습니다.

The Secret of the World
SUPER RICH
세계 슈퍼 리치

| 초일류 거부를 만든 부자 DNA | 최진주, 문향란, 남보라 지음 |

어바웃북

Prologue

슈퍼 리치,
부(富)의 피라미드
맨 꼭대기를 점령한 0.00001%

■ 누가 '슈퍼 리치'인가?

'슈퍼 리치'는 20세기 경제학자이자 언론인인 페르디난드 룬드버그(Ferdinand Lundberg)가 1968년에 출간한 『부자와 슈퍼 리치 : 돈의 역학 연구(The Rich and the Super-Rich : A Study in the Power of Money Today)』에서 처음 언급한 개념이다. 오늘날 슈퍼 리치, 나아가 '울트라 리치(ultrarich)'라는 용어까지 심심찮게 언론에 등장하고 일상적으로 사용되고 있지만, 사실 슈퍼 리치에 대한 명확한 개념 정의는 되어 있지 않다. 얼마나 재산이 많아야 '부자' 축에 낄 수 있으며, 또 어느 정도로 부를 쌓아야 '그냥' 부자가 아니라 슈퍼 리치의 대열에 합류할 수 있는지, 사전적 또는 학술적으로 약속된 정의는 없다는 얘기다.

부호, 갑부, 거부, 자산가, 백만장자 등등 부자를 가리키는 단어도 많고, 부자를 정의하는 방법도 많다. 가령 드라마 〈시크릿 가든〉의 주인공이었던 젊은 백화점 재벌 김주원(현빈 분)에게 부자란 '매일매분매초 국내외 통장 잔고가 불어나기 때문에, 자기 통장에 얼마가 들어있는지 모르는 사람들'이다. 미국의 석유 재벌 진 폴 게티(Jean Paul Getty)도 부자에 대해 이와 비슷한 정의를 내렸다. "자신이 가진 돈을 셀 수 있는 부자는 진정한 부자가 아니다."

부자 중의 부자를 지칭할 때 많이 통용되는 단어로는 '백만장자(millionaire)'와 '억만장자(billionaire)'를 꼽을 수 있다. 실제 사전을 찾아보면 백만장자는 '재산이 아주 많은 큰 부자', 억만장자는 '헤아리기 어려울 만큼 많은 재산을 가진 사람'이라 정의되어 있다. 특히 두 단어는 단어 자체에 구체적인 부의 기준을 세우고 있기 때문에 부자를 정의하기에 가장 유용하다. 백만장자는 100만 달러, 100만 유로, 100만 원과 같이 각 국가 통화단위 별로 100만(million) 이상을 보유한 사람을 뜻한다. 이대로 해석하면 백만장자는 통상 미화 100만 달러, 우리 돈으로 약 11억 원을 가진 사람들이 되고, 억만장자라고 하면 10억(billion) 달러, 대략 1조 원대의 자산가가 된다. 그러나 억만장자는 그렇다 하더라도 최소한 한국이나 미국과 같은 나라에서 100만 달러(11억 원) 자산가를 부자를 상징하는 '백만장자'라고 부르는 것은 다소 무리가 있지 않을까?

아무튼 세계 슈퍼 리치의 동향을 추적하는 보고서들이 사용하는 잣대는 백만장자 또는 억만장자다. 컨설팅 업체 캡제미니(Capgemini)가 발표하는 「세계 부자 보고서(World Wealth Report)」는 백만장자를 기준으로 삼는다. 부동산 등을 제외하고 투자 가능한 금융자산만 100만 달러 이상을 보유한 사람을 '고액 순자산 보유자(HNWI : High Net Worth Individuals)'로 분류한다. HNWI인구는 1,100만 명으로 파악된다(2011년 기준). 전 세계 인구의 대략 0.15%에 해당하는 수치다.

미국의 경제저널 「포브스(Forbes)」는 상장기업 주식부터 비상장기업 투자 지분, 보유 부동산, 현금성 자산, 심지어 요트나 미술품 같은 고가 수집품까지 망라해 10억 달러 이상의 재산을 가진 거부들을 대상으로 1987년 이래 해마다 '세계 억만장자(The World's Billionaires) 리스트'를 작성하고 있다. 여기에 해당하는 슈퍼 리치는 시간이 흐름에 따라 증가하는 추세이나 아직 전 세계 1,226명(2012년 기준)에 불과하다.

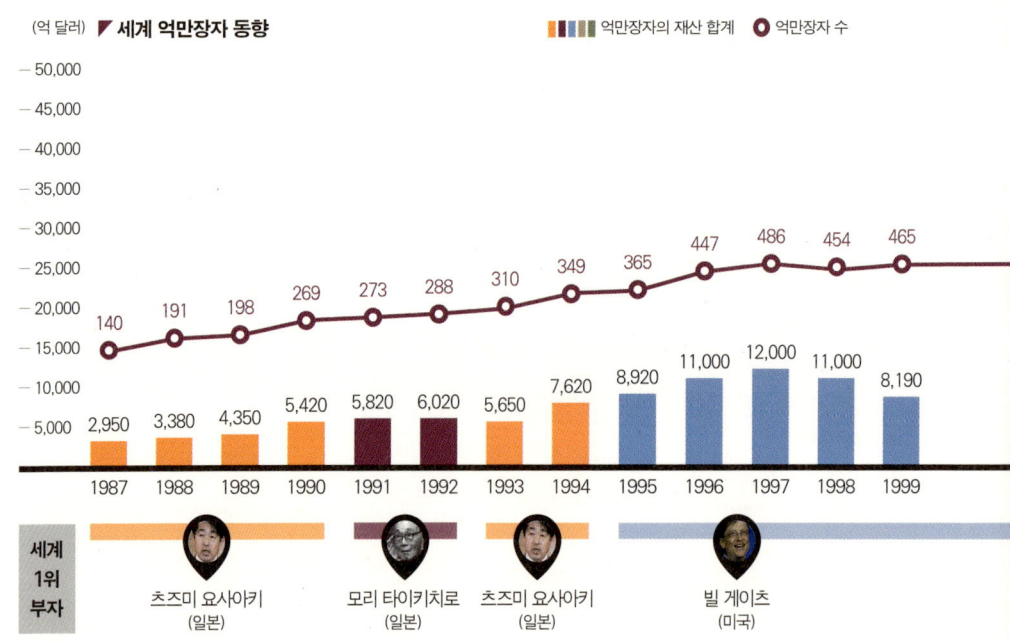

사실 100만 달러까지는 아니라 하더라도 10억 달러는 어지간한 사람들에게는 가늠조차 하기 어려운 어마어마한 돈이다. 그래도 슈퍼 리치라고 한다면, 보통의 부자를 한참 뛰어넘는 수준이어야 누구라도 동의할 수 있을 터이기에 이 책에서는 부자 피라미드의 상층부에서도 가장 꼭대기에 해당하는 억만장자를 기준으로 삼았다.

세계 경제의 바로미터 슈퍼 리치의 이동

「포브스」가 처음으로 억만장자 순위를 공표한 1987년 리스트에 오른 슈퍼 리치는 단 140명에 불과했다. 하지만 20년 만인 2008년

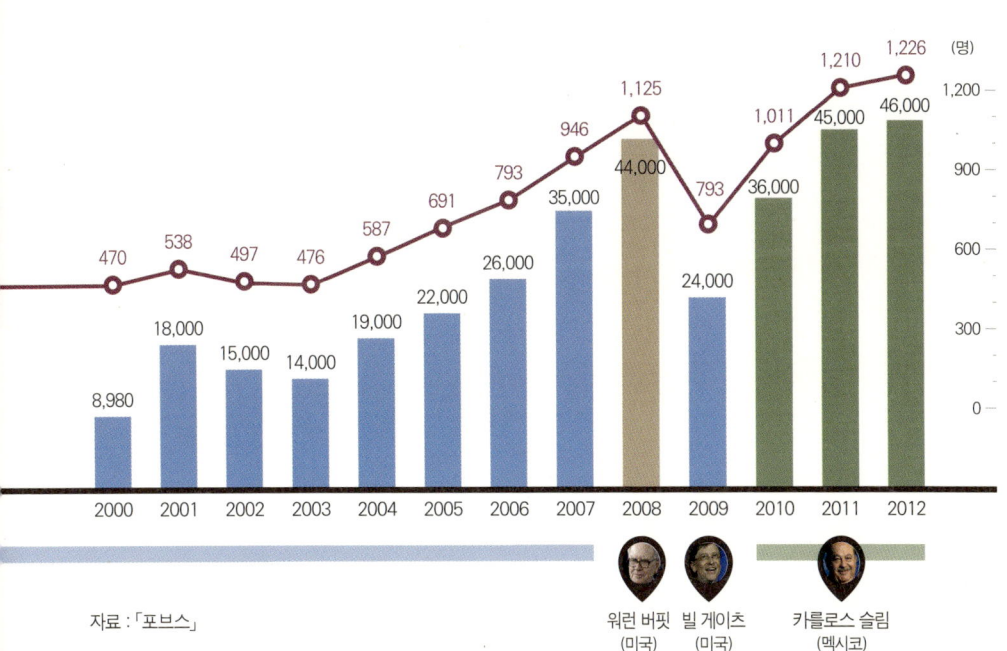

자료: 「포브스」

워런 버핏 (미국)   빌 게이츠 (미국)   카를로스 슬림 (멕시코)

억만장자는 1,000명을 넘어섰다. 그동안 슈퍼 리치의 외형은 엄청 확대되었다. 억만장자의 숫자는 1987년 140명에서 2012년 1,226명으로 아홉 배 늘었다. 여기에 특기할만한 점은 억만장자들이 보유한 재산 총계는 1987년 2,950억 달러에서 2012년 4조 6,000억 달러로 열여섯 배 가까이 증가했다는 것이다. 결국 억만장자들이 더 큰 부자가 되었다는 의미다.

그러나 슈퍼 리치가 양적으로만 성장한 것은 아니다. 슈퍼 리치 범주에 속하는 이들의 성격에도 변화가 일어나고 있다. 그 방향성은 세계 경제 성장엔진의 이동, 돈의 흐름과도 통하고 있다.

전통적으로 슈퍼 리치가 많은 국가는 미국이다. 「포브스」 조사가 시작된 이래 한 해도 빠짐없이 미국은 가장 많은 억만장자를 배출했다. 2012년 리스트에 따르면, 미국인 억만장자는 424명으로 전체의 3분의 1에 해당한다. 업종으로는 금융(77명)과 투자(143명) 분야가 지속적으로 강세다. 즉 '오마하의 현인' 워런 버핏(Warren Buffett) 버크셔 해서웨이 회장 등이 활동해온 월스트리트가 대표적인 슈퍼 리치의 요람인 셈이다.

그러나 지난 25년간 억만장자 리스트의 추세를 보면, 일본의 부진과 브릭스(BRICs : 브라질, 러시아, 인도, 중국)의 도약, 그리고 정보기술(IT) 업종의 부상이 두드러진다. 세계 경제 구도의 흐름과 맞아 떨어지는 변화다.

1980~1990년대 초반 미국을 뒤따르는 슈퍼 리치의 산실은 일본이었다. 「포브스」의 첫 억만장자 리스트(1987년)에 따르면, 140명 중 미국(41명)이 최다를 기록했고, 일본(24명)과 서독(13명)이 그 뒤를 바짝 쫓고 있었다. 세계 제1의 부호도 일본 차지였다. 1994년까지 츠

즈미 요시아키(堤義明, 1934년~) 전 세이부그룹 회장과 모리 타이키치로(森泰吉郎, 1904~1993년) 모리빌딩 창업주가 세계 제1의 부호로 선정되었다.

그러나 20여년이 지나면서 일본의 위세는 수그러들고, 그 자리를 신흥경제대국 러시아(96명)와 중국(95명)이 대체했다. 「포브스」 억만장자 리스트에서 브릭스 국가 출신의 비율은 2006년 10%에 불과했으나, 2010년대 들어서는 20%대로 늘었다. 그만큼 브릭스에서 새로운 억만장자가 많이 나온 것이다.

슈퍼 리치 리스트에 또 다른 변화의 물결은 미국 서부 실리콘밸리에서 일었다. IT 벤처기업들이 성공 신화를 쓰면서 재능과 배짱을 밑천 삼아 자수성가한 IT 천재들이 속속 청년 갑부의 대열에 입성했다.

야후 공동창업자 제리 양(Jerry Yang)과 데이비드 필로(David Filo), 그리고 아마존닷컴을 세운 제프 베조스(Jeff Bezos)가 1999년에 「포브스」 억만장자 순위에 뉴페이스로 등장했다. 또 구글 창업자 세르게이 브린(Sergey Brin)과 래리 페이지(Larry Page)는 2004년, 그리고 2008년 페이스북의 마크 저커버그(Mark Zuckerberg)에 이어 2011년 더스틴 모스코비츠(Dustin Moskovitz), 에두아르도 세브린(Eduardo Saverin), 숀 파커(Sean Parker) 등이 억만장자에 합류했다. 미국 국적의 억만장자 중 IT 업계 출신은 2002년 26명에서 2012년 51명으로 두 배 증가했다.

초일류 거부를 만든 부자 DNA

우리는 전 세계에서 단 0.00001%의 사람들, 슈퍼 리치의 삶을 탐색하는 여정을 떠날 것이다. 그들 중에는 부모 잘 만난 덕에 나면서부터 초특급 삶을 누린 가업승계형도 있고, 온전히 자신의 능력과 노력으로 새로운 부를 창출한 자수성가형도 있다. 또 타인의 땀과 눈물 위에 부를 쌓아 올린 부호도 있다. 부를 축적한 방식과 과정은 다르지만, 그들은 모두 주어진 것에 안주하지 않았다는 공통점이 있다.

퍼스널컴퓨터(PC) 시대의 도래와 함께 모두가 컴퓨터 하드웨어 분야에서 기회를 잡으려고 안달할 때, 빌 게이츠(William H. Gates)는 독특하게 운영체제(OS)로 눈을 돌렸다. 그가 1994년부터 15년 가까이 세계 최고 부호로 군림할 수 있었던 배경이다. 현재 세계 최고 부호인 카를로스 슬림(Carlos Slim Helu)은 1980년대 멕시코의 모라토리엄(지불유예) 선언 이후 당시 위기가 일시적일 것으로 판단하고 오히려 헐값에 나온 기업들을 인수함으로써 거대한 부의 발판을 만들었다. 베르나르 아르노(Bernard Arnault) 루이비통 모에 헤네시(LVMH) 회장의 명품 제국은 역설적이게도 명품 시장의 대중화를 통해 구축되었다.

이제부터 만날 40인의 슈퍼 리치 스토리를 통해 우리는 그들의 성공신화를 가능케 한, '부자 DNA'를 찾아내려 한다. 아마도 그들에게 공통적으로 발견되는 DNA는 전략적이었든 혹은 우연의 결과였든, 앞날의 흐름을 읽어내는 '통찰력'과 결정적 기회를 놓치지 않는 '결단력'이지 않을까 싶다. 1%의 가능성만 가지고도 세상을 바꾸기 위해 도전장을 던졌고, 스스로의 변화를 두려워하지 않았다. 그렇게 경쟁에서 살아남고 위기를 이겨냈다.

앞으로 전개될 슈퍼 리치 40인의 삶 속에서 어떤 교훈을 얻게 될지, 물음표를 찍는 것으로 이번 여정을 시작한다.

| 일 | 러 | 두 | 기 |

● 이 책이 소개하고 있는 40인의 슈퍼 리치는 매년 3월 미국의 경제저널 「포브스」가 선정하는 '세계 억만장자 리스트'에 포함된 갑부를 대상으로 했다. 선진국에서 개발도상국으로 이동하고 있는 부의 흐름을 반영하기 위해서, 중국·인도·브라질·러시아·호주·나이지리아 등 최대한 여러 나라의 슈퍼 리치를 다루고자 했다.

● 과거가 아닌 현재의 부를 파악할 수 있도록 역사상 최고 부자로 꼽히는 록펠러나 월마트 제국을 일으킨 샘 월튼과 같은 과거의 갑부가 아닌 생존해 있는 슈퍼 리치를 대상으로 했다. 기획 단계에서는 살아 있었으나 집필 단계에서 세상을 떠난 스티브 잡스만은 예외로 했다.

● 슈퍼 리치들이 어떻게 돈을 벌었는지에 대해 명확한 사실을 전달하고자 했다. 슈퍼 리치를 다룬 많은 책이 그들의 열정과 노력을 칭송하는 데 열중한 나머지 그림자는 잘 다루지 않는 경향이 있었으나, 이 책은 명(明)과 암(暗)을 모두 다루기 위해 노력했다.

Contents

004 Prologue ··· 슈퍼 리치, 부(富)의 피라미드 맨 꼭대기를 점령한 0.00001%

018 **Insight** ··· 더 멀리 더 깊이 내다본 자의 도발적 안목
090 **Challenge** ··· 1%의 가능성으로 세상을 뒤집은 '반전 신화'
160 **Defense** ··· '혁신'의 다른 이름
224 **Recovery** ··· 아흔아홉 번의 실패를 디딤돌 삼아 쏘아올린 성공
296 **Survival** ··· 더 큰 꿈을 꾸기 위한 초석

364 The World's Billionaires ··· 세계 억만장자 리스트

Insight

● 더 멀리 더 깊이 내다본 자의 도발적 안목

악해지지 않고도 억만장자가 되다
래리 페이지, 세르게이 브린
020

세상에서 가장 부유한 자린고비
잉바르 캄프라드
030

한 손에 『논어』를, 다른 한 손에 주판을 든 거상
리카싱
038

전 세계 '지식의 강' 아마존닷컴의
제프 베조스
046

검약이 몸에 밴 독일인의 소비심리를 파고들다
카를 알브레히트
054

'옷을 바꾸고, 의식을 바꾸고, 세계를 바꾼다'
야나이 다다시
062

한 나라의 GDP보다 큰 자산을 운용하는 남자
워런 버핏
072

운동화에 인격을 불어넣은 마케팅 귀재
필 나이트
082

Challenge

● 1%의 가능성으로 세상을 뒤집은 '반전 신화'

옷 가게 점원 출신으로
패션의 패러다임을 바꾼
아만시오 오르테가
092

'검색 공룡'
구글을 밀어낸 중국 곰
리엔훙
100

나를 키운 건
8할이 위기의식이다
이건희
108

스크루지의 외형을 한
산타클로스
아짐 프렘지
120

'기회의 땅',
아프리카를 품다
알리코 단고테
128

금융위기가 낳은
슈퍼스타
존 폴슨
136

부(富)를 캐는
야심만만한 광산업자
에이케 바티스타
144

열린 세상을 꿈꾸는
최연소 억만장자
마크 저커버그
152

Defense

● '혁신'의 다른 이름

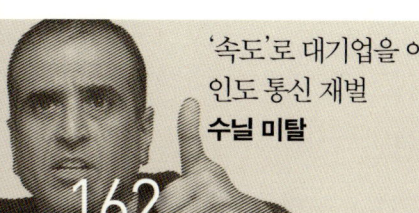
'속도'로 대기업을 이긴
인도 통신 재벌
수닐 미탈
162

멕시코가 배출한
세계 1위 부자
카를로스 슬림
168

폴크스바겐 VS. 포르셰,
애증관계의 구심점
페르디난드 피에히
176

'명품 제국의 황제'
베르나르 아르노
186

'패션의 맥도날드'
H&M 회장
스테판 페르손
194

'재미'를 팔아
막대한 '재미'를 누린
야마우치 히로시
202

미국 보수진영의
숨은 실력자
코크 형제
210

세계 최고
여성갑부가 된
'철의 여인'
지나 라인하트
218

Recovery

● 아흔아홉 번의 실패를 디딤돌 삼아 쏘아올린 성공

공산품을 작품의 경지에 올려놓은 '21세기 장인'
스티브 잡스
226

파산 위기의 BMW를 구한
크반트 가문
240

중국 '국민음료회사' 와하하 그룹 회장
쭝칭허우
248

마카오를 먹여 살린 '카지노 제왕'
스탠리 호
256

'비전의 힘'을 믿는 승부사
손정의
264

프랑스 정계를 뒤흔든 '세기의 상속녀'
릴리안 베탕쿠르
272

'아라비아의 워런 버핏'
알 왈리드 빈 탈랄
280

정치적 영향력이 세계에서 가장 큰 갑부
마이클 블룸버그
288

Survival
● 더 큰 꿈을 꾸기 위한 초석

정치 권력을 등에 업고
성장한 신흥부자
로만 아브라모비치
298

전 세계 철강회사를
먹어치우는 '철강 공룡'
락시미 미탈
306

기업사냥꾼 VS.
행동주의 투자자
칼 아이칸
314

명품과
미술품 시장의 식탐가
프랑수아 피노
322

프롤레타리아의
신화를 쓴 철의 노동자
블라디미르 리신

330

인도 경제를
쥐락펴락하는
막장드라마 주인공
암바니 형제
336

독점자본가 VS.
나눔전도사
빌 게이츠

346

금융의 연금술사
조지 소로스
356

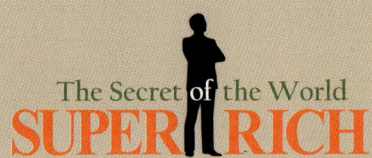

Insight
● 더 멀리 더 깊이 내다본 자의 도발적 안목

Larry Page
Sergey Brin

악해지지 않고도 억만장자가 되다
래리 페이지, 세르게이 브린

윗줄 왼쪽부터 시계 방향으로 세르게이 브린, 래리 페이지, 에릭 슈미트.

빌 게이츠와 스티브 잡스(Steven Paul Jobs)가 나이 서른에 억만장자가 되는 길을 보여준 후, 미국에서는 수많은 컴퓨터 공학도들이 창업에 나섰다. 특히 1998~2000년은 인터넷 벤처 창업의 열기가 최고조에 이르렀던 때였다. 1998년 인터넷 검색사이트 '구글(Google)'을 창업한 동갑내기 래리 페이지(Larry Page, 1973년~)와 세르게이 브린(Sergey Brin, 1973년~)도 그 중 하나였다. 이들이 서른한 살이 되던 2004년 구글은 나스닥에 상장했고, 3년 만에 주가가 네 배로 뛰어올랐다.

악하지 않게 돈을 벌겠다!

IT 분야 벤처기업으로 시작해 세계적인 기업으로 성장한 마이크로소프트(MS), 애플, 구글의 창업 과정을 보면 비슷한 부분이 많다. 먼저 혼자가 아닌 두 명의 천재가 만나 시작했다는 점이다. MS는 빌 게이츠와 폴 앨런(Paul Allen), 애플은 스티브 잡스와 스티브 워즈니악(Steve Wozniak), 구글은 페이지와 브린이 각각 공동 창업한 공통점을 가지고 있다. 모두 수학에 재능을 보였고 컴퓨터에 빠진 공학도들이었다.

창고에서 시작했다는 것도 비슷하다. 잡스와 워즈니악은 잡스의 집 창고에서 워즈니악이 만든 애플컴퓨터를 만들어 내다 팔면서 동업을 시작했다. 게이츠와 앨런은 창고는 아니었지만 여관에서 소프트웨어를 개발하며 MS를 창업했고, 페이지와 브린은 페이지의 여자친구 집 차고를 사무실 삼아 구글을 창업했다.

하지만 닮은 점은 여기까지다. 구글의 창업자들은 회사를 성장시켜 나가는 데 있어서 선배들과 다른 길을 걷고자 했다. 게이츠나 잡스 모두 함께 창업한 파트너에 비해 마케팅과 비즈니스 감각이 뛰어났고 독점과 폐쇄성 등으로 사회적 비판을 받으면서도 회사를 키우는 데 주력했다. 그러나 구글의 창업자들에게는 '비즈니스 마인드' 대신 '엔지니어 마인드'가 뼛속 깊이 자리 잡고 있었다. 구글의 유명한 모토인 "악해지지 말라(Don't be evil)"는 이렇게 앞서 성공한 IT 거물들과는 다른 방법으로, 철면피가 되지 않고서도 돈을 벌어보겠다는 페이지와 브린의 의지가 담겨 있다.

'구글'이라 쓰고 '검색'이라 읽는다

페이지와 브린의 만남은 1995년으로 거슬러 올라간다. 페이지는 미국 미시건, 브린은 러시아 모스크바 태생이지만 모두 유대인이고 부모가 대학교수였다는 공통점이 있다. 미시건주립대학 컴퓨터과학 교수였던 부모 밑에서 자란 페이지는 어릴 때부터 「파퓰러 사이언스(Popular Science)」 같은 과학잡지가 가득한 집안에서 자랐다.

이런 환경 덕에 페이지는 여섯 살 때부터 컴퓨터를 시작했고, 초등학교에서는 워드프로세서로 숙제를 제출한 최초의 학생이었다고 한다. 그는 발명에 관심이 많았고, 교류전기 등을 개발한 19세기 말에서 20세기 초 최고의 발명가 테슬라(Nikola Tesla)를 우상으로 여겼다. 미시건주립대학에서 컴퓨터공학을 전공할 때는 레고 블록으로 잉크젯 프린터를 만들기도 했다.

페이지가 브린을 만난 것은 1995년 스탠퍼드대학에서 컴퓨터과학 박사 과정을 밟고 있을 때였다. 당시에도 여러 가지 검색엔진이 나와 있었지만, 수많은 정보 중 원하는 것을 정확히 찾아내 주는 검색엔진은 아직 없었다. 페이지는 월드와이드웹(WWW)의 대표적 특징 중 하나인 '하이퍼링크'에 주목했다.

사람들은 인터넷의 좋은 정보를 인용할 때 링크를 건다. 많은 사이트에 링크를 통해 인용되었다면 좀 더 중요한 정보일 수 있다. 따라서 하이퍼링크를 기준으로 정보의 중요도에 순위를 부여하면, 검색 키워드를 입력했을 때 중요도가 가장 높고 근접한 결과가 출력될 수 있다. 여러 곳에 인용된 논문은 그만큼 가치 있고 중요한 논문인 것과 마찬가지다. 하지만 문제는 인터넷의 정보가 너무 방대하다는 것이다. 수천만 개의 문서들을 어떻게 파악하고 분석할 것인가?

여기서 수학 천재 브린이 합류했다. 수학자였던 할머니와 아버지의 두뇌를 이어 받은 브린은 수학과 컴퓨터공학을 복수전공하고 있었고, 페이지의 담대한 연구과제야말로 자신의 능력을 한껏 발휘할

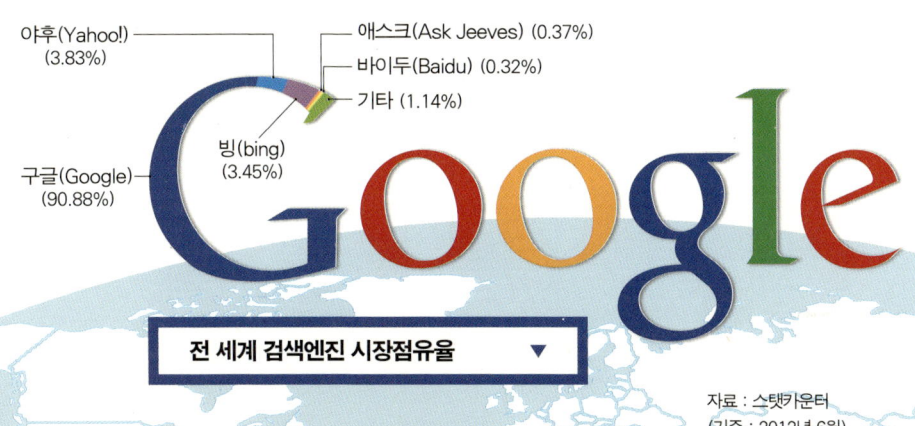

▶ 한국, 중국 등 몇몇 국가를 제외하고는 구글이 전 세계 검색 시장을 독점하다시피 하고 있다.

야후(Yahoo!) (3.83%)
애스크(Ask Jeeves) (0.37%)
바이두(Baidu) (0.32%)
기타 (1.14%)
빙(bing) (3.45%)
구글(Google) (90.88%)

전 세계 검색엔진 시장점유율

자료 : 스탯카운터
(기준 : 2012년 6월)

만한 것이라 판단했다. 브린은 인터넷의 수많은 데이터를 가져와서 체계적으로 분석할 수 있는 시스템을 개발했고, 두 사람은 하이퍼링크에 기반을 둔 검색엔진 개발에 드디어 성공했다.

넓은 화면 한가운데 큼직하게 박힌 로고, 극단적으로 단순한 검색창 하나, 그리고 '검색'이란 버튼 옆에 놓인 '운이 좋을 것 같아(I'm feeling lucky)'라는 문구, 검색엔진 구글은 이렇게 인터넷 세상에 모습을 드러냈다. 그 흔한 배너광고도 하나 없었다. 검색엔진의 이름은 10의 100제곱을 뜻하는 구골(googol)에서 따왔다. 검색엔진 구글은 공학도이자 수학도였던 두 사람의 성격을 그대로 드러낸다.

페이지와 브린이 개발한 알고리즘이 출력해 주는 검색 결과는 믿을 수 없을 만큼 빠르고 정확했다. '검색' 대신 '운이 좋을 것 같아'를 클릭하면 바로 해당 사이트로 데려다 줬다. 사실 구글이 나오기 전까지만 해도 인터넷에서 원하는 정보를 빨리, 정확하게 찾기란 '행운'이 필요한 일이었다. 이전까지만 해도 인터넷 사이트를 돌아다니는 관문(포털)은 '야후'였지만, 이제 원하는 사이트를 찾기 위해 포털사이트에서 한참 헤매고 다닐 필요가 없었다.

결국 구글은 1998년 창업한 지 2년 만에 검색건수 하루 1,800만 건에 달하는 미국 최대 검색 사이트로 급성장했다. 이제 '구글'은 '검색하다'라는 뜻의 동사로 쓰이게 되었다.

악하지 않은 비즈니스, 독점의 비난마저 비켜가다

2001년 구글은 썬마이크로시스템즈의 최고기술경영자(CTO)를 역임한 에릭 슈미트(Eric Schmidt, 1955년~)를 이사회 회장 겸 대표이사(CEO)로 영입한다. 회사가 커진 만큼 체계적으로 경영할 필요성이 생겼고, 주식 시장 상장도 염두에 둬야 했기 때문이다. 이때부터 구글은 페이지, 브린, 슈미트의 3인 경영 체제로 운영되었다.

본격적으로 광고를 수익원으로 삼기 시작한 것도 이때를 전후해서다. 하지만 구글 창업자들은 광고로 돈을 버는 방법 역시 '악하지 않도록' 하려고 했다. 당시 대부분의 인터넷 업체들은 배너광고가 주된 수익모델이었다. 검색어를 입력했을 때 그 단어가 들어간 광고가 검색창 상위에 뜨도록 하는 '키워드 광고'를 선보인 곳도 있었다. 하지만 이용자 입장에서 보면 광고는 원하는 검색 결과를 얻는 데 방해 요소였다. 아직도 국내 포털사이트에서는 특정 키워드를 입력하면 '스폰서 링크', '파워링크', '플러스 링크' 등 명칭만 조금씩 다른 광고들을 줄줄이 본 후에야 실제 검색 결과를 얻을 수 있다.

반면 2000년 10월 시작한 구글의 검색어 광고 '애드워즈'는 이용

▶ 놀이공원을 연상케 하는 세계 각국의 구글 사무실은 자유로운 기업 분위기를 대변해주고 있다. 이를 반증하듯 구글코리아는 3년 연속 입사하고 싶은 외국계 기업 1위를 차지했다.

자가 원하는 검색 결과에 가장 근접한 문자광고를 출력시키되, 검색 결과를 보는 데 지장이 없도록 광고를 화면 우측에 배치했다. 현재는 광고를 상단에 배치하고 있지만, 광고 내용을 별도 박스로 싸서 구분하고 한두 줄만 출력한다. 광고하는 웹사이트에 대한 품질까지 자동 알고리즘으로 평가해, 평판이 나쁜 사이트는 상위에 노출되지 못하도록 했다. 광고주들도 가장 필요로 하는 소비자에게 광고가 노출되므로 높은 광고 효과를 얻었다.

여기에 2003년에 시작한 '애드센스'는 광고 수익을 구글이 독점하지 않고 네티즌까지 공유할 수 있도록 했다. 블로거나 홈페이지를 운영하는 네티즌은 자신의 사이트에 구글 애드센스 광고를 붙일 수 있으며, 이 광고를 통해 발생한 수익은 구글과 나눠 가지게 된다.

'21세기 판 빅 브러더*'의 출현?

새로운 발상의 광고로 구글은 엄청난 수익을 올렸고, 2004년 나스닥 상장 후 주가가 하늘 높은 줄 모르고 상승했다. 당시 주당 100달러에 첫 거래된 구글의 주가는 2007년에 무려 700달러를 돌파한 적도 있다.

구글의 두 창업자는 회사 경영도 파격적으로 했다. 천국과도 같은 근무환경은 구글이란 회사에 대한 환상까지 부풀렸다. MS의 독점에 게이츠를 열렬히 비난하던 네티즌마저 검색 시장을

빅 브러더(big brother) 영국의 소설가 조지 오웰의 작품 『1984』의 등장인물에서 유래했다. 과학기술이 발달한 미래 사회를 배경으로, 빅 브러더는 곳곳에 설치된 텔레스크린으로 개인의 사생활을 감시하고 조작된 정보로 사람들을 세뇌하고 통제한다. 빅 브러더는 오늘날 정보를 독점한 거대 권력자를 지칭하는 의미로 사용되고 있다.

▶ 구글은 전 세계 검색점유율 80%를 차지하고 있으며 안드로이드 운영체제(OS)의 스마트폰 점유율도 48%에 이른다. 구글이 60여 개 서비스의 개인정보를 통합한다면 '21세기 판 빅 브러더'가 탄생할 수 있다는 우려가 제기되고 있다.

장악한 구글에 대해서는 '팬'으로 돌변했다.

　광고 수익이 전체 매출의 97%를 차지하는 구글은 다른 모든 서비스를 소비자들에게 무료 공개하며 MS의 아성에 하나하나 도전했다. 2004년에는 무료로 1기가바이트의 대용량을 제공하는 지메일(gmail.com) 서비스를 시작해, MS의 핫메일(hotmail.com)을 능가하게 되었다. MS의 주된 수익원이었던 오피스 프로그램들마저 구글 독스

(docs.google.com)를 통해 공짜로 제공했다. 어떤 통신사나 휴대폰 제조사들도 마음대로 사용할 수 있는 스마트폰용 플랫폼인 안드로이드를 개발해, 스마트폰 산업에 너무나 뒤늦게 대응한 MS를 따돌리면서 동시에 '아이폰'으로 폐쇄적인 정책을 고집하는 애플에게 도전장을 내밀었다.

하지만 최근 구글의 행보에 대해서 비판도 제기되고 있다. 무엇보다 인터넷을 통해 수많은 정보를 긁어모으는 데서 비롯한 프라이버시 침해 우려가 가장 크다. 2012년 2월 구글은 그동안 따로 떨어져 존재하던 60여 개 서비스의 개인정보를 통합하겠다고 밝혔다. 그 동안은 A라는 사용자가 구글 검색엔진에서 무엇을 주로 검색했는지 등의 정보와 유튜브에서 무슨 동영상을 봤는지의 정보가 공유되지 않았다. 하지만 이제부터는 이를 공유해 A가 구글에서 B라는 가수를 많이 검색했다면 A가 유튜브에 접속하면 B라는 가수의 동영상이 많이 나오도록 하겠다는 방침이다.

▶ **구글 십계명(구글이 발견한 열 가지 진실)**

① 이용자(고객)에게 집중하라. 그러면 나머지는 해결된다.
② 한 가지 일을 정말 잘 해내는 것이 최고다.
③ 느린 것보다는 빠른 것이 좋다.
④ 인터넷에서 민주주의는 작동한다.
⑤ 해답을 찾기 위해 책상에 앉아 있을 필요는 없다.
⑥ 부정한 방법을 쓰지 않고도 돈을 벌 수 있다.
⑦ 세상에는 생각보다 많은 정보가 있다.
⑧ 정보에 대한 수요에는 국경이 없다.
⑨ 정장을 입지 않고도 진지하게 일할 수 있다.
⑩ 단지 훌륭하다는 것만으로는 충분하지 않다.

한편으로 매우 편리할 수 있지만 이 같은 조치는 각국에서 프라이버시 침해 우려를 불러일으켰다. 구글이 수많은 서비스를 통해 모은 개인정보를 하나로 통합한다면, 통합된 정보는 막강한 무기와 다름없기 때문이다. 광고 역시 매우 상세한 개인정보를 활용한 맞춤형 광고가 가능해진다. 미국 의회 의원들이 구글 관계자를 불러 이 내용에 대한 설명을 듣고, 유럽연합(EU) 정보보호 당국이 자체 조사에 들어간 것도 이 때문이다.

과연 구글의 두 천재는 '구글 십계명(구글 임직원들의 생각과 행동에 대한 가이드)'에도 나와 있는 '부정한 방법을 쓰지 않고서도 돈을 벌 수 있다'는 창업초기의 경영철학을 앞으로도 계속 실천할 수 있을까? 세계인들이 우려 섞인 눈초리로 바라보고 있다.

부자DNA

선(善)의 DNA

래리 페이지와 세르게이 브린은 '악해지지 말라'는 모토로 앞서 성공한 선배 기업인들과 확실히 선을 그었다. 검색과 메일 등 뛰어난 서비스를 무료로 제공하고, 수익을 이용자와 나누고, 중국이라는 거대한 시장을 목전에 두고도 중국 정부의 검열에 용감히 맞서고 있다. 이처럼 자신들의 초심을 지키려 노력하는 일련의 과정을 통해 전 세계 이용자들이 그들을 지지하게끔 하는 마술을 부리고 있는 것이다.

Ingvar Kamprad

세상에서 가장 부유한 자린고비

잉바르 캄프라드

비행기를 탔는데 세계에서 손꼽히는 갑부가 신문에서 무언가를 오리더니 "나중에 요긴하게 쓰일 걸세"라고 말하며 건넨다면, 받는 사람은 무엇을 상상할까? 대부분 대박 칠 주식 정보나 성공의 비결을 적은 명언을 떠올릴 것이다.

그러나 세계 최대 가구 업체 이케아 창업자인 잉바르 캄프라드(Ingvar Kamprad, 1926년~)가 건넨 것은 1달러짜리 공짜 아이스크림 쿠폰이었다. 세계적인 부자이기도 하지만 지독한 구두쇠로도 유명한 캄프라드의 일면을 잘 보여주는 일화다.

단순함과 실용성으로 세계를 홀리다

1926년 스웨덴 남부 시골 마을인 아군나리드에서 태어난 캄프라드는 어려서부터 생활전선에 뛰어들어 물고기나 연필, 가방 등의 물건을 팔았다. 실업 고등학교를 졸업한 열일곱 살에 창업한 회사가 바로 이케아다. 이케아(IKEA)는 캄프라드의 이니셜인 I, K와 그가 자란 농장 엘름타리드(Elmtaryd)와 마을 이름 아군나리드(Agunnaryd)에서 첫 글자 E와 A를 각각 따서 만든 이름이다.

처음에는 시계, 스타킹, 넥타이, 양말 등 다양한 잡화를 우편으로 판매하다가 5년 후부터 가구 장사를 시작했다. 1950년대 스웨덴 정부의 주택 100만 호 건설 사업에 힘입어 가구 주문이 크게 늘자 더 이상 혼자 장사를 할 수 없다고 판단해, 1958년 이케아 가구점을 오픈했다.

당시 정부가 아주 싼 임대료로 주택을 분양하자 많은 신혼부부들

이케아는 불황에도 해마다 사상 최대의 이익을 내고 있다.   자료 : 이케아

이 임대주택에 보금자리를 틀었다. 그러나 주머니 사정이 넉넉하지 않았던 신혼부부들은 가구를 사는 데 많은 어려움을 겪고 있었다. 스웨덴 가구는 품질이 좋은 반면 경쟁이 활발하지 않은 탓에 가구 소매업자들이 높은 마진을 붙여 비싼 값에 팔았기 때문이다. 이를 간파한 캄프라드는 좋은 품질의 가구를 매우 낮은 가격에 공급할 방법을 찾아냈다.

우선 매장은 비교적 도시외곽에 대규모로 지어 임대비용을 절감하고 충분한 전시효과를 누렸다. 커다란 창고형 매장에서 고객들이 가구를 직접 만져보고 앉아도 보면서 고를 수 있게 했다. 한 직원이 가구를 운반하기 위해 의자 다리를 분리한 데서 착안해, 처음부터 가구를 조립식으로 설계하고 고객이 직접 창고에서 가져가도록 했다. 지금은 반 조립식 가구가 넘쳐나지만 1960년대에 DIY 가구는

혁명적인 발상이었다. 배달비와 조립비가 줄어든 만큼 가격을 낮게 책정할 수 있었고, 납작하게 쌓아 운송하는 것이 가능해져 운송비용과 보관공간이 절약되었다.

값만 싼 것이 아니었다. 단순한 디자인을 추구하면서도 젊고 세련된 멋이 있고 아이디어가 넘쳤다. 창고에 있던 수납장을 거실장으로 만들고, 나무가 아닌 양동이용 플라스틱으로 의자를 만드는 등 혁신적인 아이디어로 원가도 절감하고 디자인도 개선했다.

이케아, 가구가 아닌 라이프 스타일을 판다

저렴하고 실용적인 이케아 가구가 큰 인기를 끌자 스웨덴의 다른 가구 업체들은 크게 긴장했고, 한데 뭉쳐 견제하기 시작했다. 이케아에 가구를 만들어주는 장인이나 기술자들을 협박하거나 가구 박람회에서 이케아 공간을 없애버리기도 했다.

결국 이케아에는 극소수의 가구 제작자만 남게 되었고, 홍보에도 큰 어려움을 겪었다. 캄프라드는 폴란드로 눈을 돌렸다. 폴란드는 인건비와 원자재 값이 스웨덴의 절반이었다. 그는 폴란드가 스웨덴 수준에 맞춰 가구를 제작할 수 있도록 교육시켰다.

전보다 훨씬 낮은 가격에 가구를 생산할 수 있게 되자 사업은 날개를 달았다. 해외에 진출해서도 이케아 방식을 고집했다. 이케아의 상징인 창고형 매장은 전 세계에서 동일한 콘셉트로 지어진다. 보통 백화점 규모의 네 배가 넘는 초대형 매장에 식기부터 침대와 서랍장에 이르기까지 인테리어에 필요한 모든 물품을 전시한다. 가구·

인테리어 소품은 물론 식품과 자체 식당까지 갖추고 매장을 복합문화공간으로 꾸며 고객 체류 시간을 늘리고 판매도 올린다. 이케아는 판매하는 물품의 범위를 가구에서 생활용품 등으로 확대하고 있다. 2012년 4월에는 중국 가전제품회사 TCL과 협력해 거실용 'TV가구'도 내놓았다. TV와 CD·DVD 플레이어, 거실장 등을 하나의 세트로 구성한 제품이다.

유럽인들이 성경 다음으로 많이 읽는 책이라는 말이 있을 정도로 유명한 이케아 카탈로그도 이케아의 성공 비결 중 하나다. 캄프라드는 1년에 한 번씩 가을마다 나오는 카탈로그에 표기된 가격을 무조건 지키는 것을 원칙으로 했다. 석유 파동 때는 가격을 올리지 않으면 손해를 보는 상황이었지만 끝까지 원래 가격을 고집했다. 이케아의 카탈로그는 단순히 물품을 나열하는 식이 아니다. 이케아의 가구와 생활용품으로 꾸며진 집 안팎의 풍경과 가족들의 자연스러운 모습을 보여준다. 카탈로그는 그 자체만으로 훌륭한 인테리어 잡지의 역할을 하면서 동시에 소비자에게 '이케아적인 삶'을 보여준다.

이케아는 2011년 10월 현재 호주, 독일, 미국, 캐나다, 오스트리아, 프랑스, 벨기에, 체코, 아랍에미리트, 중국, 러시아, 일본, 터키 등 세계 38개국에 332개의 매장을 운영한다. 이케아의 카탈로그도 매년 1억 7,500만 부가 전 세계에 배포되고 있다.

이케아는 한국 진출을 앞두고 있다. 이케아코리아는 2011년 말 광명시에 2,346억 원을 내고 부지를 낙찰 받았다. 업계에서는 2012년 착공해 2014년쯤 전시장을 오픈할 수 있을 것으로 보고 있다. 세간의 관심이 집중되자 한샘 등 국내 대표 가구 업체들 역시 대규모 매장을 내거나 마케팅을 강화하는 등 부쩍 긴장한 모습을 보이고 있다.

근검절약의 아이콘에서 탈세왕으로

캄프라드는 엄청난 갑부이면서도 오랫동안 구두쇠의 상징이 되어왔다. 막대한 재산에도 불구하고 20년 된 낡은 볼보 자동차를 손수 운전하고 지하철을 즐겨 타며, 항공기를 탈 때면 이코노미석을 고집하고, 정장 대신 캐주얼을 선호한다고 알려졌다. 호텔 객실의 미니바에서 콜라를 마셨을 때는 나중에 비싼 가격을 지불할 것을 걱정해 인근 가게에 가서 같은 콜라를 사다가 채워 넣는다는 소문까지 있었다. 그의 짠돌이 기질은 이케아 직원들에게도 적용된다. 직원들은 400킬로미터 이내 거리로 출장을 갈 때는 비행기를 탈 수 없으며 반드시 이면지를 활용해야 한다.

뛰어난 사업 수완과 함께 구두쇠 기질 덕분에 그에 대한 세간의 평가는 오랫동안 호의적이었다. 십대 시절 네오(neo)나치 그룹에 들어가 활동한 전력이 드러났지만, 1994년 직원들에게 '내 인생 최대의 실수'라는 제목의 편지를 보내 당시 일을 털어놓자 용기 있는 행동으로 인정받았다.

그러나 2000년대 들어와 그에 대한 이 같은 평가에 금이 가기 시작했다. 바로 '재단을 통한 탈세' 의혹 때문이다. 이미 그는 부유세를 내야 하는 스웨덴을 떠나 스위스에 거주하고 있다.

2004년 스웨덴 경제주간지는 캄프라드의 실제 재산이 빌 게이츠보다 많다고 주장했다. 전 세계에 퍼져 있는 이케아 매장의 주식가치를 모두 합하면 게이츠의 주식 가치를 넘는다는 것이다. 이에 대해 이케아는 캄프라드가 회사 주식 대부분을 네덜란드에 설립한 스티칭 잉카 재단과 잉카 홀딩스 등에 넘겼다며 부인했다. 그러나

2006년 영국의 경제전문지 「이코노미스트」는 스티칭 잉카 재단 역시 캄프라드 가문의 재산으로, 빌 앤 멜린다 게이츠 재단보다 규모가 더 크지만 자선사업보다는 캄프라드와 이케아의 탈세를 위해 설립되었다는 의혹을 제기했다.

2011년 스웨덴 현지 방송은 또 다른 사실을 밝혀냈다. 캄프라드는 잉카 홀딩스와 독립적으로 로열티를 관할하는 인터 이케아 시스템이라는 자회사를 네덜란드에 만들었으며, 이 회사를 지배하는 상위의 회사인 인터로고 재단이 조세피난처로 유명한 리히텐슈타인에 위치해 있다는 것이 드러났다. 두 회사는 그때까지 세상에 전혀 알려져 있지 않았다.

캄프라드와 그의 아내는 인터로고 재단에 대한 지배권을 행사하며 인터 이케아 시스템에 대한 지배권은 물론 상표권과 제품에 대한 로열티도 소유하고 있었다. 이에 따라 전 세계 매장에서 벌어들이는 판매 대금의 3%가 로열티 명목으로 인터로고 재단과 인터 이케아 시스템으로 흘러 들어왔고, 탈세로 이어진 것으로 나타났다. 캄프라드는 이메일을 통해 "인터로고 재단은 나의 가족과 외부인으로 구성된 이사회에 의해 전적으로 운영되고 있다"고 실토했다.

2012년 3월에는 이케아가 고객과 직원 등의 인적 정보를 불법적으로 입수해왔다는 의혹이 제기되었다. BBC와 「르몽드」 등 해외 언론들은 이케아가 2003년부터 프랑스에서 민간 경호회사를 통해 이케아에 소송을 제기한 고객이나 의심스런 직원 200여 명의 범죄기록을 담은 비밀 경찰 파일을 입수한 혐의를 받고 있다고 보도했다. 이들 언론은 이케아 측이 경찰 파일 1건당 약 100달러를 건넸다고 전했다. 돈을 주고 산 정보는 직원을 해고하거나 고객과의 소송을 해결하는 목적으로 쓰인 것으로 알려졌다.

캄프라드의 '근검절약' 이미지마저 손상되었다. 스위스에 거대한 저택과 스웨덴에 넓은 땅을 소유하고 있으며, 최고급 차인 포르셰를 타왔다는 제보까지 나왔다. 전직 임원이 이케아의 윤리 문제를 지적하는 책을 출판한 것도 그의 도덕성에 흠집을 남겼다.

전 세계 많은 사람들이 아름다움과 합리성이 공존하는 이케아적인 삶을 동경한다. 작은 가구점에서 세계적인 가구왕국 이케아를 만들기까지 캄프라드의 행보는 이케아적인 삶에 가까워보였다. 하지만 탈세와 거짓말이 속속 들어나면서 그 역시 한 푼이라도 더 움켜쥐려고 안간힘 쓰는 그렇고 그런 경영자로 전락했다. 소비자의 라이프 스타일을 바꾸었듯이, 이제 캄푸라드 자신의 삶도 이케아적으로 바꿀 때가 온 듯하다.

불친절함의 DNA

1. 가구는 고객이 직접 조립한다.
2. 가구를 구경하려면 도심에서 떨어져 있는 매장을 방문해야 한다.
3. 자신이 구매한 제품은 직접 가져간다.

'고객 만족'을 최우선으로 하는 기업과 소비자 입장에서는 놀랍도록 불친절한 방침이다. 하지만 캄프라드는 오히려 이 불친절한 방침을 전면에 내세워 이케아를 세계 1위의 가구회사로 만들었다. 대신 그는 고객이 필요로 하는 가치(품질, 디자인, 가격)를 200% 만족시켜주었다. 고객이 원하는 것을 모두 다 만족시킬 수는 없다. 문제는 고객이 어떻게 '기꺼이' 포기할 수 있도록 만드는지다. 캄프라드는 그 방법을 일찍 깨달았다.

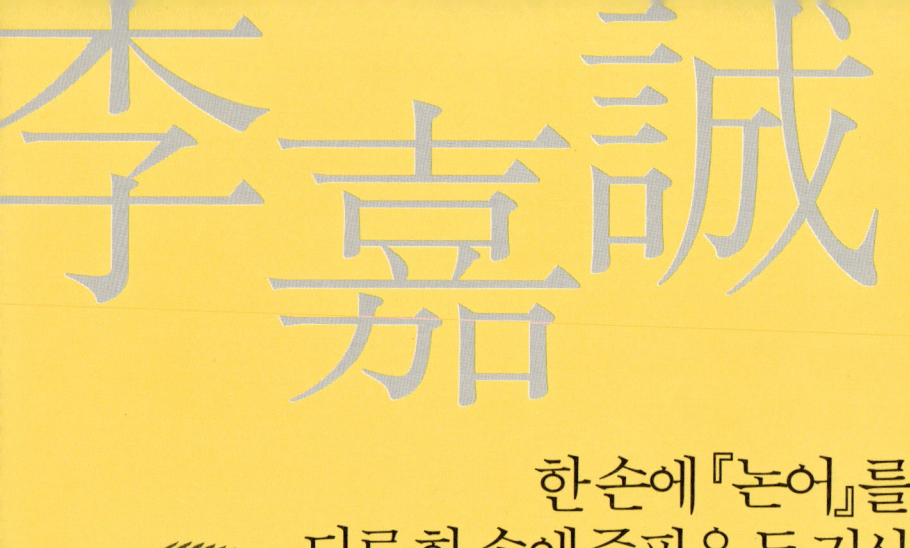

한 손에 『논어』를,
다른 한 손에 주판을 든 거상

리카싱

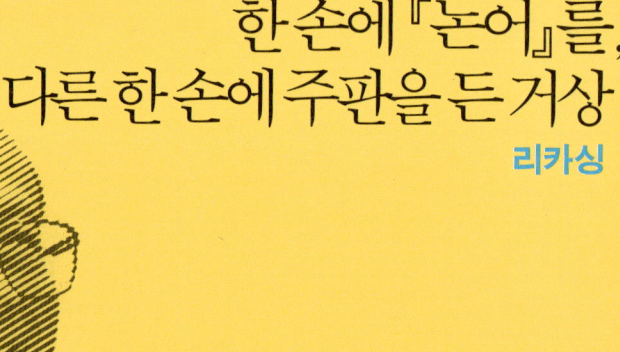

전체 길이가 6,300킬로미터에 달하는 중국에서 가장 긴 강 '창장(長江)'. 이 강 이름을 광둥어로 읽으면 '청콩'이 된다. 홍콩 최대 부호이자 동아시아 최대 갑부, 「포브스」 기준 세계 아홉 번째 부자인 리카싱(李嘉誠, 1928년~)이 자신의 기업 이름을 '청콩실업'으로 지은 것은 모든 지류를 수용하는 큰 강과 같은 기업이 되기를 원했기 때문이다.

한 줄의 기사에서 돈맥을 발견한 청년 사업가

리카싱은 1928년 중국 광둥성에서 태어났다. 1940년 가족을 따라 홍콩으로 이주했으나 아버지가 결핵으로 세상을 뜨자 대신 가족의 생계를 책임져야 했다. 그는 열다섯 살 때 고등학교를 그만두고 화학제품 공장에 취직했다. 이 때 익힌 기술과 공장 경영 노하우를 바탕으로 스물두 살의 젊은 나이에 청콩실업이라는 화학업체를 창업했다.

홍콩의 300여 개 화학 공장 중 중간 정도 규모의 회사에 불과했던 청콩실업이 대 성공을 거둔 것은 '조화(造花)'를 만들면서였다. 어느 날 청년 리카싱은 영문판 화학 전문지에서 눈에 띄는 기사를 발견하게 되었다. 이탈리아의 한 화학회사가 플라스틱 조화를 만드는데 성공했다는 것이다. 회사는 조화를 대량생산하여 유럽과 미국 시장에 내놓을 계획이라고 했다. 리카싱은 조화가 대히트할 것이라는 점은 물론, 한발 더 나아가 생명력이 없는 조화의 인기가 그리 오래가지 못할 것이라는 점까지 예상했다. 이 경우 처음에 크게 벌고 재빨리 빠지는 전술이 중요하다.

리카싱은 곧장 이탈리아로 날아가 직접 조화 생산 과정과 시장을 돌아봤다. 바이어로 위장해 정보를 얻으려 했지만 제조 비법을 알 수 없었다. 그러자 아예 그 회사의 공장에 일용직 직원으로 취직했다. 또 휴일이면 공장 친구들을 초대해서 시내 중국 음식점에서 식사를 대접하며 기술 노하우를 얻어냈다.

얼마 후 리카싱은 홍콩으로 돌아와 곧바로 조화를 개발했고, 아시아에서 가장 먼저 조화를 내놓았다. 동시에 '치고 빠지기' 전술을 극대화하기 위해 영업사원을 최대한 많이 모집해 홍콩의 유명 백화점과 꽃가게, 길거리 리어카에까지 조화를 진열할 수 있도록 했다. 시장은 그의 예상대로 움직였다. 꽃을 좋아하는 홍콩 사람들이 가족에게 조화를 선물하는 일은 유행이 되었다.

위기 속에서 기회를 포착하다

이를 통해 청콩실업은 아시아에서 조화를 가장 많이 생산하는 화학 업체가 되었다. 그러나 청콩실업이 실제로 크게 성장하게 된 직접적인 계기는 부동산 투자였다. 중국 본토의 문화대혁명에 영향을 받은 1967년 봉기* 때문에 많은 사람들이 홍콩을 떠났고, 토지와 집값이 급락했다. 하지만 리카싱은 정치적 혼란이 일시적일 것으로 보고 저가에 부동산을 매입했다. 이번에도 그의 예상은 들

---

* 1967년 봉기 반영폭동(反英暴動)이라고도 한다. 중국 문화대혁명의 영향을 받은 홍콩의 좌파노동자들이 주도한 반식민지 운동이다. 홍콩 곳곳에서 경찰과 노동자들의 무력충돌이 잇따랐고 사회는 큰 혼란에 빠졌다. 공산당이 싫어 남하했던 사람들은 심리적 공황상태에 빠졌고, 많은 사람과 자본이 홍콩을 빠져나갔다.

어맞았다. 청콩실업은 지속적으로 부동산 투자와 개발사업을 벌여 1972년 홍콩 증시에 1번 기업으로 상장하게 된다.

리카싱은 1979년 영국계 항만 물류기업인 허치슨 왐포아를 인수하면서 세계적인 갑부로 발돋움한다. 허치슨 왐포아는 1828년 닥터 왓슨(Dr. Thomas Boswell Watson)이 중국 광저우에 설립한 조그만 조제약국이 기원이다. 한국에도 진출해 있는 '왓슨'이라는 드럭스토어(화장품과 기초 의약품 등을 판매하는 약국 겸 편의점)의 '원조'인 셈이다. 1960년대 영국계 허치슨 인터내셔널은 항만회사 왐포아독과 왓슨을 인수하고 부동산 개발사업에까지 진출했으나 경영난을 겪게 되었다. 대주주였던 홍콩은행은 추가 지분을 인수하고 허치슨 인터내셔널을 1978년 왐포아독과 합병했다. 리카싱은 이듬해 홍콩은행으로부터 허치슨 왐포아의 지분을 인수해 최대주주가 되었다. 이후 구조조정을 통해 부실을 털어낸 허치슨 왐포아는 승승장구한다. 홍콩항을 기반으로 하는 작은 항만회사에서 유럽, 중앙아메리카, 아시아를 아우르는 세계 최대의 항만회사로 거듭나게 된다. 현재 허치슨 왐포아는 전 세계 컨테이너항 업계 점유율 13%를 차지하고 있다.

리카싱이 허치슨 왐포아를 인수할 당시 영국계 자본의 대기업을 식민지의 화교기업인이 처음으로 인수했다고 해서 큰 화제가 되었다. 이후로도 리카싱은 영국계 기업을 여럿 인수했으며, 최근에는

▶ "홍콩에서 1달러를 쓰면 5센트는 리카싱의 호주머니 속으로 들어간다"는 말이 있다. 리카싱의 사업은 홍콩 내 모든 비즈니스 영역에 침투해 있다. 열다섯 살의 고교 중퇴생은 부동산 개발, 호텔, 증권 투자, 항만컨테이너, 에너지, 인프라 건설 등 54개국에서 500개의 기업을 이끄는 슈퍼 리치로 우뚝 섰다.

영국의 전기, 수도, 가스 등 기간산업에까지 인수 기업의 범위를 넓히고 있다. 2011년 8월 리카싱은 자신이 보유한 청콩기건(CKI)을 통해 24억 1,000만 파운드(약 4조 1,524억 원)를 주고 영국 최대 규모의 상하수도 회사 중 하나인 노덤브리언 워터를 인수하기로 합의하는 등 1년 반 동안 영국 기간산업에 세 건의 묵직한 투자를 단행했다. 영국은 2008년 세계 금융위기 이후 기간산업에 대한 외국인 소유를 허용했다. 여기에 리카싱이 적극 뛰어들고 있는 것이다.

'의롭지 못한 채 부귀를 누림은 뜬구름 같다'

앤드루 카네기(Andrew Carnegie) 이후 오랫동안 갑부들의 검약과 기부가 미덕이 되어 온 미국과 달리, 아시아의 갑부들은 본인과 가족들은 사치스럽게 살면서도 자선사업이나 기부에 인색했던 것이 사실이다. 하지만 리카싱은 아시아 갑부로서는 드물게 검소하게 살 뿐 아니라, 자선사업에도 열정을 보이고 있다. 검정 뿔테 안경을 쓴 소탈한 이미지의 리카싱은 손수 자동차를 운전하며, 값싼 시계를 차고 다닌다. 홍콩 사람들은 이런 리카싱을 단순한 갑부로 여기지 않고 '초인'이라고 부른다.

그의 좌우명은 『논어(論語)』에 나오는 '의롭지 못한 채 부귀를 누림은 뜬구름 같다(不義而富且貴 於我如浮雲)'는 구절이다. 1980년 리카싱기금회를 세워 지금까지 다양한 곳에 우리 돈으로 1조 6,000억 원 이상을 기부했다. 2006년에는 살아 있는 동안 전 재산의 3분의 1을 기부하겠다는 입장을 밝히기도 했다.

리카싱이 특히 관심을 가지는 분야는 교육과 의료다. 어쩔 수 없이 학교를 관둬야 했지만 항상 책을 읽으며 독학해 온 그는 대학 등 고등교육기관에 가장 많은 기부를 했다. 특히 1981년 고향에 설립한 산토우대학에 쏟는 열정은 대단하다. 매년 운영자금의 70%를 대고 있으며 대학 운영위원회에도 빠지지 않고 참석할 정도다. 결핵으로 숨진 아버지 때문인지 의학이나 약학 분야에 대한 기부도 많다. 이 분야에서 좋은 연구성과를 내고 있는 학교라면 홍콩이나 중국뿐 아니라 싱가포르, 미국, 캐나다 등 다른 나라의 학교에도 거액을 기부하고 있다.

▶ 리카싱은 스스로 리카싱기금회를 셋째 아들이라고 부른다. 하루 열 시간의 업무 중 여섯 시간은 청콩 그룹 일에, 나머지 네 시간은 기금회 활동에 쏟고 있다.

수신(修身)에는 성공했으나 제가(齊家)에는 실패

그러나 근면과 검소함, 자선으로 명망을 누리는 리카싱에게도 이면은 있다. 그는 홍콩의 기업인으로 알려져 있지만 1960년대에 싱가포르 국적을 취득했다. 그의 두 아들은 모두 캐나다 국적을 가지고 있다. 이는 공산혁명을 겪고 중국 본토를 탈출했던 화교 부호들의 공통점 중 하나다. 홍콩의 미래에 대한 불안감이 작용한 결과다.

2012년 3월에는 홍콩 행정장관 선거를 앞두고 시진핑(習近平) 중국 국가부주석의 지원요청을 거부한 사실이 알려지기도 했다. 당시

부주석은 베이징에서 리카싱을 만나 행정장관 선거에 출마한 렁춘잉(梁振英) 후보를 지원해줄 것을 요청했다. 그러나 리카싱은 헨리 탕(唐英年) 후보에 대한 지지를 굽히지 않았다고 한다. 당초 중국 정부도 헨리 탕을 지지했다. 그러나 헨리 탕이 대저택 지하에 일본식 사우나, 고급 와인셀러, 극장 등 호화시설을 불법으로 지은 것이 발각되는 등 부패 스캔들이 터지자 중국 정부는 홍콩 시민들의 지지를 받는 렁춘잉에게로 돌아섰다. 하지만 리카싱은 재계와 좋은 관계였던 헨리 탕을 끝까지 지지했다. 결과는 렁춘잉의 당선이었다. 고결한 인품으로 칭송 받는 그가 부패한 관리의 손을 들어준 것이다.

리카싱은 중국 본토에 위치한 공장에서 '악덕 자본가'의 면모를 보여 비난을 산 적도 있다. 그가 소유한 충칭 시의 바이먀오 유한공사의 노동자 264명이 2011년 회사측에 임금인상을 요구하며 농성을 하자, 회사측은 아무런 대답도 하지 않다가 직장폐쇄를 단행했다. 당시 농성중인 한 노동자는 "한 달 꼬박 일해도 1,100~1,200위안(약 18만~20만 원) 밖에 받지 못한다"고 밝혔다.

아들과 관련해서도 구설수에 올랐다. 장남 빅터가 어렸을 때부터 후계자로 낙점을 받아 착실히 경영 수업을 받아 온 반면, 차남 리처드는 일찍부터 아버지의 편애에 반발해 미디어사업을 통해 자신의 능력을 증명하려고 했다. 리처드는 스탠퍼드대학 컴퓨터공학과를 3년 동안 다니다가 중퇴한 후 캐나다 투자은행인 고든캐피탈에서 일하기도 했다. 야심만만하고 저돌적인 성격의 리처드는 '홍콩의 슈퍼 보이'라는 별명을 갖고 있다. 그는 스타TV를 설립해 루퍼트 머독(Rupert Murdoch)에게 매각하고 이 자금으로 인터넷·정보통신 기업 PCCW를 설립하는 등 승승장구했다. 2009년에는 세계 금융위기로 파산한 보험사 AIG의 자산운용 부문을 인수하기도 했다.

자기 힘으로 부를 일궈 존재감을 증명하는 데는 성공했지만, 리처드는 다른 방면에서 가문의 명예에 금을 냈다. 리처드는 스물두 살 연하의 여배우 이사벨라 룽(梁洛施)과 사실혼 관계에서 세 자녀를 얻었다. 룽과의 교제를 강력히 반대했던 리카싱은 2009년 4월 룽이 첫 아들을 낳자 경호원, 보모, 영양사 등으로 십여 명을 고용할 정도로 돈을 아낌없이 퍼부은 것으로 전해졌다. 하지만 쌍둥이를 낳고도 결혼식을 올리지 않던 두 사람은, 2011년 3월 전격 결별을 발표했다. 이후 '룽은 결혼을 원했지만 리처드가 끝까지 반대했다', '처음부터 아이를 얻기 위한 계약관계였다', '위자료가 40억 홍콩달러(5,800억 원)에 달한다' 등등. 두 사람의 결별을 놓고 확인되지 않는 루머가 양산되었다.

2세가 타블로이드 신문의 단골 주인공이 되며 호사가들의 입방아에 오르내리는 것은 아시아 갑부들의 공통점이기도 하다. 그들은 대체로 '수신'에는 성공하지만, '제가'에는 실패한다. 『논어』의 한 구절을 좌우명으로 삼는 리카싱도 예외가 아닌 셈이다.

부자 DNA

향학(向學)의 DNA
리카싱은 어려운 가정 형편 때문에 고등학교도 제대로 마치지 못했지만, 유창한 영어실력을 자랑한다. 매일 새벽 네 시에 일어나 중고교 과정을 혼자 공부했으며, 지금도 매일 한 시간씩 영어 뉴스를 듣는다고 알려져 있다. 전문지식은 가정교사를 초빙해 배우고, 잠자기 전에 30분간 책 읽는 일을 거른 적이 없다고 한다. 지식을 향한 갈구를 멈추지 않은 덕분에, 그는 영문판 화학 전문지에서 자신의 인생을 바꾼 단 한 줄의 기사를 발견할 수 있었다.

Jeff Bezos

전 세계 '지식의 강' 아마존닷컴의
제프 베조스

2011년 10월 IT 업계의 큰 별 스티브 잡스가 사망하자 세계 언론은 '제2의 잡스'를 찾는 데 분주했다. 가장 유력한 후보로 거론되며 잡스 사망 후 그 존재감이 더욱 뚜렷해진 이가 있으니, 바로 제프 베조스(Jeff Bezos, 1964년~) 아마존닷컴 대표다.

잡스나 빌 게이츠 등 대부분의 IT 거물들은 10대 때부터 반쯤 컴퓨터에 '미쳐' 일찌감치 IT 업계에 뛰어들었다. 그와 달리 베조스는 서른 살에 첫 사업을 시작한 늦깎이다. 늦긴 했지만 '인터넷으로 책을 판다'는, 당시로서는 누구도 상상하지 못했던 획기적인 아이디어로 베조스는 2012년 「포브스」 집계 세계 스물여섯 번째 갑부(184억 달러)가 되었다.

낄낄대는 미치광이와 최고의 CEO

베조스의 어머니는 10대 때 그를 낳고 곧 남편과 이혼했다. 어머니는 베조스가 다섯 살 때 쿠바 출신의 이민자와 재혼했다. '베조스'라는 성은 바로 양아버지에게 물려받은 것이다. 어릴 때부터 과학에 뛰어난 자질을 보여 신동으로 불렸던 베조스는 과학영재학교를 다녔고, 마이애미 팔메토 고등학교를 1등으로 졸업했다. 공부에 방해가 될까봐 여동생이 자신의 방에 들어오지 못하도록 방문에 전자벨을 만들어 달았다는 일화는 유명하다.

프린스턴대학 컴퓨터공학과를 졸업한 후에는 월가에서 주식거래 네트워크를 구축하는 일을 했고, 이후 펀드매니저로 활동하기도 했다. 나이 서른에는 미국 월가의 투자회사 디이쇼(D.E.Shaw)의 펀드매니저이자 최연소 부사장에 올라 100만 달러의 연봉을 받을 정도로 실력을 인정받았다.

그러나 1994년, 베조스는 성공이 약속된 월가를 미련 없이 떠난다. '인터넷 이용자가 매년 스물세 배씩 급증한다'는 기사 한 줄을 읽고, 전자상거래의 잠재력에 마음을 빼앗겼기 때문이다. 그리고 인터넷을 새로운 유통망으로 이용한 창업 신화가 시작되었다. 바로 인터넷에서 책을 파는 것이다.

1995년 베조스는 서적 유통 업체 잉그램(ingram)이 있는 시애틀로 가서 자신의 집 차고에 회사를 차린다. 회사 이름은 아마존. 세계에서 가장 큰 강인 아마존강이 두 번째로 큰 강보다 무려 열 배나 크다는 점에 착안, 경쟁사를 압도하는 회사를 만들고 싶은 꿈을 사명(社名)에 담았다.

사업초기에는 밝은 미래를 장담할 수 없었다. 베조스는 고객이 인터넷을 통해 책을 주문할 때마다 벨이 울리도록 해 10여 명 남짓한 직원들의 사기를 높이기 위해 애쓰기도 했다. 그러나 불과 몇 개월도 안 되어 벨소리가 소음이 될 정도로 주문이 쇄도했다. 사업을 시작한 지 1년 만인 1996년,

아마존닷컴은 「월스트리트저널」 1면에 특집으로 소개되는 등 폭발적인 인기를 얻었다.

그러나 뜨거운 인기에도 아마존닷컴은 그 후 6년 연속 적자에서 벗어나지 못했다. 베조스가 당장의 수익보다는 훗날의 성장을 택했기 때문이다. 책만 팔던 것에서 벗어나 1997년에는 CD와 DVD 판매를 시작했고 소프트웨어와 장난감, 의류 등으로 계속 사업을 확장해 나갔다. 베조스의 벤처정신을 높이 산 「타임」은 그를 '사이버 상거래의 왕'이라 부르며 1999년 '올해의 인물'로 선정하기도 했다.

그에게도 시련은 있었다. 2000년 IT 버블 붕괴로 아마존닷컴 주가가 100달러에서 6달러로 곤두박질쳤다. 회사가 도무지 흑자를 낼 기미를 보이지 않자 베조스에 대한 비판도 거세졌다. 한 가지 사업에 집중하지 않고 무리하게 일을 벌이는 아마존닷컴은 생존 여부조차 불투명하다는 비판까지 나왔다. 한 언론인은 평소 큰 소리로 잘 웃어 특유의 웃음소리로 유명한 베조스를 '최악의 회사를 운영하는 낄낄대는 미치광이(chuckling maniac)'라고 조롱하기도 했다.

하지만 불과 1년 후 상황은 역전되었다. 2001년 4분기에 509만 달러의 흑자를 낸 것이다. 베조스는 "우리의 사업 모델이 맞다는 걸 우리는 알고 있었다"며 그동안 쏟아졌던 비판을 일축했다. 또 창립 10년째인 2004년에는 연매출 70억 달러로 세계 전자상거래 1위 자리를 굳혔다. 미국의 경제지 「포춘」도 '한번도 혁신을 멈춘 적이 없는 미래지향형 기업인'이라며, 베조스를 애플의 스티브 잡스에 이어 2010년 IT 분야 최고의 CEO 2위에 선정했다.

또 다른 승부수 '킨들'

만약 베조스가 아마존닷컴을 세계 최대의 인터넷 유통 업체로 키우는 데만 주력했다면, 감히 '제2의 잡스'로 불리지는 못했을 것이다. 베조스가 주목 받는 것은 단순히 아마존닷컴의 성공을 넘어 전자책 '킨들'을 내놓으며 새로운 승부수를 던졌기 때문이다.

베조스는 2007년 11월 처음 킨들을 출시했다. 휴대폰 전화망에 접속해 언제 어디서나 책을 내려 받을 수 있는 접근성과 풍부한 콘텐츠를 무기로 한 킨들은 10년 전부터 전자책을 만들어 온 일본 업체들을 단숨에 제치고 세계 시장을 석권했다. 그러나 시장 제패도 잠시, 곧 애플의 태블릿PC 아이패드에 1위 자리를 내주고 만다. 아이패드는 2010년 4월 출시된 후 3개월 만에 330만 대나 팔리며 당시 3년간 킨들의 누적 판매량(약 300만 대)을 순식간에 앞질렀다.

전자책 기능뿐 아니라 컬러 화면에 이메일, 동영상, 게임 등의 기능이 가미된 아이패드가 '독서의 아날로그적 감성을 가장 비슷하게 재현'하기 위해 흑백 화면에 간단한 기능만 넣은 킨들을 단숨에 압도한 것이다.

그러나 베조스는 이에 굴하지 않고 2011년 11월 또 다시 애플에 승부수를 던졌다. 아이패드 가격의 절반도 안 되는 태블릿PC '킨들 파이어'를 출시한 것이다. 태블릿PC 기능을 모두 갖추고도 199달러에 불과한 싼 가격에 소비자들은 열광했고, 11월 중순부터 판매된 킨들 파이어는 2011년 4분기에만 388만여 대를 출하한 것으로 집계되었다. 불과 한 달 반 만에 태블릿PC 시장의 15% 가량을 점유하며, 킨들은 아이패드에 이어 2위 자리를 꿰찼다(이 같은 돌풍에 삼성의 갤럭

시탭은 3위로 내려앉았다).

베조스의 전략은 '선(先) 보급, 후(後) 수익'이다. 싼 가격을 무기로 킨들 파이어를 많이 판매한 뒤 콘텐츠 판매로 수익을 낸다는 계획이다. 이것은 하드웨어와 콘텐츠를 연동해 폐쇄적인 모바일 생태계를 만들어 수익을 증가시키는 '애플형 수익구조'이기도 하다.

실제로 2011년 9월 킨들 파이어를 소개하기 위해 직접 프레젠테이션에 나선 베조스는 많은 언론으로부터 "스티브 잡스를 잇는 뛰어난 발표"라는 찬사를 받으며 닮은 점이 부각되기도 했다. 반면 비싸고 고급스러운 제품을 만든 잡스와 달리 베조스는 저렴한 가격으로 대중들이 쉽게 쓸 수 있는 제품을 만든다는 점이 다르다. 베조스는 자신의 이런 경영철학을 일본의 소니에서 배웠다고 말했다. 2009년 한 방송에서 베조스는 "아무리 작은 물건 하나를 만들더라도 돈이 아닌, 사람들에게 사랑을 받고 도움을 줄 수 있는 것으로 완성해야만 한다"며, 돈보다는 대중성을 더 중요시한다는 것을 내비쳤다.

그러나 싼 가격으로 인한 역풍도 만만치 않다. 킨들 파이어를 출시한 2011년 4분기 아마존닷컴의 실적은 전년 동기 대비 57%나 급감했다. 미국 시장조사 업체인 아이서플라이가 킨들 파이어의 원가를 209.63달러라고 추산했듯, 원가에도 못 미치는 199달러로 제품을 팔다 보니 '팔수록 적자'라는 비판도 나오고 있다.

하지만 베조스의 도전이 성공할지는 조금 더 긴 안목으로 지켜봐야 할 듯하다.

▼ 2011년 10월 28일 제프 베조스가 킨들 파이어를 선보이는 프레젠테이션을 마치자 언론은 일제히 그를 잡스와 비교하며 찬사를 보냈다. '제2의 잡스'로 불리는 베조스는 잡스보다 훨씬 부자다(「포브스」의 2011년 억만장자 순위에서 베조스는 30위, 잡스는 110위).

베조스는 2012년 「포브스」가 뽑은 '미국에서 가장 효율적인 CEO' 1위에 올랐다. 포브스가 지난 6년간 CEO 자리에 있었던 206명을 대상으로 기업실적, 주가, CEO 보수 등을 평가한 결과 베조스는 6년간 주주들에게 연평균 30%의 수익(같은 기간 S&P500지수의 연평균 상승률은 5%)을 올려줬다. 반면, 자신은 스톡옵션을 포함해 총 840만 달러를 받는 데 그쳤다. 즉 적은 연봉을 받고도 가장 큰 성과를 냈다는 뜻이다.

우주비행의 꿈까지 이룰까?

베조스의 또 다른 꿈은 우주비행이다. 이에 2000년 민간우주여행 업체인 '블루 오리진'을 설립하고 서부 텍사스에 우주 기지도 설치했다. 2011년 5월에는 우주선 '뉴 셰퍼드'의 시험 비행이 성공적으로 끝나 베조스는 뉴 셰퍼드의 발사와 이륙 장면을 담은 동영상을 공개하기도 했다. 하지만 같은 해 9월 실시한 우주선 시험 비행은 실패한 것으로 알려졌다.

▶ 베조스는 우주선 사업을 위해 2000년 미국 워싱턴주 켄드시에 블루 오리진이라는 회사를 설립하고, 서부 텍사스에 우주 기지를 세웠다. 2011년 9월 실시한 우주선 시험발사는 실패로 끝났다.

베조스는 또 2012년 3월에는 인류 최초로 달 착륙에 성공한 아폴로 11호를 쏘아 올린 F-1엔진을 대서양 수심 4,270미터 지점에서 찾았다며 이를 인양할 계획이라고 밝혔다.

베조스는 다섯 살 때 TV로 아폴

로 11호 발사장면을 지켜봤다고 한다. 그는 "320만 마력의 힘으로 불을 뿜던 F-1엔진은 현대의 경이로움이었고, 그 장면이 과학, 기술, 탐험을 향한 내 열정에 큰 영향을 미쳤다"며 "이제 우리 발굴팀이 더 많은 젊은이들에게 발명과 탐험의 영감을 불러일으킬 수 있을 것"이라고 말했다.

미국 정부가 막대한 자금 때문에 우주왕복여행 프로그램을 중단하면서 우주여행은 민간의 몫으로 넘어갔다. 베조스의 우주비행 꿈은 단지 꿈만은 아닌 상황이다. 베조스는 아마존닷컴과 킨들에 이어 우주비행까지 성공시킬 수 있을까? 만약 우주비행에 성공한다면 베조스는 단지 IT 업계에 머문 '제2의 잡스'가 아니라, 더 넓은 차원의 더 큰 별이 될 것이다.

부자DNA

배짱의 DNA

아마존닷컴은 창업 이후 폭발적인 인기를 끌었다. 하지만 6년 연속 적자를 면치 못했다. 1997년 5월 아마존닷컴이 상장했을 때 많은 사람들이 투자금을 다 쓰고 나면 망할 것이라고 예견했다. 이때 베조스는 이윤을 일시적으로 포기하고 가격을 지속적으로 낮추면서 아마존닷컴의 덩치를 계속 키워나갔다. 결국 아마존닷컴은 IT 버블 붕괴에서도 살아남아 세계 전자상거래 1위 기업이 되었다. 1986년 베조스가 프린스턴대학을 수석으로 졸업하자, 벨 연구소와 인텔 등 최고 기업들이 입사를 제안했다. 하지만 그는 '안정'이 아닌 '성장 가능성'을 최우선 가치에 두고 첫 직장으로 벤처기업 피텔을 선택했다. "우주에 호텔과 놀이공원을 짓고 싶다"는 어릴 적 꿈을 현실로 만들기 위해 2000년부터는 블루 오리진을 통해 우주선을 개발하고 있다.

미래가 불확실한 사업에 도전할 수 있는 베조스의 '배짱'. 쉼 없는 혁신의 원동력이다.

Karl Albrecht

검약이 몸에 밴 독일인의 소비심리를 파고들다

카를 알브레히트

독일 최고의 부자는 어떤 사람일까? 독일의 대표 산업인 자동차나 전기전자 관련 인물을 떠올렸다면 틀렸다. 미국의 빌 게이츠 같은 IT 분야의 인물도, 인도나 한국처럼 재벌기업 총수도 아니다.

독일의 최고 갑부는 할인마트 체인 알디의 창업주 카를 알브레히트(Karl Albrecht, 1920년~)다. 카를이 동생 테오 알브레히트(Theo Albrecht, 1922~2010년)와 함께 세운 알디는 독일의 '국민 할인마트'라고 보면 된다. 독일 만이 아니라 전 세계 20개국에 9,400여 개 점포가 진출해 있다. 「포브스」에 따르면 그의 재산은 235억 달러(약 27조 3,300억 원)에 달한다. 세계 열 번째 부자다. 2008년 미국발 금융위기 이후 전 세계를 억누르고 있는 장기 침체 속에서 초저가 전략을 채택한 알디가 전성기를 누리면서 카를의 순위는 매년 올라가고 있다.

탄광촌의 작은 식료품점이 '국민 마트'로

카를과 테오는 에센에서 태어났다. 형제의 어머니가 제2차 세계대전 당시 탄광촌에 연 작은 식료품점이 알디의 시작이다. 2010년 동생 테오가 숨지기 전까지, 형제의 아버지는 탄광 노동자로 알려졌고 아직도 여러 매체에서 이들을 탄광 노동자의 아들로 보도하고 있다. 하지만 테오의 아들인 카를2세가 「슈피겔」에 형제의 아버지는 사실 제과제빵사였다고 밝혔다. 형제의 아버지는 1913년부터 제과점을 운영했는데, 바로 이듬해 징병되면서 어머니 안나가 상점을 운영하게 되었다. 안나는 스타우텐베르크의 빵 공장에서 빵을 받아다 팔았는데, 이 업체는 현재도 알디에 빵을 납품하고 있다고 한다. 전

▶ 독일 국민 83%가 이용해본 적 있다고 답한 '국민 마트' 알디는 '알브레히트 디스카운트(Albrecht Discount)'의 줄임말이다.

쟁이 끝난 후인 1946년, 형제는 어머니의 점포를 물려받았다. 형제는 그 작은 점포에서부터 '최저가' 판매의 비결을 연구했다.

1950년대 들어서면서 독일에 냉장고가 도입되었다. 점포 수를 조금씩 늘려 가던 형제에게 냉장고는 너무나 고가의 상품이었다. 대신 점포마다 지하 저장고를 만들어 우유와 버터의 신선도를 최대한 유지했다. 여기에 그날의 수요를 정확히 예상해 공급했다. 비용을 줄이고 수요를 정확히 예측해 재고도 거의 제로(0)로 유지하는 이 같은 방식으로 알디는 경쟁사보다 훨씬 싼 값에 제품을 판매할 수 있었다. 소비자들은 저가에 열광했고 1960년에는 점포가 300개까지 늘어났다. 이듬해 형제는 '알디(Aldi)'라는 상호를 내걸었다. 알디는 '알브레히트 디스카운트(Albrecht Discount)'의 줄임말이다.

상호에서 알 수 있듯 알디의 경쟁력은 대형마트보다도 15~30% 저렴한 가격에 있다. 카를은 "저렴한 가격이 알디의 광고"라고 말한 적이 있다. 이는 철저한 비용-절감 정책에서 비롯된다. 점포는 가능한 작게 만들고 직원도 최소 인원만 뽑는데다가 광고도 하지 않는다. 매장 내부에는 아무런 장식도 없고 물건은 배달 온 상자 그대로 진열되어 있다. 가맹점 수수료를 절약하기 위해 신용카드는 받지 않고 종이봉투도 사용하지 않는다. 매장에 바코드 스캔방식이 도입된

2000년 이전에는 일손을 줄이기 위해 상품에 가격표를 붙이지 않았다. 대신 점원이 모든 상품의 가격을 외워 계산기를 두드렸다.

가격은 최저, 품질은 최고

내셔널 브랜드(NB)를 취급하지 않고 98%를 알디 자체 상표(PB) 제품만으로 구성한 것도 초저가 전략의 비결이다. 예를 들어 알디 매장에는 '코카콜라' 대신 '알디 콜라'가 있다. 세계적 식품회사인 네슬레도 자체 상표 제품이 아닌 PB제품을 제조해 납품한다. 물론 가격이 저렴한 만큼 제품에 약간의 차이는 있다. 예를 들어 NB 치즈는 7일 숙성한다면 PB 치즈는 6일 숙성하는 식이다. 하지만 실제 소비자들이 먹었을 때 품질에서는 거의 차이가 없다.

대부분의 상품을 PB 상품으로 구성하다 보니 상품 종류를 다양하게 유지할 필요가 없다. 예를 들어 올리브기름을 사려고 이마트에 갔다고 하자. 기름 코너에는 대부분의 식품회사가 내놓은 올리브기름이 진열되어 있다. 많은 올리브기름 중에서 소비자는 자기가 선호하는 브랜드를 고른다. 하지만 알디는 PB제품 하나 또는 PB와 NB제품 하나씩 정도만 두는 식으로 매장 내 상품 가짓수를 매우 적게 유지

▼ 카를과 테오 형제는 검약이 몸에 밴 독일 사람들의 소비심리를 누구보다 빨리 파악했다. 알디 점포는 가능한 작게 만들고 직원도 다섯 명 이상 두지 않는다. 매장 인테리어도 거의 하지 않으며 배달 온 상자 그대로 진열한다.

한다. 월마트가 5만 가지 상품을 구비해 놓는 반면 알디에는 상품 수가 1,000여 개 밖에 없다. 전자제품도 마찬가지다. 디지털 카메라, 디지털 캠코더, 노트북 등 전자제품 역시 PB로 제조해 값싸게 판다.

하지만 '싼 게 비지떡'이라는 PB에 대한 편견과 달리 알디의 제품은 품질도 매우 좋다. 이는 독일 정부가 매달 발행하는 공신력 있는 「제품 평가(www.test.de)」 보고서가 큰 영향을 미친다. 보고서는 알디의 PB제품이 세계적인 유명 브랜드 P&G나 유니레버에도 뒤지지 않는다고 평가하고 있다. 「제품 평가」는 시중에 판매되기 하루 전에 독일 전역의 알디 매장에 배달된다. 보고서에서 품질기준에 못 미치는 것으로 평가받은 제품은 곧바로 매장에서 철수한다. 이 때문에 알디는 저소득층만 이용하는 매장이 아닌 부자들도 오는 독일의 '국민 마트'가 되었다.

물론 부작용도 따른다. 직원 수가 적다 보니 초과 근무가 빈번해 직원들은 불만을 제기한다. 또 알디의 확장에 소규모 소매점들의 설 자리가 줄고, 낙농업자들은 우유 가격 급락으로 생존을 위협받는다. 제3 세계에서 수입되는 싼 공산품들은 노동 착취의 결과물이라는 비판도 있다.

■ 베일에 싸인 은둔형 경영자

형제는 1966년 회사를 둘로 분리했다. 독일 남부 지역은 형 카를이, 북부 지역은 동생 테오가 맡았다. 1970년대부터 시작한 해외 진출 때도 나라를 둘로 나눴다. 카를은 미국, 스위스, 호주 등지에, 테오는 프랑스, 스페인, 폴란드 등에 진출했다. 그렇다고 둘이 완전히 갈라선 건 아니었다. 법적으로는 두 회사가 완전히 분리되어 있지만, 운용 전략은 이사회에서 함께 짜고 물건도 함께 구매하고 있다.

독일인의 일상에서 알디가 거의 떼어 놓을 수 없는 존재가 된 반면, 형제는 철저하게 은둔생활을 해 왔다. 언론 등 공식석상에 나타난 적이 전혀 없고 사생활에 대해서도 알려진 게 별로 없다. 사진조차 찾기 힘들다. 형제가 제대로 찍힌 사진은 파파라치가 찍은 것을 제외하고 1971년 것이 유일하다. 앞서 언급했던 "싼 값이 알디의 광고"라는 표현은 카를이 1953년에 한 말로, 공식석상에서 한 거의 유일한 말로 알려져 있다.

은둔에는 이유가 있다. 1950~1960년대 형제가 부를 쌓아 점포를 늘릴 수 있었던 기반은 가난 덕분이었다. 제2차 세계대전 이후 터키나 이탈리아 등에서 서독으로 이주해온 노동자 등 가난한 이들의 구매를 통해 형제는 부자가 되었다. 그래서 알브레히트 가족들은 알디가 세계적 할인마트 체인이 된 후에도 절대 부를 과시하지 않는다고 한다. 무엇보다 1971년 테오의 납치 사건은 그들의 은둔 성향을 더욱 강화시켰다. 당시 테오는 변호사에게 납치되어 몸값 467만 달러(약 54억 원)를 치르고 17일 만에 풀려났다.

형제는 1955년과 1957년에 에센시의 살기 좋은 구역에 저택을 세워 그 집에서 가족과 50년 이상 살았다. 하지만 세계 10위권 부자가 된 후에도 그곳

▶ 카를과 테오. 2009년 독일의 언론은 "카를 알브레히트가 아흔 번째 생일을 맞았을 것"이라는 제목의 기사를 내보냈다. 알브레히트 형제는 생사여부마저 언론이 파악하지 못할 만큼 베일에 싸여 있다.

에서 검소하고 소박한 은둔생활을 계속 하고 있다. 「슈피겔」에 따르면 그 집의 좁은 복도에서 단단한 강철로 된 현관문까지는 5~6미터 밖에 되지 않는다고 한다. 대 부호의 저택이라고는 믿기 어려운 규모다.

2010년 7월 24일 동생 테오가 먼저 지병으로 세상을 떠났다. 하지만 장례식도 그들다웠다. 가족과 가까운 친구 서른 명이 참석한 가운데 복잡한 절차 없이 조용히 치렀고, 장례식이 다 끝난 후에야 회사 측이 테오의 사망을 발표했다.

「슈피겔」이 테오의 장례식과 관련해 보도한 내용을 보면, 그들이 심지어 '죽음'마저도 '알디식'으로 준비했다는 것을 알 수 있다. 두 형제는 1997년 에센시의 한 시립공원 묘지에 있는 장지를 자신과 가족을 위해 구입했다. 하지만 형제는 한참 동안 묘지를 관리하지 않았다. 잡초가 너무 많이 자라자 묘지 관리 담당자가 형제에게 경고장을 보냈다. 「슈피겔」은 "그 뒤에야 알디의 트럭이 나타나 주목과 철쭉, 그리고 측백나무를 내려놓았다. 알브레히트 일가는 자기네 매장에서 묘목을 특가 판매할 때까지 기다렸던 것"이라고 전했다.

형제는 이 거대한 부를 어디에 사용할까? 「슈피겔」이 전한 카를 2세의 말에 따르면, 알브레히트 일가는 그들이 가진 돈으로 자신이 중요하다고 여기는 크고 작은 분야를 지원하고 있다. 하지만 돈을 받는 사람은 그 일에 대해 침묵해야 한다. 비밀을 지키지 못하면 돈을 받을 수 없다. 일례로 형제의 고향 상트마르쿠스 구역에 살고 있는 한 병든 여성은 매달 1,000마르크를 지원받았지만, 이 사실은 그녀가 죽은 뒤에야 밝혀졌다. 브레드네이 지역에 있는 괴테학교의 새로운 건물은 거의 알브레히트 일가의 지원으로 지어졌다. 이밖에도 카를은 암 연구에 많은 돈을 기부하고 있다. 현재 카를2세는 아버지의 전기를 쓰고 있다고 한다. 이 전기가 발간되면 베일에 가려져 있던 알브레히트 형제의 삶이 드디어 세상에 알려지게 되는 셈이다.

부자DNA

선택과 집중의 DNA

알디에는 '서비스'라는 개념이 없다. 물건은 찌그러진 박스에 담겨 진열되어 있고, 계산을 하려고 10분 넘게 줄을 서는 일은 다반사다. 물건의 종류도 품목 당 두세 가지가 전부다. 서비스를 최소화하고 다양한 상품의 구성을 포기하는 대신 소품목을 최저가에 판매함으로써 '가격'과 '품질'이라는 두 마리 토끼를 동시에 잡을 수 있었다. 실제로 슈퍼마켓에서 취급하는 품목의 4분의 1은 한 달간 한 개도 팔리지 않는다고 한다. 알디의 모든 전략은 가격과 품질, 이 두 가지로 소비자에게 최고의 만족을 주는데 최적화되어 있다. 누구보다 선택과 집중의 전략을 정확히 구사한 형제다.

최근 수년 동안 한국에도 'SPA' 브랜드가 패션산업의 대세로 떠올랐다. SPA(Specialty store retailer of Private label Apparel)를 보통 '제조·판매 일괄 의류'라고 설명하는데, 일반적인 패션 브랜드와는 다른 방식으로 성공한 중저가 글로벌 브랜드를 뜻한다.

한국뿐 아니라 대부분의 의류 브랜드는 본사에서 디자인만 하고 제작은 외주 업체에 맡긴다. 만들어진 옷은 백화점이나 쇼핑몰 등 유통회사에서 판매한다. 재고는 백화점 세일 등을 거쳐 아울렛 등으로 넘어간다. 하지만 SPA 브랜드는 디자인뿐 아니라 제조와 유통을 모두 일괄 관리한다. 중국 등 인건비가 싼 곳의 공장에 제조를 맡기되, 정확한 수량을 발주해 재고가 없도록 철저히 관리한다. 판매는 전 세계 곳곳에 있는 직영 매장에서 한다. 한 매장 당 같은 디자인의 티셔츠를 100장만 발주해도 전 세계 수천 개 매장에 깔리면 수십만 장이 되기 때문에 제조원가를 최대한 낮출 수 있다.

2008년 시작된 세계 금융위기 이후 전 세계가 불황에 빠지면서 값비싼 패션 브랜드 대신 중저가 SPA 브랜드가 초고속 성장을 지속했고, 이런 브랜드들이 우리나라에도 상륙해 승승장구하고 있다. SPA 브랜드 중 가장 유명한 것이 일본의 유니클로, 스페인의 자라, 스웨덴의 H&M 등이다.

세 SPA 브랜드의 창업자는 모두 억만장자가 되었다. 패스트리테일링(유니클로의 지주회사)의 창업주 야나이 다다시(柳井正, 1949년~, 일본)와 자라 등 브랜드를 만든 패션기업 인디텍스의 창업자 아만시오 오르테가(스페인), 아버지에게 물려받은 H&M을 세계적인 브랜드로 키운 스테판 페르손(스웨덴)이 그 주인공이다. 이들은 모두 각국에서 1위 갑부다.

"옷은 패션이 아니다. 생필품일 뿐이다!"

1949년 일본 야마구치현에서 태어난 야나이는 와세다대학 정치경제학부를 다녔다. 젊은 시절 공부에는 별로 관심이 없었고 히피문화와 록음악, 마작 등에 빠져 살았다고 한다. 야나이는 언론과의 인터뷰에서 자신의 젊은 시절을 이렇게 설명했다. "젊었을 때는 일하기 싫어했죠. 1970년대 히피가 유행하면서 일을 악(惡)으로 여겼습니다. 어떻게 하면 평생 일하지 않고 살 수 있을까 고민도 했습니다."

양복점을 운영했던 아버지는 아들이 걱정되어 200만 엔을 주며 세계 여행을 다녀오라고 권했다. 야나이는 이 여행이 나중에 중요한 사업 밑천이 되었다고 회상한다. 사실 일본은 청년들의 해외 진출이 그다지 활발한 편이 아니다. 날로 해외 유학생이 줄어들자 2012년부터 일본 정부가 국비까지 투입해 대학생의 해외유학을 장려하고 있지만 반응이 좋지 않을 정도다. 그러나 그는 해외에서 새로운 시각을 얻었고, 지금도 '글로벌 마인드'를 강조하고 있다. 유니클로는 일본에서는 파격적으로 사내에서 영어를 공용어로 쓰고, 직원들의 영어 교육에도 공을 들이고 있다.

▶ 아버지의 양복점을 물려받은 야나이는 '저렴한 캐주얼웨어를 주간지처럼 부담 없이 셀프서비스로 파는 가게'로 콘셉트를 잡고 히로시마에 유니클로 1호점을 열었다.

야나이는 1971년 대학 졸업 후 대형 유통 업체에서 6개월 정도 일하다가, 1972년 지방 변두리에 있던 아버지의 양복점을 물려받았다. 그가 양복점을 물려받을 당시 가게는 곧 문을 닫을 정도로 어려웠다고 한다. "옷도 밥처럼 생필품인데 왜 항상 유행을 따라야 할까? 옷도 라면이나 생필품처럼 편의점 같은 곳에서 간편하게 살 수는 없을까?" 야나이는 옷의 본질에 대한 의문을 품기 시작했다. 양복점을 운영하며 장사 노하우를 익힌 야나이는 1984년 히로시마에 싸고 편하

▼ 야나이는 "옷은 패션이 아니다. 그저 생필품일 뿐이다"고 말했다. 기본적인 디자인에 가격도 저렴한 유니클로 옷을 사람들은 식료품을 사듯이 구입한다.

게 옷을 살 수 있는 매장을 연다. '유니크 클로딩 웨어하우스(Unique Clothing Warehouse)', 유니클로 1호점이다. 학생들이 등교하는 길에 필요한 옷을 살 수 있도록 새벽 6시에 문을 열었다. 손님이 마음 편하게 옷을 고를 수 있도록 직원은 손님을 따라다니며 옷을 권하지 않고 옷 정리만 했다. 무늬나 장식이 전혀 없는 청바지, 티셔츠, 속옷 등 베이직 캐주얼을 팔았기 때문에 10대부터 60대까지 누구나 옷을 샀다. 가격도 대부분 1,000엔 미만이었다. 유니클로는 큰 호응 속에 매장 수를 늘려갔다.

■ 불황을 날개 삼아 훨훨 난 '싼 옷'

1990년대 후반의 '후리스 열풍'은 유니클로를 일본의 대표 브랜드로 만들었다. 후리스('fleece'의 일본식 영어발음)는 화학섬유인 폴리에틸렌을 사용해 양털처럼 보드랍게 만든 원단으로, 얇고 가벼운데

▶ 패스트리테일링 매출과 매장수 추이

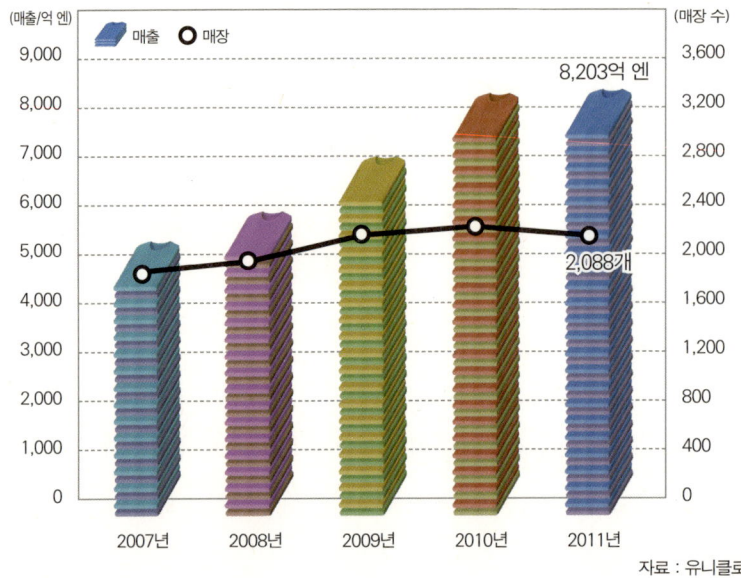

자료 : 유니클로

다 보온성이 뛰어나 주로 방한복이나 등산복 안감으로 쓰였다. 그런데 유니클로는 이 안감용 소재로 겉옷인 재킷을 만들어 다른 브랜드보다 최고 다섯 배나 싼 가격인 1,900엔에 팔았다. 당시 장기 불황으로 난방비까지 줄여야 했던 일본인들에게 후리스 재킷은 날개 돋친 듯 팔렸다. 1998년 200만 장을 시작으로 1999년 850만 장, 2000년에는 2,600만 장이나 팔렸다. 총 3,650만 장, 일본인 3.5명당 한 장씩 샀다는 놀라운 기록이다.

2008년 세계 금융위기 때는 보온 내의 히트텍이 인기를 끌어 2,800만 장이나 팔렸다. 1990년대 불황기 때도 나홀로 승승장구했던 유니클로는 2009 회계연도(2008년 9월~2009년 8월)에는 영업이익이 1,086억 엔을 기록하면서, 1,000억 엔을 돌파했다. 야나이는 금융위기 직후였던 2009년 소프트뱅크의 손정의를 제치고 일본 최고 갑부에 등극했다.

최근 유니클로는 대형 매장을 통해 글로벌 인지도를 높이는 데 주력하고 있다. 2005년 일본 최고의 명품 거리 긴자에 대형 매장을 냈던 유니클로는 2011년에는 뉴욕 5번가에 역시 초대형 플래그십 스토어를 오픈했다. 같은 해 11월에는 우리나라 명동에 아시아 최대 플래그십 스토어인 명동중앙점을 오픈해, 주말 3일 동안 무려 36억 원의 매출을 달성하는 신기록을 남기기도 했다. 전 세계 2,000여 개의 매장을 운영하는 유니

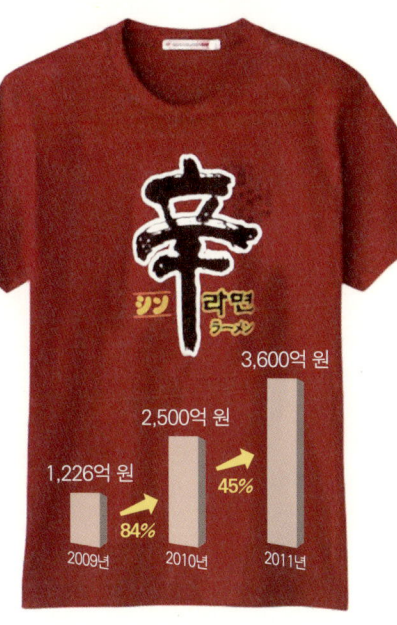

▶ 유니클로 한국 매출 추이

2005년 한국에 진출한 유니클로는 매출이 초고속으로 성장하고 있다. 자라, H&M, 망고 등 SPA 브랜드 가운데 상승세가 가장 빠르다(배경이 된 티셔츠는 유니클로와 농심의 콜라보레이션 제품).

▶ 유니클로는 세계 주요 도시에 초대형 플래그십 스토어를 열고 있다. 사진은 중국 베이징, 미국 뉴욕, 일본 오사카 중심가에 위치한 유니클로 매장.

클로는 세계적인 불황을 날개 삼아 나날이 성장하고 있다. 국내에서도 매년 초고속 성장을 거듭하면서, 2011년 매출액 3,600억 원과 영업이익 520억 원을 달성하기도 했다.

"실패가 성공의 비결"

야나이는 공격적인 경영으로 유명하다. 후리스 열풍 이후 히트상품 없이 내리막길을 걸었던 2002년, 그는 경영일선에서 물러났다가 3년 만에 다시 복귀했다. 그가 자리를 물려준 다마쓰카 겐이치(玉塚元一) 사장이 안정적 성장만을 추구한다는 이유에서였다.

"발전하려면 실패를 더 경험해 봐야 한다." 야나이가 사장으로 복귀하며 한 말이다. 실제로 그가 실패한 사업도 적지 않다. 2002년 시작한 야채 판매 사업은 1년 반 만에 망했고, 새로 만든 여성복과 남성복 브랜드도 실패했다. "한 번 성공하기 위해 아홉 번 실패하라"는 소신을 가진 야나이는 "빨리 실패하고, 빨리 깨닫고, 빨리 수습하는 것이 내 성공의 비결이다"라고 말한다.

▶ 유니클로가 그라민은행과 손잡고 설립할 합작회사 '그라민 유니클로'는 방글라데시 빈곤층을 위해 값싼 의류를 제조해 판매하고 고용창출 등 사회공헌 사업을 벌이기로 했다.

그는 철저한 능력주의자이기도 하다. 내로라하는 회사에서 화려한 경력을 쌓은 인재들이 유니클로로 많이 왔지만 대부분 입사 수 년 만에 퇴사했다고 한다. 과거에 어떤 성과를 냈든, 현재 눈에 보이는 결과를 내놓는 것을 중시하는 야나이의 인재관 때문이다.

기업의 사회적 책임에 대한 소신도 뚜렷하다. 유니클로는 2007년부터 5,000명에 달하는 비정규직원을 정규직원으로 고용했다. 기업은 공적 기관이고 비정규직의 고통은 균등하게 나눠야 한다는 게 야나이의 신념이다. 또 점포 당 한 명씩 장애인을 채용해, 장애인 고용률도 지난해 기준 8%에 달해 일본 대기업 중 가장 높다. 야나이 회장은 인터뷰에서 "처음에는 점포 업무에 지장을 초래할지 모른다고 생각했으나, 직원들이 장애인을 배려하면서 팀워크가 좋아져 장애인을 고용한 점포의 업무성과가 오히려 향상되었다"고 설명했다.

2010년 7월에는 방글라데시의 빈곤층 대상 소액 대출은행인 그라민은행과 손잡고 합작회사를 설립할 것이라고 밝혔다. 방글라데시 빈곤층을 위해 평균 1달러의 값싼 의류를 판매하고, 고용도 창출한다는 계획이다.

예순세 살의 야나이는 두 아들에게 회사를 물려줄 생각이 없음을 공공연하게 밝혀왔다. 그는 "자식들에게 기업을 물려줘 망한 회사를 너무나 많이 봐왔다. 경영은 회사를 가장 잘 이끌 만한 사람이 하는 게 맞다"며 "오늘 새로 들어온 아르바이트생이 나중에 사장이 될 수 있다면 얼마나 멋진 회사인가. 그런 좋은 구조를 가진 회사라면 좋은 인재가 반드시 많이 들어올 것이다"라고 말했다.

'그림자' 비판한 책에 소송 걸어

하지만 최근 들어 유니클로의 놀라운 성공에 가려진 '그림자'를

조명하는 움직임도 나타나고 있다. 2011년 3월 「문예춘추」는 요코다 마스오(橫田增生) 「운송경제」 기자가 연재했던 기사를 묶어 단행본 『유니클로 제국의 빛과 그림자(ユニクロ帝国の光と影)』를 발간했다.

2년 동안 유니클로에 대해 심층 취재를 한 저자는 일본 유니클로 점장의 업무 강도와 중국 공장의 열악한 근무 조건 등 주로 노동조건 문제를 지적했다.

책에 따르면 일본 유니클로 점장은 잔업 수당도 받지 못한 채 매일 15~16시간 일한다. 시급으로 따지면 아르바이트보다도 낮다고 책은 지적했다. 유니클로 측은 "노동법에 위반되는 잔업을 방지하는 규정을 만들고 교육도 시키고 있다"고 주장했으나 "성과 달성을 위해서는 퇴근 카드를 찍고 또 업무를 해야 한다"는 것이 실제 점장의 전언이라고 책은 지적했다. 중국 공장의 근로 조건에 대해서도 아디다스나 나이키는 직원들의 잔업 시간을 엄격히 관리하는 반면, 유니클로는 노동법 준수보다는 납기일 준수를 더 중요시하기 때문에 잔업이나 철야가 많다고 저자는 주장했다.

그러나 유니클로는 이 책의 내용이 모두 '허위사실'이라는 입장이다. 이 책에 대해 발행 금지 및 발행된 책의 폐기를 요구하며 명예훼손 소송을 제기했다. 게다가 서울문화사가 이 책을 한국에서 번역해 내려고 하자, 서울문화사를 상대로

▼ 2012년 6월 프랑스 파리 롤랑가로에서 열린 2012년 프랑스오픈 남자단식 결승에서 노박 조코비치가 유니클로의 유니폼을 입고 경기에 임하고 있다.

출판 금지 가처분신청을 내기도 했다. 물론 법원이 바로 기각해 책은 정상적으로 발간되었다.

기업이 한 서적에 대해 이처럼 과민반응을 보인 것은 이례적이다. 사실과 다른 내용이 있다면 당연히 정확한 사실로 해명을 해야 마땅하다. 하지만 출판 금지 소송까지 낸 것은 표현의 자유를 소송으로 탄압하려 한다는 인상을 주어 유니클로의 이미지를 실추시키는 것이 아니냐는 비판도 제기되기도 했다.

야나이의 다음 목표는 무엇일까? 해외진출 등으로 2020년까지 매출액 5조 엔을 달성하는 것이라고 한다. 목표를 달성할 때까지 그가 얼마나 많은 실패와 성공을 거듭할지 지켜볼 일이다.

부자 DNA

칠전팔기(七顚八起)의 DNA

2012 프랑스오픈 남자단식에서 세계 1위 노박 조코비치(Novak Djokovic)의 유니폼은 승패를 떠나 커다란 이슈였다. 대회 내내 조코비치는 왼쪽 가슴에 빨간 유니클로 로고가 새겨진 흰색, 빨간색, 남색 유니폼을 번갈아 입었다. 유니클로는 조코비치와 코트 안팎에서 유니클로의 옷을 입고, 디자인에도 참여하는 계약을 맺었다. 해외 시장과 스포츠의류 시장으로의 확장을 염두에 둔 야나이의 포석으로 해석된다.

야나이는 자신의 인생은 '9패 1승'이라고 할 정도로 실패가 많았지만, 실패를 자양분 삼아 끊임없이 도전한 것이 성공의 비결이라고 말했다. 나이키와 아디다스가 꽉 잡고 있는 스포츠의류 시장에 출사표를 던진 야나이 다다시. 실패를 두려워하지 않는 야나이 덕분에 우리는 새로운 시장이 개화하는 순간을 목격할 수 있게 되었다.

Warren Buffett

한 나라의 GDP보다 큰 자산을 운용하는 남자

워런 버핏

"처음으로 주식을 사기 전까지, 나는 인생을 낭비했다."

세계 최고 갑부 워런 버핏(Warren Buffett, 1930년~)을 이보다 잘 설명할 수 있는 구절이 또 있을까. 이미 은퇴를 해도 몇 번은 했을 여든의 나이까지 '투자의 귀재', '미다스의 손'으로 불리고 있는 버핏은 오로지 투자에 대한 열정으로 일생을 살아 왔다.

주식투자만으로 세계 최고의 부자가 되다

사실 버핏의 첫 '비즈니스'는 여섯 살 때 시작되었다. 껌과 콜라 등을 이웃에 팔아 한푼 두푼 돈을 모은 이 꼬마는 열 살 때『1,000달러를 버는 1,000가지 방법(One Thousand Ways to Make $1000)』이라는 책을 읽고 나서 "서른다섯 살에는 백만장자가 되겠다"고 결심한다.

그가 처음 주식투자를 시작한 것이 열한 살 때다. 직접 모은 전 재산 120달러에 누나 도리스의 돈을 보태 시티즈 서비스의 주식을 주당 38.25달러에 샀지만, 주가는 이내 27달러로 곤두박질쳤다. 얼마 후 주가가 40달러로 회복되자 버핏은 재빨리 주식을 팔아버렸다. 그런데 이 주식이 곧 200달러로 치솟았다. 개미투자자들의 전형적 실수를 그는 남보다 일찍 경험한 셈이다.

버핏은 투자에 대해서라면 신문이든 잡지든 뭐든지 읽고 연구했다. 단지 돈을 벌기 위해서가 아니라, 매일 최신 정보를 습득하기 위해 신문 배달을 하기도 했다. 신혼여행 때도 무디스가 발간한 기업 보고서를 들고 갔을 정도다. 그는 지금도 비행기에서 창밖 풍경을 내다보는 대신 신문을 읽는다.

컬럼비아 경영대학원 입학 후 가치 투자의 창시자로 알려진 벤저민 그레이엄(Benjamin Graham) 교수의 눈에 띈 것 역시 그의 저서 『현명한 투자자(The Intelligent Investor)』를 거의 달달 외우고 있었기 때문이었다. 그레이엄으로부터 유일하게 A+ 학점을 받은 수제자였던 버핏은 졸업 후 그레이엄의 투자회사에 들어가 일했다. 그레이엄이 은퇴하면서 후계자가 될 것을 권유받았지만, 고사하고 고향인 네브래스카주의 오마하로 돌아갔다.

1956년 스물다섯 살이었던 버핏은 자신의 쌈짓돈과 지인들의 투자금 등 17만 달러로 투자회사 '인베스트먼트 파트너십'을 세웠다. 그리고 그는 저평가된 회사의 주식을 사 모은 후, 수익을 배당하지 않고 계속해서 재투자하는 복리 방식으로 돈을 불려나갔다. 당시 다우지수 상승률은 연 평균 7.4%였는데, 버핏은 이 회사를 통해 매년 29.5%에 달하는 수익률을 기록했다.

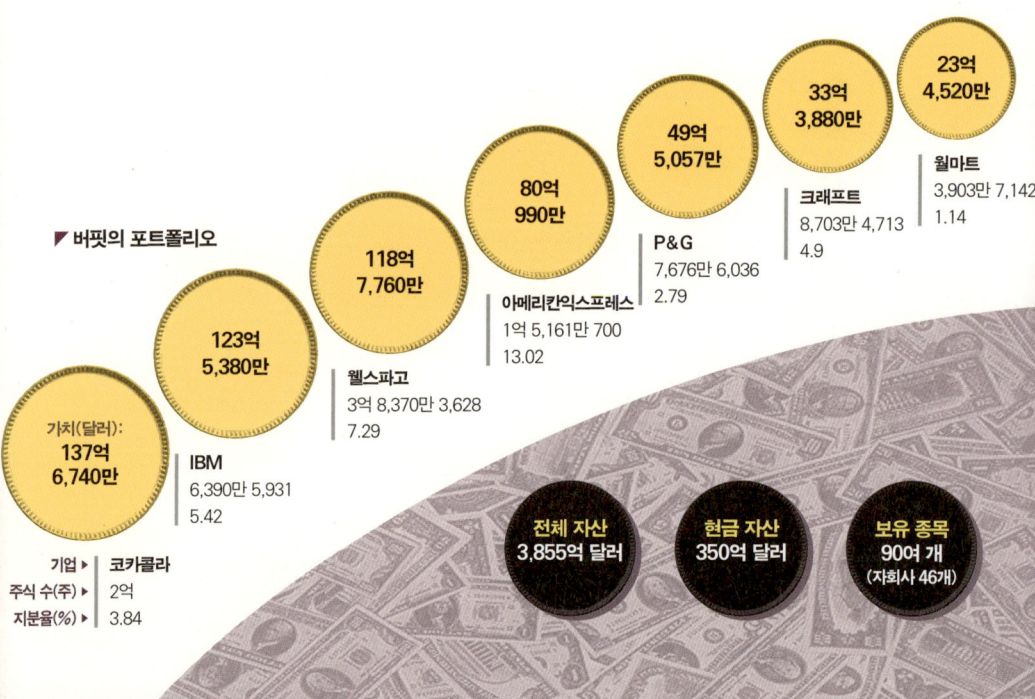

부를 일군 법칙, '15% 피셔, 85% 그레이엄'

1994년 첫 출간되어 세계적인 베스트셀러가 된 책 『워런 버핏의 완벽투자기법(The Warren Buffet Way)』의 저자 로버트 해그스트롬(Robert G. Hagstrom)은 이렇게 말했다. "워런 버핏은 주식투자만으로 부를 축적한 유일한 사람이다." 그렇다면 버핏은 어떻게 주식투자로 세계 최고 부자가 되었을까?

버핏이 자신의 투자법에 대해 설명한 말 중 가장 유명한 것이 '15% 피셔, 85% 그레이엄'의 법칙이다. 필립 피셔(Philip A. Fisher)는 성장주 투자, 벤저민 그레이엄은 가치투자의 원칙을 정립한 전설적 투자자다. 즉 성장투자 15%, 가치투자 85%의 포트폴리오로 지금의 버핏이 되었다는 얘기다.

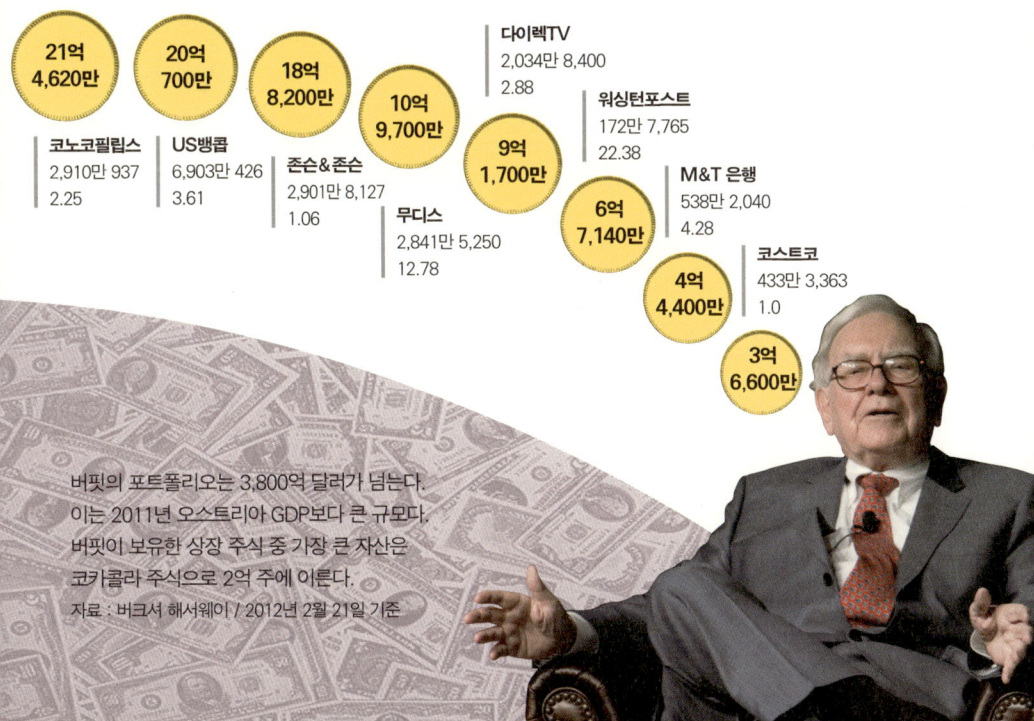

버핏의 포트폴리오는 3,800억 달러가 넘는다. 이는 2011년 오스트리아 GDP보다 큰 규모다. 버핏이 보유한 상장 주식 중 가장 큰 자산은 코카콜라 주식으로 2억 주에 이른다.
자료 : 버크셔 해서웨이 / 2012년 2월 21일 기준

그레이엄은 재무제표와 청산가치(자산가치)를 중시했다. 망하더라도 손해를 보지 말아야 하기 때문이다. 1929년 뉴욕 증시 폭락 때 큰 손해를 봤던 그레이엄은 순자산가치와 주가수익률 등 재무비율을 엄격하게 적용해 저가매입 대상을 정했다. 투자 종목도 다양하게 분산하는 쪽을 선호했다.

반면 피셔는 재무상태보다 성장성을 중시했다. 그는 기업을 판단할 때 무엇보다 '경영'을 가상 중요한 요소로 생각했고, "누가 다른 이들이 미처 깨닫고 있지 못하는 일들을 하고 있는가?"를 찾아내기 위해 노력했다. 확신이 들면 해당기업 지분을 대거 사들여 장기 보유했다. 그는 1950년대에 매입했던 텍사스 인스트루먼트와 모토로라 주식을 각각 1980년대와 2000년대까지 갖고 있었을 정도다.

버핏은 그레이엄의 수제자였으나, 실제 자신의 투자회사를 설립한 후에는 피셔 쪽 영향을 더 많이 받았다. 버핏은 주식을 살 때 경영자를 매우 중요하게 여겼고, 설령 청산가치가 높아도 성장성이 불투명한 기업은 멀리했다. 또 10년 이상 장기간 지속적으로 이익을 낼 수 있는 주식을 선호했다. 버핏이 언제나 시장에서 가격 결정력을 갖고 있는 지배적 기업을 선호하는 것도 이런 이유에서다.

주식을 대규모로 매입해서 장기간 보유해온 것 역시 '피셔 스타일'이다. 버핏은 1989년 질레트 주식 9,600여만 주를 매수해 계속 보유해오다가 2005년 P&G가 질레트를 인수할 때 팔아 무려 43억 달러의 차익을 챙긴 바 있다.

투자하려거든 기업 경영을 장악하라!

　버핏이 단순히 주식매매차익만 노렸다면 지금 같은 갑부는 되지 못했을 것이다. 그는 회사를 인수하거나 경영권에 영향력을 미칠 만큼 상당한 지분을 획득해, 주식의 가치를 직접 높이는 전략을 택했다. 1962년 그가 인수했던 버크셔 해서웨이는 당시 주가가 18달러에 불과했지만, 지금은 10만 달러가 넘는다.

　할 수만 있다면 버핏은 아예 기업을 통째로 인수했다. 그리고 전문경영인을 영입해 기업가치를 높였다. 100% 인수가 어려운 대형 기업에 투자할 때도, 가급적 대규모 지분을 매입한 뒤 이사회에 직접 진출해 경영에 영향력을 행사했다.

　적대적 인수·합병(M&A)의 위협에 놓인 기업에 대해 백기사 역할을 자처하되, 노회한 협상력으로 반드시 대가를 챙기는 것 역시 그의 장기다. 버핏은 2008년 세계 금융위기 직후 위기에 몰렸던 골드만삭스에 영구우선주(의결권이 없는 우선주의 일종으로, 만기가 없고 약속된 배당을 받지 못하면 다음해 이익을 통해 배당을 받을 수 있는 주식)를 매입하는 형태로 무려 50억 달러를 투자했다. 하지만 그가 챙긴 프리미엄은 엄청났다. 버핏은 우선주에 대해 10% 배당금을 보장 받았을 뿐 아니라, 5년 동안 주당 115달러에 보통주를 총 50억 달러 규모까지 살 수 있는 권리까지 얻었다.

　버핏이 이 같은 투자 철학을 실현하면서 부를 축적한 핵심도구는 바로 버크셔 해서웨이였다. 버크셔 해서웨이는 여러 보험사와 재보험사까지 거느린 일종의 보험지주사다. 만약 신문에 "버핏이 A사 주식을 샀다"라는 기사가 나온다면, 사실은 버크셔 해서웨이의 자회사

▶ 버크셔 해서웨이 주가 추이 및 주주 현황

버크셔 해서웨이는 주가(2012년 8월 16일 기준)가 10만 7,839달러(약 1억 1,600만 원)로, 세계에서 가장 비싼 주식이다. 버핏은 버크셔 해서웨이 지분 37.1%를 가지고 있다.

자료 : 버크셔 해서웨이, 야후파이낸스

인 어느 보험회사가 보험가입자들이 낸 보험료를 활용해 투자했다는 얘기다. 즉, 남이 맡긴 돈으로 대규모 레버리지 투자효과를 일으킨 셈이다. 이런 방법으로 버크셔 해서웨이의 주당 순자산가치는 연평균 20%씩 증가했다.

사실 이런 투자법은 개인투자자들은 도저히 따라 할 수 없는 것이다. 버핏의 투자 기법을 설명하는 수많은 책들이 "개인투자자들도 버핏처럼 재무제표를 열심히 분석하고, 가치 있는 주식을 저가에 사서 오랫동안 보유하다가 진짜 가치에 도달하면 팔아야 한다"고 말하고 있지만, 버핏에게는 '버크셔 해서웨이'가 있다는 것을 간과하면 안 된다.

부자들의 사회적 책임이 세상을 바꾼다

버핏은 돈 쓰는 데 유난히도 인색했다. 엄밀히 말하면 돈 쓰는 것에 대한 발상 자체가 남달랐다. 그는 기본적으로 '100달러를 어떻게 쓸까?' 대신 '100달러로 투자하면 얼마를 벌 수 있을까?'라는 관점에서 접근한다. 버핏은 수십 년 전 3만 달러를 주고 산 집에 지금도 살고 있는데, 그러면서도 그는 "3만 달러를 10년만 굴렸으면 100만 달러가 될 수 있었을 텐데……"라며 아까워한다고 한다.

세계 최고 부자이면서도 자녀에게 돈을 그냥 주지 않는다. 돈을 빌려달라는 딸에게는 "돈은 은행에 가서 빌리는 것이지 부모한테 빌리는 것이 아니다. 축구팀에서 아버지가 유명한 센터포드였다고 그 자리를 아들이 물려받을 수는 없지 않느냐"고 말했을 정도다.

하지만 그도 2004년 부인 수전(Susan Thompson Buffett)이 뇌졸중으로 숨지자, 생각이 달라지기 시작했다. 자녀에게 용돈도 주기 시작했고 기부도 늘렸다. 특히 2006년에는 재산의 85%를 빌 게이츠가 세운 빌 앤 멜린다 게이츠 재단에 기부하겠다고 발표해 세상을 깜짝 놀라게 했다. 이후 버핏은 게이츠와 함께 슈퍼리치들을 만나고 다니며 재산의 절반을 기부하자는 운동을 벌이고 있다.

▼ 2006년 버핏은 향후 20년 간 300억 달러의 재산을 빌 앤 멜린다 게이츠 재단에 기부하겠다고 밝혔다. 자신이 약속한 기부를 계속 이행하는 전제 조건으로 '빌과 멜린다 모두 살아서 재단을 운영할 것'을 내세운 버핏은 "멜린다가 없었다면 기부하지 않았을 것"이라고도 했다.

▶ 2000년부터 시작된 '버핏과의 식사'는 올해 13회를 맞는 행사다. 첫 해 2만 5,000달러로 출발한 점심값은 2010년에는 사상 최고가인 263만 달러에 낙찰되었다. 이렇게 마련된 돈은 빈곤퇴치 운동을 하는 자선단체 '글라이드' 재단에 기부된다.

부자의 책임에 눈뜬 그는 기부에서 멈추지 않았다. 미국 경제가 2008년 세계 금융위기로 어려움에 빠지자 "세금을 많이 내자"고 주장하기 시작했다. 대부분 국가에서 기업들이 내는 법인세나 근로자들이 내는 소득세율에 비해 금융자본을 불려 얻는 이익에 대한 과세율은 낮다. 버핏은 2011년 8월 「뉴욕타임스」 기고문을 통해 "지난해 나는 소득의 17.4%를 연방세금으로 냈으나, 내 사무실 직원 20명의 (소득)세율은 33~41%로 모두 나보다 높았다"면서 "돈으로 돈을 버는 사람이 노동으로 돈을 버는 사람보다 세금을 적게 내는 것은 정상이 아니다"라고 주장했다.

이는 즉각 버락 오바마(Barack Obama) 미국 대통령의 '버핏세' 신설 움직임으로 구체화되었다. 오바마 대통령은 2012년 1월 버핏세 도입을 주장하며 '버핏보다 많은 세율을 적용 받은' 버핏의 비서를 초청해 함께 등장하는 퍼포먼스를 벌이기도 했다. 수많은 사람들이 버핏에게 지지를 보냈지만 미국의 일부 부자들은 버핏의 주장에 분개하며 '사회주의자'라고 비난하기도 했다.

버핏의 '부자에게 더 많은 세금' 구호는 태평양을 건너 한국에까지 영향을 미쳤다. 2011년 정부 여당에 대한 국민들의 불만이 커지자 여당 쪽에서 먼저 '버핏세'라는 것을 제안했다. 논란 끝에 2011년 12월 31일 "3억 원 초과 소득(과세표준액 기준)에 대해 '38%의 최고세율'을 적용한다"는 내용이 통과되었다. 하지만 소득 기준이 너무 높아 전국에서 해당자가 겨우 6만 명에 불과하고 세수 증대 효과도 미미하다는 비판을 받고 있다.

버핏의 선의를 비판하는 사람들은 99%가 인간답게 살기 위해서는 버핏의 기부처럼 언제 사라질지 모를 '부자의 선의'에 기대어서는 안 된다고 주장하기도 한다. 일리 있는 말이지만 상당수의 부자가 기부는 고사하고 세금도 제대로 내지 않거나 배임, 횡령 등 각종 범죄로 형사처벌을 받는 것을 보면 "최소한 버핏의 발뒤꿈치만큼이라도 좇아라"라고 요구해야 할 듯하다.

상생의 DNA

버핏은 돈을 버는 데 남에게 피해를 주거나 비정상적이고 이기적인 방법을 가능한 피했다. 그럼에도 투자금을 수십, 수백 배로 불려 빠져나오기를 반복하는 투기꾼보다 더 큰 돈을 벌 수 있었다. 그가 '현인'으로 추앙받는 이유는 기업과 투자자가 상생하는 바람직한 투자를 실천해왔기 때문이다. 공공의 선에 위배되지 않는 돈에 대한 철학이야말로 버핏을 세계 최고 슈퍼 리치로 만든 부자 DNA다.

Phil Knight

운동화에 인격을 불어넣은 마케팅 귀재

필 나이트

골프장 그린 위에서 퍼팅을 성공시킨 뒤 오른손을 불끈 쥐는 타이거 우즈(Tiger Woods)와 스프링처럼 튀어 올라 덩크슛을 넣는 마이클 조던(Michael Jordan)의 모습을 떠올려보자. 두 사람의 얼굴과 함께 자연스레 그려지는 이미지가 하나 있을 것이다. 바로 스포츠 브랜드 나이키의 로고다. 우즈가 입은 티셔츠의 왼쪽 가슴과 조던이 신은 운동화에는 어김없이 나이키 로고가 붙어 있다.

제품 자체보다 브랜드의 로고를 더 갖고 싶게 만들었던 나이키. 전 세계 스포츠의 아이콘으로 부상해 스포츠용품 시장 부동의 1위를 지키고 있는 이 회사는 전직 육상선수 필 나이트(Phil Knight, 1938년~)와 그의 코치였던 빌 보워먼(Bill Bowerman, 1911~1999년)이 공동 설립했다. 필 나이트는 2012년 현재 144억 달러의 재산을 가진 세계 마흔일곱 번째 부자다.

'승리의 여신' 니케가 가져다준 엄청난 성공

나이트는 1938년 미국 오리건주에서 태어났다. 고등학교 때부터 중거리 육상선수였던 나이트는 오리건대학에서 저널리즘을 전공하면서 육상도 계속했다. 1마일(약 1.6킬로미터)을 4분 10초에 돌파한 것이 그의 최고기록이다.

대학 졸업 후 1년간 군대에 갔다 온 뒤 스탠퍼드대학 경영대학원을 다니던 나이트는 운명적인 수업을 듣게 된다. 프랭크 쉘런버그(Frank Shallenberger) 교수의 창업론 강의에서 자신의 기업가적인 자질을 발견한 것이다. 나이트는 "교수님이 기업가의 자질을 이야기하는데 마치 내 얘기를 하는 것 같았다. 진정 원하는 일을 찾은 순간이 었다"고 당시를 회상한다.

1962년 경영대학원을 졸업한 나이트는 일본 여행을 떠났다. 이 때 고베에서 일본 운동화 제조 업체 오니츠카 타이거(현재 아식스)의 싸고 품질 좋은 신발을 보게 되었다. 육상 선수 출신이었기에 그는 편안하고 가벼운 운동화를 누구보다 잘 알아볼 수 있었다. 나이트는 이 신발을 미국으로 수입해 팔기로 계약한 뒤 귀국했다. 하지만 당시 물건이 배로 운송되는 데만 1년이 넘게 걸렸고, 그 동안 그는 회계사와 포틀랜드주립대학 조교수로 일했다.

운동화가 도착하자 나이트는 자신의 육상 코치였던 빌 보워먼에게 운동화 두 켤레를 우편으로 보냈다. 운동화에 관심이 많았던 보워먼에게 품질에 대한 조언을 구하고 운동화도 팔아볼 심산이었다. 하지만 뜻밖에도 보워먼은 "좋은 운동화를 만들 아이디어가 많다"며 동업을 제안했다. 1964년, 두 사람이 각각 500달러씩 내 차린 회사가 나이키의 전신인 '블루 리본 스포츠(BRS)'다.

이들은 조그만 승합차에 수입한 신발을 싣고 다니며 팔기 시작했다. 그리고 1972년부터 직접 신발을 만들어 팔았다. 성공의 발판이 된 것은 보워먼이 고안해 낸 격자무늬 밑창을 깐 운동화, 일명 '와플 트레이너'다. 보워먼은 부인이 와플을 굽는 것을 보고 운동화 밑창에 와플의 격자무늬를 넣으면 어떨까 하는 아이디어를 떠올렸다. 이후 와플 기계에 고무를 부어 만든 밑

▼ 와플 트레이너를 만드는 데 사용된 격자무늬 금형.

창을 운동화 바닥에 붙이면서 와플 트레이너의 역사가 시작되었다.

나이키라는 브랜드 이름이 탄생한 건 1971년이다. 나이트의 대학 친구이자 BRS 첫 직원인 제프 존스(Jeff Johnson)가 그리스 신화 속 승리의 여신 '니케(Nike)'를 연상해 이름을 지었다. 영어 알파벳 브이(V)자를 흘려 쓴 듯한 로고 '스워시(swoosh : 휙 하고 바람이 지나가는 소리)'는 포틀랜드주립대학에서 나이트에게 회계학 강의를 들은 캐롤린 데이비슨(Caarolyn Davidson)이라는 여대생이 만들었다.

데이비슨이 1971년 로고 도안의 대가로 받은 돈은 겨우 35달러다. 세계적인 브랜드 평가 업체 밀워드 브라운(Millward Brown)이 평가한 2012년 나이키의 브랜드 가치 162억 5,500만 달러(세계 44위)에 비춰 보면 비교 자체가 불가능할 정도로 턱 없이 적은 돈이다. 그러나 당시 데이비슨은 설마 이 운동화 회사가 이 정도로 성장할지 미처 상상도 못 했을 것이다. 나이트는 2011년 오프라TV에 출연해 "나이키를 주식 시장에 상장할 때 데이비슨에게도 나이키 주식 수백 주를 줬다"며 생색을 내기도 했다.

스포츠용품에서 '도전'의 아이콘으로

나이키가 단숨에 세계 최고 브랜드가 된 건 아니었다. 1980년대 미국에 에어로빅 붐이 일자 영국의 스포츠용품 업체 리복은 세계 최초로 여성용 에어로빅화를 만들었다. 이 신발은 선풍적인 인기를 끌었고 리복은 당시 세계 1위였던 나이키를 앞질렀다. 고전하고 있던 나이키에 한 광고대행사가 이색적인 제안을 했다. 광고에 제품이 아

▶ 마이클 조던과 타이거 우즈 두 천재 스포츠 스타는 시장 확대와 더불어 나이키에 스포츠용품 이상의 가치를 부여했다. 사진은 '에어조던1'을 신고 경기에 참가한 조던.

넌 제품을 사용하는 사람을 보여준 후, '일단 해봐(Just Do It)'라는 도전정신을 담자는 것이다. 이 전략으로 나이키는 스포츠용품에 상품 이상의 가치를 부여했고, 슬로건 'Just Do It'은 로고 스워시와 함께 나이키의 또 다른 상징이 되었다.

나이키 제품에 가치를 부여한 또 다른 주역은 나이키 로고와 함께 자연스레 떠오르는 얼굴, 마이클 조던과 타이거 우즈다. 이들이 세계적인 스타로 성장해 맹활약하면서 나이키도 전 세계로 뻗어나갔다.

나이키를 급성장시킨 모델은 누가 뭐래도 미국 프로농구(NBA) 선수 마이클 조던이다. 나이키의 최고 히트작 중 하나인 '에어조던'은 1985년 조던을 광고 모델로 기용하며 만든 신발이다. 재미있는 것은 당시 조던이 이 운동화를 신는 것은 NBA 규정 위반이었다. 당시 NBA는 통일된 색깔의 농구화만 신도록 규정했기 때문에, 흑색과 적색이 어우러진 '에어조던1'은 제재 대상이었다. 그러나 조던은 이 신발을 계속 신었고, NBA는 경기마다 5,000달러씩 벌금을 부과했다. 나이키는 조던의 벌금을 고스란히 부담해야 했지만, 그 금액과는 비교되지 않는 홍보 효과를 얻었다.

또 다른 일등공신은 타이거 우즈다. 우즈의 가능성을 엿본 나이키는 어렸을 때부터 그를 전폭적으로 후원하며 계약을 맺었고, 우즈가 스타로 성장하면서 골프 부분에서 나이키의 영향력도 함께 커져갔다. 요컨대 조던과 우즈라는 두 스포츠 천재는 나이키를 하나의 상징인 '아이콘'으로 만들었다. 이제 사람들은 나이키가 판매하는 것은 스포츠용품이 다가 아니라고 여기기 시작했다. 그들은 '승리자의 영혼'을 함께 판다고 생각한 것이다. 사람들은 결국 나이트의 마케팅 전략에 빠져들고 말았다.

노동력 착취로 만들어진 운동화

성공적인 마케팅 뒤에는 나이키를 둘러싼 비판도 끊이지 않았다. 1996년 국제 비정부기구(NGO) 옥스팜 인터내셔널은 "나이키가 동남아시아와 아프리카 등 제3 세계의 여성과 어린이의 노동력을 착취해 이익을 내고 있다"고 고발하는 보고서를 냈다. 같은 해 미국의 영화감독 마이클 무어(Michael Moore) 역시 자신의 책 『이걸 쥐어짜!(Downsize This!)』에서 "나이키 제품이 만들어지는 인도네시아의 공장에서는 임신부와 열네 살 소녀가 열악한 환경에서 저임금을 받으며 신발을 바느질하고

▼ 1990년대 제3 세계에 있는 나이키 하청 공장의 열악한 근로 환경이 공개되면서 "나이키=노동력 착취"라는 이미지가 형성되자, 나이키는 매출이 급감하는 곤욕을 치렀다.

있다"며 나이키의 노동력 착취 실태를 폭로했다.

나이키의 도덕성에 대한 거센 비판이 일었고 이는 전 세계적인 불매운동으로 번졌다. 나이키의 매출도 급감했다. 나이트는 결국 불매운동을 잠재우기 위해 하청을 준 외국 공장의 노동 환경 개선을 약속하고 어린아이들을 내보냈다. 또 해마다 인권단체 활동가들을 공장으로 초청해 어린아이들이 없음을 보여주는 등 악덕 이미지를 벗기 위해 엄청난 노력을 쏟았다.

조건 있는 기부

나이트는 모교에 대한 천문학적 규모의 기부로도 유명하다. 그가 지금까지 오리건대학에 기부한 돈만 2억 3,000만 달러(약 2,600억 원)에 달한다. 기부금은 대부분 육상 등 체육 부문에 쓰인다. 스탠퍼드대학 경영대학원에도 이 대학원 역사상 단일 기부금으로 가장 많은 1억 500만 달러를 기부했다.

기부로 그가 누리는 혜택은 어마어마하다. 그는 오리건대학의 모든 스포츠 경기를 가장 좋은 자리에서 관람하는 것은 물론, 축구팀의 락커룸에는 그의 락커가 따로 있을 정도다. 대학 건물은 나이트와 가족들의 이름을 따서 지어졌다. 체육관은 나이트, 도서관은 그의 어머니, 법학대학원 건물은 아버지, 농구팀 이름은 스쿠버다이빙을 하다 사고로 숨진 아들의 이름을 땄다.

그러나 기부를 둘러싼 논란도 적지 않다. 나이트가 자신의 친구인 전직 보험회사 직원 팻 킬커니를 오리건대학 육상 감독으로 임명되도록 로비를 벌였다는 의혹이 대표적이다. 킬커니는 육상 관련 학위나 경험이 거의 없는 인물이다. 나이트는 또 오리건대학이 2000년 전 세계 공장의 노동 환경을 감시·고발하는 학생들이 만든 노동자권리협의회(WRC : Workers Rights Consortium)에 가입하자 3,000만 달러의 체육관 건립 기부금 약속을 철회하고 더 이상 오리건대학에 기부하지 않을 것이라고 밝혔다. WRC에 가입한 대학은 학생 유니폼 제작 업체 등 거래 기업의 작업장 환경 및 임금 등 노동 조건을 감시하고, 윤리적인 기업하고만 계약을 맺게 되어 있기 때문이다. 나이트의 반발에 오리건대학은 결국 WRC 가입 계획을 철회했다. 그제야 나이트는 만족감을 드러내며 당초 주기로 했던 3,000만 달러 보다 많은 5,000만 달러를 기부했다.

그의 기부가 순수한 의미의 사회 환원으로만 보이지 않는 이유다. 나이트의 '조건 있는' 기부와 부당노동, 이것이 과연 페어플레이를 생명으로 하는 스포츠 분야 최대 기업이라는 위상과 '일단 해봐'라며 도전정신을 강조해 온 기업의 기업정신에 부합하는 걸까? 판단은, 소비자의 몫이다.

부자 DNA

전복(顚覆)의 DNA

나이트는 "남보다 우월하려면 모범적이어서는 안 된다"고 말한다. 이 말은 세상을 지배하는 기존의 패러다임에 순응한다면 앞서 나갈 수 없다는 의미일 것이다. 그는 올림픽을 '평화의 축제'라고 부르지 않는다. 대신 '결투의 예술'이라고 부른다. 스포츠경기의 이면을 정확히 파악하고 있는 나이키는, 결투장에서 늘 상대를 압도한다. 1등은 기존의 패러다임을 바꾸는 자의 몫이다.

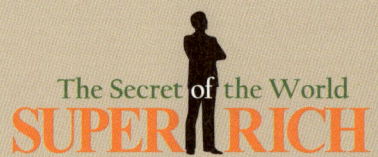

Challenge

● 1%의 가능성으로 세상을 뒤집은 '반전 신화'

이제 패션 브랜드 '자라(ZARA)'를 모르는 사람은 별로 없다. 아동복부터 성인 남녀의류, 가방, 신발, 액세서리까지 패션의 모든 것을 취급하는 자라는 굳이 분류한다면 중저가 의류 브랜드다. 하지만 매장 위치나 분위기, 디자인에서 '싸구려' 냄새가 전혀 나지 않는다. 늘 새로운 제품이 매장을 가득 채우고 있고, 소비자가 매장을 방문할 때 마다 유행이 '업데이트'되어 있다. 많은 젊은이들이 자라에 열광하는 이유다.

자라 브랜드는 2008년 서울 명동에 매장을 내며 한국에 처음 상륙했다. 하지만 미국 뉴욕, 이탈리아 밀라노, 영국 런던 등 전 세계 패션 중심지의 목 좋은 곳은 이미 1990년대에 접수했다. 2012년 현재 자라는 전 세계 85개국에 진출해 있으며 매장 수만 해도 1,659개에 이른다. 진출한 지 4년밖에 안 된 한국에도 매장이 35개나 된다.

'패션 왕국'이라 불리는 이 거대한 패션기업의 역사는 1975년 스페인 북서부의 가난한 지역 갈리시아에서 셔츠 가게 점원으로 일하던 30대 남자가 약혼녀와 함께 옷 가게를 열면서 시작되었다. 그가 바로 2012년 「포브스」 집계 세계 다섯 번째 갑부(375억 달러)이자 스페인 최대의 부호인 아만시오 오르테가(Amancio Ortega, 1936년~)다. 패션 업계에서는 세계 최대 명품 업체인 루이비통 모에 헤네시(LVMH)의 베르나르 아르노(Bernard Arnault, 410억 달러) 회장 다음으로 부자다. 그는 막대한 재

▶ 자라는 전략적으로 런던, 파리, 로마 등 대도시의 중심가에 고급스러운 인테리어와 분위기의 초대형 매장을 열고 있다.

산으로 유명할 뿐만 아니라, LVMH의 패션 디렉터 대니얼 피에트(Daniel Piette)가 "자라는 세계에서 가장 혁신적이고 압도적인 유통업체다"라고 평했을 정도로 패션 업계의 패러다임을 바꾼 인물이기도 하다.

패스트패션이 가져다 준 빠른 성공

오르테가는 전형적인 자수성가형 기업인이다. 스페인 레온에서 태어난 그는 철도원이었던 아버지를 따라 여러 지역을 옮겨 다녔고, 열세 살 때는 학교를 그만두고 일을 해야 했다. 무급 견습직원으로 시작해 15년간 옷 가게에서 종업원으로 일한 오르테가는, 1963년 의류 제조 업체를 차리고 직접 원단을 구입해 옷을 만들어 팔았다. 중개상을 뺀 직접 거래가 옷 가격을 내리고 제작 시간도 단축시킨다는 것을 터득한 것이다. 이 시기에 체득한 것들을 그는 훗날 자신의 패션 사업에 핵심 전략으로 응용한다.

'속도 제일주의'는 1975년 설립된 자라의 성공 열쇠가 된다. 디자인부터 제조, 유통을 담당하는 자회사를 설립해 모든 과정을 직접 맡아 제작비용과 생산기간을 줄였다. 자라가 신상품을 디자인해서 매장까지 배송하는 데 걸리는 시간은 단 2주다. 다른 의류 업체들은 최장 6개월까지 걸리는 과정이다. 자라는 인건비를 줄이려고 아시아로 공장을 옮기는 다른 업체들과 달리, 빠른 배송을 위해 여전히 전 제품의 65% 가량을 유럽의 공장에서 생산한다. 물류의 완전 자동화를 위해 스페인에 축구장 90개 규모의 대형 물류기지를 만들었다.

또 모든 제품을 비행기로 배송해 세계 어디든 48시간 내에 도착하도록 하고 있다.

이 같은 속도전략은 "유행을 만들지 않고 유행을 따라간다"는 자라의 철학과 맞닿아 있다. 즉 다른 브랜드들은 계절에 앞서 미리 옷을 만들지만, 자라는 그때그때 사람들이 추구하는 유행에 맞춰 다품종의 제품을 소량씩 생산하는 방식을 택했다. 일주일에 두 번씩 신상품이 나오고, 제품 중 70%는 2주 안에 바뀐다. 새로 나온 옷이 일주일 동안 잘 팔리지 않으면, 매장에서 모두 뺀다. 그리고 추가 주문을 취소한 뒤 신상품을 디자인한다. 모든 상품은 아무리 길어도 4주 이상 매장에 진열되지 않는다. 인기 없는 옷은 가차 없이 선반에서 사라지고, 인기가 있어도 몇 주 후면 매장에서 다시는 똑같은 옷을 살 수 없기 때문에 자라 매장을 찾는 고객들은 마음에 드는 옷을 바로 구매한다. 또 매장의 옷이 자주 바뀌다 보니 고객들이 매장을 찾는 횟수도 잦다. 실제로 스페인의 번화가에 있는 보통 가게들은 고객들이 연 평균 세 번씩 찾지만 자라 매장은 1년에 열일곱 번이나 찾는다는 조사 결과도 있다.

이처럼 유행에 즉각적으로 반응하며 자라가 만드는 신상품은 연간 1만 1,000여 점에 이른다. 다른 브랜드들이 연간 2,000~4,000점의 신상품을 만드는 데 비해 다섯 배나 많다. 자라는 이렇게 옷이 패스트

▶ 영국 윌리엄 왕자의 부인 케이트 미들턴 역시 중저가의 자라를 즐겨 입는 것으로 알려져 있다. 사진 속 푸른 원피스도 한화로 약 12만 원 상당의 자라 제품이다.

▮ 인디텍스 그룹의 탄탄한 실적

스페인이 금융위기로 어려움을 겪고 있어도 자라는 꾸준한 성장세를 보이고 있다. 영국의 일간지 「가디언」은 "스페인 유일의 안전자산은 자라"라고 평가했다.

푸드처럼 순식간에 완성되고, 순식간에 판매되는 것을 일컫는 '패스트패션'의 효시가 된다.

하지만 자라는 디자인 모방에 대한 비판에 시달리기도 한다. 패션쇼 등을 통해 미리 유행을 예측하고 연구해 상품을 만들려는 노력은 하지 않고 다른 브랜드가 고심해서 내놓은 새 디자인을 베껴 짧은 시간에 많은 옷을 만들고 있다는 것이다. 하지만 2008년 세계 금융위기 때 오히려 회사 매출이 증가하고 매장 수를 계속 늘려가는 것을 보면, 자라가 고객들로부터 열렬한 지지를 받고 있음은 분명하다. 경쟁사들이 뭐라든 고객들은 자라에서 최신 유행하는 옷을 싸고 빠르게 살 수 있으니 말이다.

자신을 낮추기 위해 '은둔'을 택한 경영자

오르테가가 1985년 세운 패션 유통 업체 인디텍스(Inditex) 그룹은 자라를 비롯해 캐주얼복 풀앤베어(Pull&Bear), 속옷 브랜드 오이쇼(Oysho) 등 여덟 개의 브랜드를 가지고 있다. 2012년 현재 인디텍스 그룹은 전 세계 매장만 5,600여 개, 직원이 11만 명, 디자이너만 600명에 달한다. 오르테가는 일흔이 넘은 나이에도 인디텍스 그룹에서 만드는 모든 제품의 디자인부터 생산까지 꼼꼼히 챙겼던 것으로 알려졌다.

그런데 오르테가는 심하다 싶을 정도로 자신을 드러내지 않는다. 스페인 최고 부자인 그가 길을 걸어가도 스페인 사람들이 알아보지 못할 정도다. 오르테가는 자라가 글로벌기업으로 성장한 1990년대 후반까지도 자신의 사진을 단 한번도 공개하지 않았다. 물론 언론의 인터뷰 요청 역시 한번도 응한 적이 없다. 주주총회는 물론 사교 모임에도 절대 참석하지 않는다. 그가 공식적인 자리에 처음이자 마지막으로 모습을 드러낸 것은 2001년 인디텍스 그룹이 상장했을 때뿐이다.

그나마 비공식적으로 오르테가의 모습이 포착되는 경우는, 경마장에서 승마 선수인 셋째 딸의 경기를 보거나 그가 열렬한 팬이면서 구단주로 있는 스페인 프로축구리그 프리메라리가의 데포르티보 라 코루냐의 경기를 볼 때다. 세계 최대 규모의 패션 업체 회장임에도 넥타이

▼ 오르테가가 구단주로 있는 데포르티보 라 코루냐의 홈과 원정 경기 유니폼.

를 맨 것은 결혼식 때뿐이었을 만큼 수수한 차림을 좋아해, 그를 알아보기는 더 쉽지 않다고 한다.

물론 한국에도 그에 대한 정보는 알려진 바가 거의 없다. 세계 10위권 갑부 중에서 독일 할인마트 알디의 창업주 카를 알브레히트(Karl Albrecht)와 더불어 베일에 싸인 이가 바로 오르테가다. 하지만 앞으로 그에 대해 알기는 더 어려워질 전망이다. 오르테가는 2011년 11월 인디텍스 그룹 회장직에서 물러났다. 인디텍스 그룹의 부회장이자 최고경영자(CEO)였던 파블로 이슬라(Pablo Isla)에게 경영권을 넘겨준 것이다. 평생을 바쳐 일궈온 거대한 패션 왕국을 떠날 때도 그는 모습을 드러내지 않았다.

그는 왜 이처럼 자신을 꽁꽁 숨기는 걸까? 평소 오르테가는 주변

▶ 오르테가는 공식석상에 자신의 모습을 드러내거나 언론에 노출되는 것을 꺼린다. 넥타이도 매지 않은 수수한 차림으로 축구 경기를 관람하거나 길을 걷는 그를 스페인 사람들도 알아보지 못한다고 한다.

사람들에게 "나는 평범한 사람일 뿐이며 계속 중간계층 사고방식대로 살고 싶다"고 말한다고 한다. 또 자신의 자유를 보호할 수 있는 최선의 방법이 익명으로 살아가는 것이라 믿고 있다고 한다.

그런데 가장 중요한 이유는 따로 있다고 한다. 주변 인물들에 따르면 오르테가는 자라와 인디텍스 그룹의 성공이 자기만의 특별한 노력으로 비춰지는 것을 매우 경계한다. "모두의 노력과 헌신이 있었기에 성공할 수 있었고, 나도 그 중 한 명일 뿐이다." 그가 입버릇처럼 하는 말이다.

이렇게 그는 세계적인 패션 제국의 왕이 아닌, 지극히 평범한 사람으로 살기를 원한다. 그 평범함이야말로 자라의 패션이 전 세계 수많은 이들을 흡족하게 만드는 '공감'이라는 키워드를 이끌어내는 원천일 것이다.

부자 DNA

공감의 DNA

질 좋은 제품을 싸게 구입하면서도, 자신의 소비에 '싸구려' 이미지가 붙는 것을 경계하는 소비자들의 욕망을 정확히 파고든 오르테가. 그가 소비자의 욕망을 정확히 캐치할 수 있었던 비결은 스페인 최고의 부자가 되어서도 자신의 고객과 같은 중간계층이길 원하는, 제대로 '공감(共感)'할 줄 아는 경영자이기 때문이다.

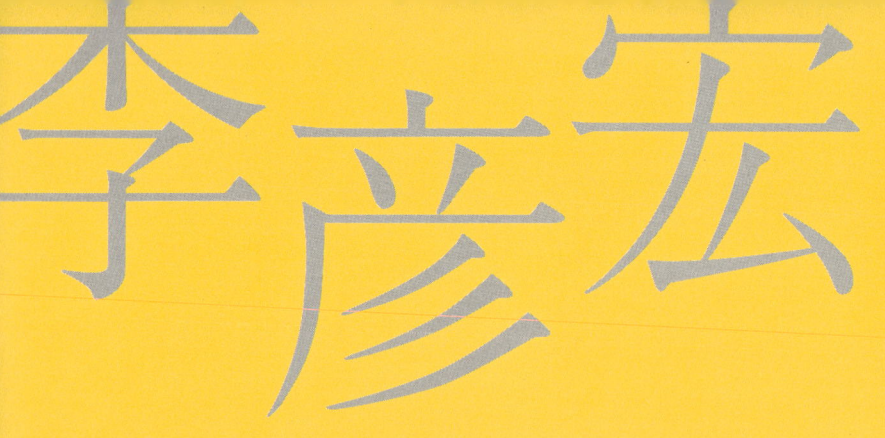

'검색 공룡' 구글을 밀어낸 중국 곰

리옌훙

미국에서 '구글링(googling)'이란 단어는 '검색하기'라는 의미로 쓰인다. 세계 최대 인터넷 검색 사이트인 구글에서 정보를 검색하는 것이 일상화되다 보니 구글링이라는 신조어가 만들어져 일반 명사처럼 쓰이는 것이다.

중국에도 비슷한 말이 있다. '바이두이샤(百度一下)'. 직역하면 '바이두(百度, Baidu) 해봐'라는 의미다. 바이두는 중국 최대의 검색 사이트로, 이 말 역시 '검색하기'라는 뜻으로 폭넓게 쓰이고 있다. 실제로 중국에서 인터넷을 사용하는 사람 열 명 중 여덟 명은 바이두를 쓴다. 바이두의 영향력이 어느 정도인지 짐작케 하는 대목이다.

창업자 리옌훙(李彦宏, 1969년~)은 바이두가 2011년 미국의 경제 전문지 「포춘」이 선정한 '성장 속도가 가장 빠른 세계 100대 기업' 중 중국 1위, 세계 4위에 뽑힐 정도로 초고속으로 회사를 키운 인물이다. 바이두가 구글, 야후와 함께 세계 3대 검색엔진 반열에 오르는 데는 채 10년이 걸리지 않았다.

동시에 그의 재산도 가파르게 상승했다. 공장 노동자 부모를 둔 리옌훙은 2011년 중국 최고의 갑부로 등극했다. 「포브스」에 따르면 2012년 현재 그의 재산은 102억 달러에 달한다. 중국 최고, 세계 여든여섯 번째 갑부다.

중국 곰이 글로벌 공룡을 꺾었다

1968년 중국 산시성의 양취안에서 태어난 리옌훙은 오남매 중 넷째로, 외아들이다. 부모님은 무기 공장 노동자였다. 양취안 고등학교

▌ 바이두는 파란색 곰발바닥을 로고로 사용하고 있다.

에 차석(次席)으로 입학하고, 대학입학시험에서는 양취안 지역 전체에서 가장 높은 점수를 받을 정도로 공부를 잘했다. 컴퓨터를 좋아했던 리옌훙은 베이징대학에서 정보관리학을 공부하고, 미국으로 건너가 뉴욕주립대학에서 컴퓨터 공학으로 석사학위를 받았다.

첫 직장은 1994년에 입사한 경제뉴스 전문 서비스업체 다우존스였다. 리옌훙은 「월스트리트저널」의 웹사이트 가동을 위한 프로그램을 만드는 등 많은 월가 기업들의 웹사이트를 구축했다. 1996년

▌ 가장 가치 있는 세계 100대 브랜드 (2012년 기준)

순위	브랜드		평가가치(달러)	전년도 대비 순위 변화
1위		애플	1,829억	0
2위	IBM	IBM	1,159억	▲ 1
3위	Google	구글	1,078억	▼ 1
4위		맥도날드	951억	0
5위	Microsoft	마이크로소프트	766억	0
6위	Coca-Cola	코카콜라	742억	0
7위	Marlboro	말보로	736억	▲ 1
8위	at&t	AT&T	688억	▼ 1
9위	verizon	버라이즌	491억	▲ 4
10위	CHINA MOBILE	차이나텔레콤	470억	▼ 1
11위	GE	GE	458억	▼ 1
12위	vodafone	보다폰	430억	0
13위	ICBC 中国工商银行	중국공상은행	415억	▼ 2
14위	WELLS FARGO	웰스파고	397억	▲ 2

에는 검색엔진에 사용되는 알고리즘 '랭크덱스(RankDex)'를 개발해서 미국 특허를 받았다. 훗날 바이두에 사용한 것도 이 기술이다. 1997년부터는 당시로서는 선구적인 인터넷 검색엔진이었던 인포시크에서 일했다.

  1999년 리옌훙은 회사를 그만두고 창업자금 200만 달러를 유치해 중국으로 돌아왔다. 그리고 이듬해 베이징의 허름한 호텔방에서 친구 쉬융(徐勇)과 함께 바이두를 창업했다. '바이두(百度)'란 이름은 중국 남송시대의 시인 신기질(辛棄疾)이 읊던 시구 '衆裏尋他千百度

순위	브랜드		평가가치(달러)	전년도 기준 순위 변화
15위	VISA	비자	382억	▲ 5
16위	UPS	UPS	371억	▲ 1
17위	Walmart	월마트	344억	▼ 2
18위	amazon	아마존닷컴	340억	▼ 4
19위	f	페이스북	332억	▲ 16
20위	Deutsche Telekom	도이치텔레콤	268억	▼ 1
21위	LV	루이비통	259억	▲ 5
22위	SAP	샙	257억	▲ 1
23위	BMW	BMW	246억	▲ 7
24위	中国建设银行 China Construction Bank	중국건설은행	245억	0
25위	Baidu百度	바이두	243억	▲ 4
⋮				
55위	SAMSUNG	삼성	141억	▲ 12

브랜드 가치 전문 평가기관 밀워드 브라운이 발표한 '가장 가치 있는 세계 100대 브랜드'에서 바이두는 25위를 차지했다. 한국 브랜드 중 순위가 가장 높은 삼성은 55위다.   자료 : 밀워드 브라운

(무리 속에서 그를 천 번 백 번 찾아 헤매다)'에서 따왔다. 즉 바이두는 '수백 번'이라는 뜻으로, 정확한 정보를 찾기 위해 수백 번이나 끈질기게 검색한다는 의미다.

바이두는 창업 후 놀라운 속도로 커갔다. 영화나 음악을 무료로 다운로드할 수 있는 사이트를 연결해주는 검색기능이 큰 호응을 얻었고, 어휘에 기반한 검색으로 중국어 웹페이지 검색 기술면에서는 구글보다 더 뛰어나다는 평가를 받았다. 구글을 밀어내는 건 시간문제였다. 2012년 현재 중국 인터넷 시장에서 바이두의 검색점유율은 약 77%다. 중국의 인터넷 사용인구 4억 명 중 3억 명이 바이두를 쓰고 있다. 반면 구글의 검색점유율은 약 18% 정도다. 물론 전 세계 시장에서는 여전히 구글이 굳건히 1위를 달리고 있지만, 2009년 바이두는 세계 검색점유율에서 처음으로 야후를 제치고 2위에 오르는 등 급격히 몸집을 키우고 있다.

몸집뿐 아니라 '몸값'도 뛰고 있다. 세계적인 브랜드 조사업체 밀워드 브라운(Millward Brown)이 2012년 발표한 '가장 가치 있는 세계 100대 브랜드'에서 바이두는 243억 2,600만 달러로 평가받으며 25위에 올랐다. 세계적인 자동차기업 벤츠(161억 달러)가 46위, 국내기업 중 유일하게 100위 안에 든 삼성(141억 달러)이 55위에 오른 것과 견주어보면 바이두의 브랜드 파워가 어느 정도인지 짐작할 수 있다.

리옌훙이 갑부 반열에 오른 것은 2005년 바이두를 미국의 주식 시장 나스닥에 상장하면서다. 상장 첫날 바이두의 주가는 공모가(27달러)의 네 배가 넘는 122.54달러로 마감했고, 2년 뒤 중국기업으로는 처음으로 나스닥100지수에 편입되었다.

'만리장성 방화벽'에 대응하는 바이두의 생존법

"관련 법률과 정책에 부합하지 않습니다."

2010년 중국의 민주화 운동가 류샤오보(劉曉波)가 노벨평화상을 수상했을 때였다. 바이두 검색창에 '노벨상'이나 '류샤오보'라는 단어를 넣으면 이런 문구가 떴다. 전 국민이 기쁘고 자랑스러워할 일을 바이두가 꽁꽁 숨긴 이유는 단 한 가지다. 중국 정부가 반체제 인사인 류샤오보의 수상 소식을 국민들이 모르기를 바랬기 때문이다.

바이두는 중국 정부와 긴밀한 관계를 유지하고 있는 것으로 알려져있다. 바이두는 정부의 비위에 맞춰 발 빠르게 움직였다. 반면 구글은 중국 정부와 충돌이 잦았다. 그 틈새를 파고든 것 또한 바이두의 성공 비결이다. 2002년 중국 정부가 검색 사이트를 전면 차단했을 때, 바이두는 경고 받은 '유해정보' 즉, 정부가 원하지 않는 콘텐츠를 신속히 삭제하고 하루 만에 사이트를 다시 열었다. 반면 구글은 2주 동안이나 닫혀있었다. 바로 이때가 바이두의 성장 발판이 되었다.

중국 정부의 검열을 참다못한 구글은 결국 2010년 중국 지사를 철수하고 만다. 바이두는 당시 분기 순이익이 전년 동기 대비 두 배 넘게 늘 정도로 엄청난 반사이익을 누렸다. 이후 구글은 홍콩을 통한 우회 접속으로 중국에 검색 서비스를 제공하고 있지만 점유율은 계속 감소하고 있다. 반면 바이두는 구글 철수 후 승승장구하고 있다.

일부에서 바이두의 성공은 구글보다 뛰어난 시스템이 아닌 '환경 적응력' 덕분이라고 평하는 것도 그래서다. 실제로 리옌훙은 구글에 대해 "일개 기업이 강력한 행정부를 가진 중국 같은 나라와 싸워서는 안 되며 상대 국가를 존중할 필요가 있다"고 말하기도 했다.

업체와의 유착, 여론 조작 의혹도 자주 불거진다. 바이두는 검색어 순위를 경매에 붙여 돈을 많이 낸 업체 이름이 상위에 올라가도록 한다. 그런데 무허가 업체에게 상위 순위를 주는가 하면, 경매에 참가하지 않은 업체명은 아예 검색을 차단한 것으로 드러나 '검색어 장사'를 한다는 비판을 받았다. 또 2008년 멜라민이 들어간 분유를 먹은 영아 여섯 명이 숨지고 30만 명이 치료를 받았던 '멜라민 파동' 때는, 이 분유 제조 업체인 싼루그룹으로부터 300만 위안(약 5억 원)을 받고 멜라민 정보를 삭제해 준 증거가 유출되기도 했다.

불법 다운로드 역시 바이두의 고질적인 문제다. 바이두가 초기에 인기를 끌기 시작한 것 자체가 영화나 음악을 무료로 받을 수 있는 사이트 연결 기능 덕분이었다. 당시에는 인터넷에서의 저작권에 대한 개념이 제대로 정립되어 있지 않았으므로 어느 정도 이해할 수 있다 해도 세계적인 검색엔진이 된 후에도 불법 다운로드를 방치해 여전히 '악성거래의 온상'이라고 비판 받고 있다. 2011년 미국무역대표부(USTR)는 세계에서 해적판이나 위조품이 가장 많이 판매되는 곳 중 하나로 바이두를 꼽았다. 또 같은 해 중국의 저명한 작가들은 "바이두의 도서관 코너에 허가 받지 않은 작품이 올라와 있다"며 "바이두가 절도 회사로 전락했다"고 비판했다. 결국 리옌훙은 작가들에게 정식으로 사과하고 바이두에 있던 불법 저작물들을 삭제했다. 또한 바이두는 불법 음악 다운로드 때문에 워너뮤직, 소니BMG, 유니버설 뮤직, EMI 등 세계적인 음반사로부터 저작권 침해 소송을 당하기도 했다.

아시아를 노리는 야심찬 파란 곰

바이두는 이제 검색 외 다른 분야로 사업 보폭을 넓히고 있다. 지금까지 성적표는 썩 좋지 않다. 2010년 일본 최대의 전자상거래 기업인 라쿠텐과 손잡고 만든 전자상거래 사이트 '러쿠텐'은 운영한 지 2년도 채 안 된 2012년 문을 닫았다. 2011년에는 모바일 운영체제(OS) '이(易)'를 출시해 델(Dell)의 스마트폰에 탑재했지만, 이 스마트폰이 인기를 끌지 못해 별다른 성과를 얻지 못했다.

그럼에도 바이두는 2012년 5월 독자적인 OS를 갖춘 저가 스마트폰 출시 계획을 발표했다. 또 대만, 홍콩, 마카오, 싱가포르 등 한자문화권으로도 진출할 예정이다. 인터넷 검색뿐 아니라 모바일까지 장악하고 동시에 아시아 전체로 영향력을 확대하겠다는 방침이다.

과연 바이두의 야심은 실현될까? 중국 시장을 단숨에 삼켜버린 바이두의 파워로 본다면 충분히 가능한 시나리오다. 하지만 바이두 파워의 상당부분이 정부와의 결탁, 대기업과의 유착, 여론 조작, 불법 다운로드에서 비롯된 것임을 생각하면 미래를 낙관할 수만은 없다.

부자 DNA

타협의 DNA

'만리장성 방화벽'이라 불리는 중국 정부의 강압적인 검열 속에서도 바이두는 정부와 마찰 없이 승승장구하고 있다. 인터넷에서의 표현의 자유를 지키겠다며 중국 시장에서 철수한 구글과는 상반된 모습이다. 중국의 인터넷 인구는 대략 3억 8,000만 명으로 미국 인구보다도 많다. 결국 중국 시장만 확실히 장악해도 글로벌 기업 대열에 가뿐히 진입할 수 있다. 검색 시장에서 바이두의 승리는 정치와 경제 권력에 적당히 타협하며 사용자의 눈과 귀를 막아 얻은 결과다.

李健熙

나를 키운 건 8할이 위기의식이다

이건희

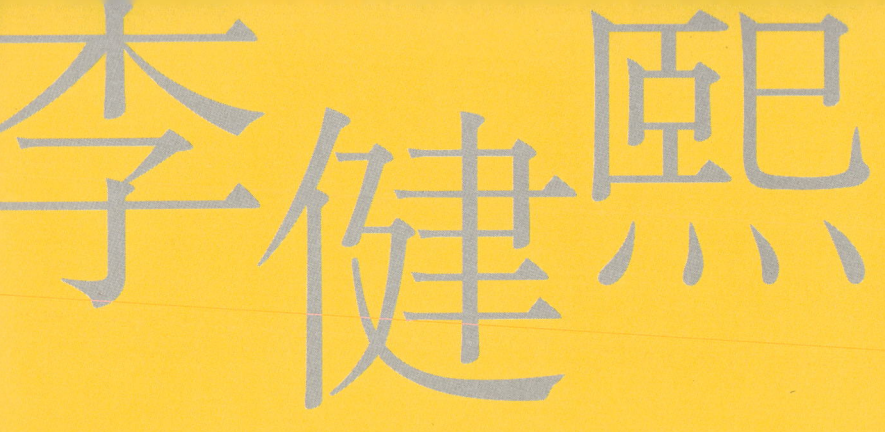

만약 세계에서 가장 재산이 많은 100명까지만 '진짜 슈퍼 리치'라고 정의한다면, 한국에는 아직 슈퍼 리치라고 불릴 수 있는 사람이 없다. 하지만 거리에서 아무나 붙잡고 "한국의 최고 부자가 누구냐?"고 묻는다면 누구나 단 한 사람의 이름을 떠올릴 것이다.

'이건희.'

세계 100위 부자에 들지는 못했지만 이건희(李健熙, 1942년~)는 빌 게이츠가 미국에서 갖고 있는 위상과는 비교도 안 될 정도의 강력한 권력을 한국에서 갖고 있다. 그와 일가족이 2012년 4월 12일 기준 0.95%의 지분으로 지배하고 있는 삼성 그룹은 2010년 연 매출액이 한국 국내총생산(GDP)의 22%에 달한다.

언론 보도에서 드러나는 삼성가(家)의 위상은 그야말로 '왕족'이다. 영국에서 왕실 일가의 일거수일투족을 보도하는 타블로이드 신문 못지않다. 심지어 "이건희 회장이 삼성동 본사에 출근했다", "오늘은 아들 이재용의 손을 잡고 차에서 내렸다", "이서현 부사장이 검은색 정장을 입었다" 같은 내용까지 보도될 정도다.

삼성가 삼남이 대권을 잡기까지

하지만 이건희가 처음부터 이렇게 거대한 삼성 그룹을 이끌 후계자로 지목되었던 것은 아니다. 그는 호암(湖巖) 이병철 회장의 차남도 아닌 삼남으로 태어났기 때문이다. 이건희는 레슬링을 즐겨 하고 역도산을 좋아하는 내성적인 소년이었지만, 다혈질인 장남 이맹희에 비해 차분하고 생각이 깊었다고 한다. 그는 아버지의 권유에 따라 초등학교 5학년 때부터 중학교 1학년 때까지 일본에서 유학을 했다. 그리고 중학교 2학년 때 서울대 사대 부속중학교로 편입했고 이어 서울 사대부고로 진학했다.

호암이 삼남인 그를 후계자로 눈여겨 본 것은 그 유명한 '사카린 밀수사건(한비사건)' 이후였다. 이 사건은 1966년 5월 삼성 계열의 한국비료가 사카린 55톤을 건설자재로 꾸며 들여오다가 들통 났던 일이다. 훗날 당시 현장지휘를 맡았다고 밝힌 장남 이맹희씨의 회고록

『못다한 이야기』에 따르면, 호암은 한국비료 건설 과정에서 일본 미쓰이로부터 100만 달러의 리베이트를 제안 받았다. 그리고 이 돈을 들여오기 위해 박정희 군사 정부의 묵인 하에 기계, 양변기, 사카린 등 각종 상품을 국내에 밀수했다. 그러나 사카린을 밀수했다는 사실이 세상에 알려지자 당시 김두한 의원이 국회에서 인분을 투척하는 등 국민적 공분이 일어났다. 결국 책임을 지고 호암은 경영 일선에서 물러났고, 차남 이창희는 구속되었다. 이 사건으로 이맹희는 아

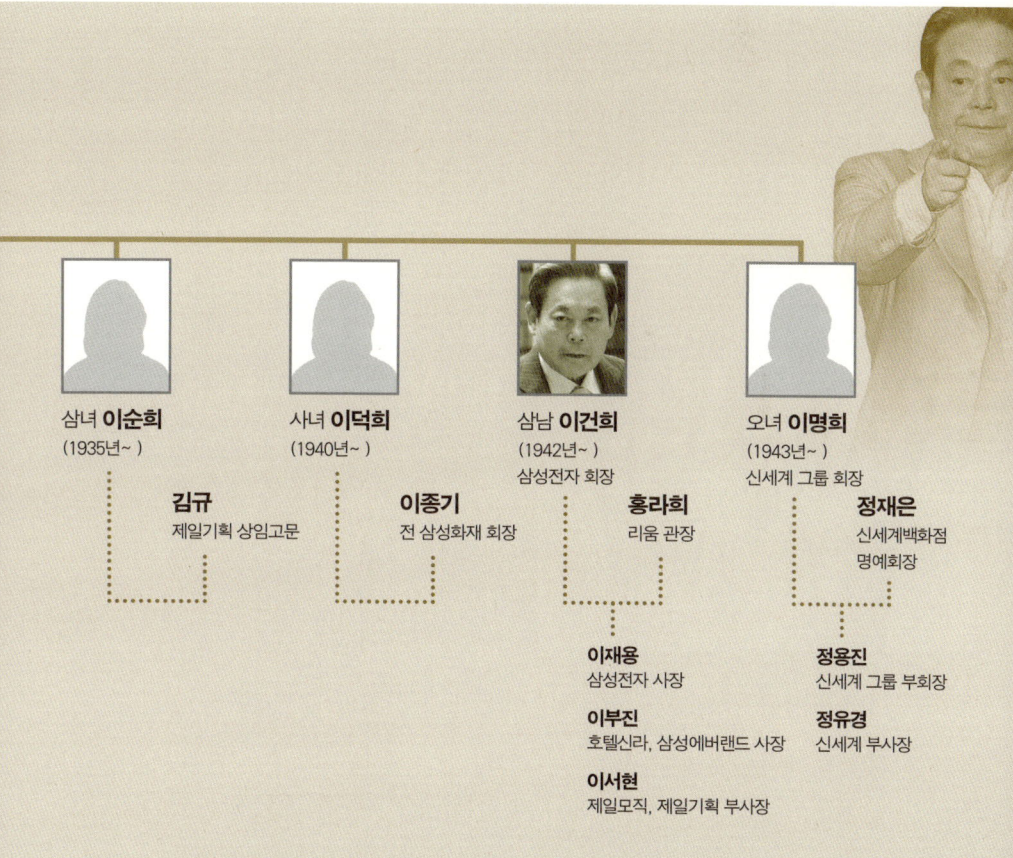

버지 대신 삼성 그룹의 경영을 맡게 되었다.

1966년 당시 스물네 살이었던 이건희는 일본 와세다대학 경제학부와 미국 조지워싱턴대학 MBA를 수료하고 막 귀국해 삼성 그룹 계열사인 동양방송에 입사했다. 1967년에는 1964년 설립된 동양방송의 초대 사장이었던 홍진기의 장녀 홍라희와 결혼했다.

그런데 호암은 다혈질적인 이맹희의 경영이 미덥지 않았던 것 같다. 그는 『호암자전』에서 맹희의 경영에 심각한 문제가 있어 6개월도 안 되어 회사에 문제가 생겼다고 썼다. 이에 따라 호암은 1969년부터 다시 경영에 간섭하기 시작했다.

당시 이건희는 아버지를 그림자처럼 따라다니기 시작했는데, 삼성가에서는 이때부터 호암이 이건희를 후계자로 여겼다고 보고 있다. 1970년쯤 이창희가 박정희 대통령에게 아버지를 탈세 및 외화 밀반출 등의 혐의로 밀고했다는 사실이 드러나자, 호암은 이맹희도 모반에 가담했을 것으로 의심한 것으로 알려져 있다. 「중앙일보」 기자였던 이용우 씨가 집필해 2012년 발간한 『삼성가의 사도세자 이맹희』라는 책은 이 과정에서 삼성의 가신그룹 등 이건희를 후계자로 내세우려는 세력이 부자 사이를 갈라놓았다고 주장하기도 했다.

어쨌든 1973년 호암은 이맹희의 주요 직함을 내려놓게 하고 경영에 사실상 복귀했다. 충격을 받은 이맹희는 일본으로 떠났고, 이창희 역시 '마그네틱 미디어 코리아(새한미디어의 전신)'를 설립하며 스스로 삼성을 떠난다. 1976년 호암이 위암 수술을 받으러 일본으로 떠나기 전날, 이건희를 제외한 온가족이 모인 자리에서 호암은 이건희를 후계자로 공표한다.

그리고 곧이어 1977년 삼성 그룹의 미래를 가르는 결정의 순간이 온다. 파산 위기에 몰린 '한국반도체'를 인수하느냐 마느냐 하는 결정이었다. 당시 이건희는 "반드시 한국반도체를 인수해야 한다"고 주장했다고 한다. 결국 삼성은 1977년 12월 30일 한국반도체를 인수하고, 이듬해 '삼성반도체'로 이름을 바꿨다. 2년 뒤인 1980년에는 삼성전자와 합병했다.

1979년 이건희는 삼성 그룹 부회장으로 취임했다. 그러나 '왕좌'를 물려받는 데 탄탄대로만 펼쳐졌던 것은 아니었다. 호암이 세상을 떠난 다음해인 1988년 이맹희를 인터뷰했던 미주 한인신문「선데이저널」에 따르면, 부회장으로서 착실히 경영수업을 받았던 이건희는 1983년 불의의 교통사고를 당했는데, 후유증이 심각해 오랫동안 집무실에 나오지 못했다고 한다. 이 와중에 1986년 아버지의 부름을 받아 삼성 그룹에 상무이사로 입사한 이태휘(호암의 일본인 부인이 낳은 아들)가 아버지를 지근거리에서 수행하며 총애를 받았다. 자칫 후계구도에 변화가 오는 것 아니냐는 세간의 의문이 있었다.

하지만 호암이 1987년 11월 19일 세상을 떠나자, 1986년 삼성물산 회장으로 영입된 신현확 전 총리는 직접 회의를 열고 유족들을 설득해 이건희를 2대 회장으로 추대하기로 결정했다. 삼남이 드디어 대권을 쥐게 된 것이다.

삼성을 글로벌 기업으로 키우다

이건희 회장은 취임 후 얼마 안 되어 열린 삼성 그룹 창업 50주년 기념행사에서 '제2의 창업'을 선언한다. 이어 선친의 유언대로 큰형 이맹희의 부인 손복남 여사와 아들 이재현에게 제일제당(현 CJ) 그룹을, 이창희 가에는 제일합섬(이후 새한 그룹)을, 큰누나 이인희에게는 한솔 그룹을, 막내 이명희에게는 신세계를 맡겨 독립시킨다.

이건희는 아버지의 그늘로부터 벗어나는 작업도 진행했다. 자신을 2대 회장에 추대한 공신이지만 지나치게 큰 영향력으로 기세가 등등했던 '아버지의 가신' 신현확 전 총리와도 경영권을 확고히 한 1991년 완전히 결별했다.

재미있는 부분은 그렇게 가신을 정리한 당사자가, 이학수라는 비서에게는 엄청나게 많은 권한을 주었다는 점이다. 이학수는 이재용에 대한 경영권 승계 등을 주도하면서 삼성 그룹의 2인자로서 막강한 권력을 누리다가, 2008년 김용철 변호사의 폭로로 불거진 비자금 사태 후에야 물러나게 된다. 2010년 주어졌던 '고문'이라는 직함도 2011년 12월 정기 인사 때 완전히 없어졌다. 세간에서는 이학수가 회사 몰래 강남에 2,000억 원대 빌딩을 소유한 것이 드러났던 점을 포함해서 '삼성 그룹의 전략기획실장', '이건희 회장의 오른팔'로 군림하면서 상당한 규모의 축재를 했던 것을 이 회장이 뒤늦게 알았다는 소문도 돌았다.

이건희의 경영 스타일은 세밀한 경영사항은 전문경영인에게 맡기고 '큰 그림'에 대해 가끔 무게 있는 한 마디를 던지는 식이다. 1993년 '신경영' 선언이 대표적인 예다. 당시 이건희는 도쿄에서 회의를 마치고 독일 프랑크푸르트로 향하다가 비디오테이프 하나를 전달 받았다. 비디오테이프에는 삼성 세탁기의 뚜껑이 잘 맞지 않는 불량이 생겨 이것을 억지로 맞추려는 모습이 담겨 있었다. 이건희는 충격을 받아 사장단과 핵심 간부를 호출하고 유명한 "마누라와 자식 빼고 모두 바꾸라!"고 호통을 친다. 또 1995년 무선전화기 품질 불량 사건이 터졌을 때는 500억 원 상당의 불량 제품을 쌓아 놓고 화형식까지 하며 품질경영을 강조했다. 결국 삼성전자 제품의 품질은 나날이 향상되었고, 지금은 최첨단 제품인 스마트폰을 바탕으로 분기당 6조 원의 이익을 내는 대표적인 글로벌 기업으로 성장했다.

■ 상속과 후계구도를 둘러싼 끝없는 잡음

호암처럼 이건희 역시 기업에서 가장 중요한 요소를 '영속성'이라 보는 것으로 알려져 있다. 호암은 애초 장자 상속을 생각했었지만 기업의 영속성을 지키기 위해 삼남인 이건희를 후계자로 낙점했다. 오늘날 삼성이 글로벌 그룹으로 성장한 결과를 보면 일단 이 선택은 탁월했다고 평가 받는다.

반면 이건희는 부인 홍라희가 낳은 아들이 이재용 한 명이었기 때문에 누구를 선택해야 하느냐의 고민은 덜한 편이었다. 문제는 너무 일찍 아들에게 상속을 해 주려다 발생했다. 삼성은 주당 8만 5,000원의 가치가 있던 에버랜드의 전환사채를 주당 7,700원이라는 헐값에 발행해 이재용이 이를 인수하도록 한 뒤, 에버랜드를 일종의 삼성 지주회사로 만듦으로써 상속을 완료했다. 이 과정에서 낸 세금은 불과 16억 원이다. 1997년 1월 1일 전환사채를 활용한 편법 상속을 막는 법이 실행되기 직전인 1996년 12월에 전환사채를 발행해 법망도 교묘히 피해갔다.

2000년 이에 대해 법학교수 43명이 이건희 등을 배임죄로 고소했고, 2008년 김용철 변호사의 '비자금' 폭로로 조세 포탈 등이 실제로 드러났다. 2009년 최종적으로 삼성에버랜드의 전환사채를 헐값에 발행한 부분에 대해서는 무죄 판결이 내려졌다. 그러나 사안의 일부인 삼성SDS 신주인수권부 사채를 헐값에 발행한 건과 관련해서는 유죄 판결이 내려졌다. 법원은 이건희에게 징역 3년에 집행유예 5년, 벌금 1,100억 원을 선고했다. 이에 따라 이건희는 일시적으로 경영 일선에서 물러났으나, 평창동계올림픽 유치 활동 등을 이유로 사면을 받은 뒤 다시금 복귀했다.

그러나 삼성가의 구설수는 끝나지 않았다. 2012년 초, 큰형 이맹희가 소송을 제기한 것이다. 이는 2008년 특별검사팀이 김용철 변호사가 의혹을 제기한 비자금에 대해 "비자금이 아니라 선친의 차명 상속재산일 뿐"이라는 삼성의 해명을 그대로 수용해 버리면서 시작되었다. 이후 이건희는 차명계좌를 대거 실명으로 전환했는데, 이에 대해 국세청이 상속세 부과를 위해 조사를 시작한 것이다.

이건희 측은 부랴부랴 형제자매들에게 공문을 보내 "이 재산은 선친이 이건희에게 물려준 것"이라는 문서에 동의하도록 요구했고, 이 같은 요구에 반발한 이맹희가 "내 상속분을 내놓으라"며 소송을 제기한 것이다. 설상가상으로 CJ 그룹은 삼성 측 인사로부터 이맹희의 아들인 이재현 회장이 미행을 당했다고 주장하며 사진까지 제시했다. 그리고 둘째 누나 이숙희, 차남 이창희의 유가족마저 이맹희의 소송에 동참하면서 사태가 커졌다.

이건희는 "고소한 사람들은 수준 이하의 자연인", "그 양반(이맹희)은 퇴출된 양반" 등 감정 섞인 말로 대응해 세인들의 놀라움을 사기도 했다. 현재 이 소송은 계속 진행 중이다. 재계에서는 과거 1994년

쯤 이맹희가 "호암은 삼성을 이건희에게 물려 준 후 3대는 (종손인) 재현이에게 물려주라고 했다"고 말했던 점 등을 근거로, 이번 소송이 삼성의 후계구도에 영향을 줄지 관심 있게 지켜보고 있다.

한국의 다른 부호들

「포브스」가 2012년 3월 발표한 억만장자 순위에 따르면 이건희 회장의 순자산은 83억 달러(약 9조 3,000억 원)로 106위에 올랐다. 이재용 삼성전자 사장은 36억 달러로 304위, 홍라희 여사와 이부진 사장이 12억 달러로 나란히 1,015위에 올랐다. 이서현 부사장은 10억 달러로 1,153위였다. 일가의 재산을 합치면 100위권에도 들 수 있는 셈이다. 막내 동생 이명희 신세계 회장의 장남인 정용진 신세계 부회장과 이재현 CJ 그룹 회장의 자산 역시 각각 10억 달러로 집계되었다.

한국 갑부의 재산 규모는 기업의 시가총액에 비해 의외로 작은 편이다. 삼성 그룹의 대표 계열사인 삼성전자는 이미 글로벌 기업이고 시가총액이 200조 원을 돌파했는데, 이건희 회장이 100위 안에 들지 않는 것이 이상하게 여겨지기도 한다.

근본적 이유는 한국 재벌 총수들의 지분율이 매우 낮은 데 있다. 2012년 공정거래위원회 조사에 따르면 한국 재벌 총수들의 지분율은 사상 처음으로 1% 아래로 떨어졌다. 이건희의 지분율은 0.52%에 불과하다. 불과 0.52%의 지분율로 삼성 그룹 전체에 대해 '오너'로서 경영권을 행사하고 있는 것이다.

외국의 갑부들이 창업 이후 줄곧 매우 많은 지분을 보유해 기업

가치가 올라갈수록 재산도 엄청나게 불어난 것과는 큰 차이가 난다. 빌 게이츠의 경우 2010~2011년 지분을 대거 팔아치우기 전까지 마이크로소프트 주식의 30%를 갖고 있었다. 워런 버핏도 최근 수년간 자신의 지분을 기부하기 전까지는 1주당 1억 원이 넘는 버크셔 해서웨이의 지분 40%를 보유하고 있었다.

　이 같은 차이는 한국 기업의 경우 계열사끼리의 상호출자를 통해 기업을 지배할 수 있어 굳이 지분율이 높지 않아도 그룹 전체에 대해 경영권을 행사할 수 있었기 때문이다. 물론 외국의 갑부들은 대부분 자신이 부를 이룬 반면, 한국의 재벌총수들은 가업을 물려받은

▶「포브스」 선정 세계부자 한국인 순위 (2012년 기준)

106위
이건희
(삼성전자 회장)
83억 달러

161위
정몽구
(현대차 그룹 회장)
62억 달러

304위
이재용
(삼성전자 사장)
36억 달러

344위
김정주
(넥슨 대표)
33억 달러

418위
정의선
(현대자동차 부회장)
28억 달러

491위
정몽준
(현대중공업 최대주주)
25억 달러

601위
최태원
(SK 그룹 회장)
21억 달러

683위
신창재
(교보생명 회장)
19억 달러

719위
구본무
(LG 그룹 회장)
18억 달러

719위
신동빈
(롯데 그룹 회장)
18억 달러

764위
신동주
(일본롯데 부회장)
17억 달러

1,015위
홍라희
(리움 관장)
12억 달러

1,015위
이부진
(호텔신라, 삼성에버랜드 사장)
12억 달러

1,153위
이서현
(제일모직, 제일기획 부사장)
10억 달러

1,153위
정용진
(신세계 부회장)
10억 달러

1,153위
이재현
(CJ 그룹 회장)
10억 달러

'2세'라는 점도 지분이 낮은 이유로 꼽을 수 있다. 하지만 2012년 현재 100만 원에 이르는 삼성전자의 주가는 3년 전만 해도 50만 원대였으며, 1990년대는 5만~10만 원을 왔다 갔다 했다. 만약 이건희가 당시 사재로 꾸준히 지분을 늘렸다면 지금은 세계에서 손꼽히는 갑부가 되어 있을지도 모르는 일이다.

부자DNA

위기의식 DNA

이건희 회장은 조직에 위기의식과 긴장감을 불어넣는데 탁월한 '위기 경영의 대가'다. 1993년 프랑크푸르트로 200여 명의 고위임원을 불러 "일류가 되지 못하면 망한다", "마누라와 자식 빼고는 다 바꾸라"고 호통을 쳤던 신경영 선언을 통해, 삼성은 '양 중심'의 패러다임을 '질 중심'으로 바꿀 수 있었다. 2010년 3월 삼성전자 회장직에 복귀할 때도 "지금이 진짜 위기다. 글로벌 일류기업들이 무너지고 있다. 삼성도 언제 어떻게 될지 모른다"며 위기감을 불러일으켰다.

기업은 창업보다 수성이 어렵고, 정상에 올랐을 때가 가장 위험하다. 아버지에게 물려받은 삼성을 글로벌 기업으로 키우고, 미래가 기대되는 기업으로 만든 비결은, 정상에서 끊임없이 신성장동력을 고민하는 그의 '위기 경영'에서 비롯되었음을 부인할 수 없다.

Azim Premji

스크루지의 외형을 한 산타클로스

아짐 프렘지

인도 남부의 벵갈루루는 '인도의 실리콘밸리'로 불린다. 2,000개가 넘는 인도의 IT 기업과 마이크로소프트(MS), IBM 등 세계적인 IT 기업들의 연구개발센터가 모여 있기 때문이다.

그러나 이곳은 20년 전만 해도 날씨 좋은 휴양지일 뿐이었다. 벵갈루루에 처음 공장을 세우고 인도 IT 산업의 부흥을 이끈 회사가 바로 소프트웨어기업 위프로(Wipro)다. 그 중심에는 당시 30대의 젊은 최고경영자 아짐 프렘지(Azim Premji, 1945년~)가 있었다.

명문대학을 중퇴하고 척박한 환경에서 거대한 IT 기업을 일궜다는 공통점 때문에 '인도의 빌 게이츠'로 통하는 프렘지는 2012년 「포브스」 집계 159억 달러(약 18조 원)의 재산을 가진 인도 세 번째, 세계 마흔한 번째 갑부다. 하지만 그는 단지 유능하고 돈 많은 부자만은 아니다. 「타임」이 2004년과 2011년 두 번이나 '세계에서 가장 영향력 있는 인물 100인'에 프렘지를 선정할 정도로, 사회 불평등을 줄이려는 그의 노력은 그가 쌓은 부(富)보다 더 깊은 울림을 준다.

식용유에서 컴퓨터로, 컴퓨터에서 다시 소프트웨어로

프렘지는 뭄바이(과거 봄베이)의 부유한 무슬림 집안에서 태어났다. 인도에서 고교를 졸업한 그는 미국 스탠퍼드대학으로 유학을 가 전기공학을 공부했다. 하지만 식용유 제조 업체 '위프로'를 운영하던 아버지가 1966년 갑자기 사망하면서, 당시 스물한 살 청년 프렘지는 학업을 중단하고 인도로 돌아와 회사를 맡게 된다. 프렘지는 위로 세 명의 형이 있었지만, 아버지가 어릴 때부터 영리하고 똑똑

했던 프렘지를 후계자로 택했다고 한다. 빌 게이츠가 꿈을 찾아 스스로 학교를 그만뒀던 것과 달리 프렘지는 가업을 계승하기 위해 어쩔 수 없이 학업을 포기해야 했다.

식용유만 해서는 회사가 성장하는 데 한계가 있다고 생각한 프렘지는 비누, 미용용품, 전구 등으로 사업 영역을 넓혀갔다. 결정적 기회가 찾아온 것은 1970년대 중반이다. 새로 들어선 인도 사회당 정부가 외국 기업을 탄압하면서 IBM과 코카콜라 등 거대 외국 기업이 인도에서 철수하기 시작했다.

프렘지는 IBM이 철수하면서 빈자리가 생긴 컴퓨터 사업에 진출하기로 결심한다. 미국에서 컴퓨터 전문가 일곱 명을 스카우트해 벵

▶ 뭄바이, 콜카타, 하이데라바드, 벵갈루루, 첸나이는 인도 IT 산업의 거점 도시다. 특히 인도 IT 업체의 55%가 벵갈루루에 몰려 있으며, MS, IBM, HP 등 세계적인 IT 기업의 지사도 1,000여 곳 진출해 있다. 이런 벵갈루루는 인도 IT 산업의 역사라 불리는 프렘지에서 비롯되었다.

갈루루에 컴퓨터 공장을 세웠다. 1981년 드디어 위프로의 첫 미니컴퓨터가 나왔다. 인도에서 만든 최초의 컴퓨터다. 이와 함께 서비스 질 향상에도 심혈을 기울였다. 당시 사회주의가 널리 퍼져있던 인도 사회에는 '애프터서비스(AS)'라는 개념조차 없었다. 하지만 그는 고객 한 명당 세 명의 AS 직원을 둘 정도로 고객 서비스를 중시했다. 이후 위프로가 인도의 컴퓨터 시장을 장악한 것은 당연했다.

그러나 언제까지 경쟁을 피할 수는 없었다. 1991년 정권 교체로 인도 시장이 개방되면서 IBM, 컴팩, HP 등 세계적인 컴퓨터 제조업체가 인도로 몰려들기 시작했다. 품질이나 가격에서 그들을 당해낼 수 없던 위프로에 최대 위기가 닥쳤다.

이때 프렘지는 소프트웨어 개발로 방향을 틀었다. 위프로의 인력은 세계 다른 IT 인력에 비해 상대적으로 인건비가 낮다는 점을 적극 활용해 GE 등 세계적인 기업들의 소프트웨어 개발 프로젝트를 따내기 시작한 것이다. 단지 인건비뿐 아니라 프렘지의 품질개선 노력도 중요한 밑바탕이 되었다. 1990년대 초반부터 소프트웨어 품질에 힘을 쏟은 위프로는 1995년 ISO 9000 품질인증을 땄고, 1999년에는 세계 최초로 국제공인 소프트웨어 기술표준인 CMM에서 최고등급(5등급)을, 인재 표준인 CMMI에서도 역시 최고등급(5등급)을 받았다.

'식물에서 뽑아낸 기름을 생산하는 인도 기업'을 의미하는 '웨스턴 인디아 베지터블 프로덕트(Western India Vegetable Product)'의 약자를 딴 식용유 회사 '위프로(Wipro)'가 세계적인 소프트웨어 기업으로 거듭난 것이다. 회사명은 그대로지만 직원 350명에 연 매출 150만 달러였던 식용유 회사가 직원 10만 명, 연 매출 8조 원에 이르는 거대기업으로 다시 태어난 것이다.

정직한 기업의 검소한 회장님

프렘지는 세계적으로 유명한 구두쇠이기도 하다. 위프로 회장인 그가 타고 다니는 자동차는 도요타의 코롤라다. 코롤라는 해외시장에서 현대자동차의 아반떼와 경쟁을 벌이는 준중형차다. 심지어 2005년 이 차를 사기 전까지는 포드의 소형차 에스코트(1996년식)를 타고 다녔다. 해외로 출장을 갈 때면 비행기는 이코노미 좌석을, 숙소는 게스트하우스를 이용한다. 회사에서도 직원들이 퇴근한 후 사무실 전등이 꺼졌는지 일일이 확인하며, 화장실 휴지 사용량까지 점검할 정도다. 아들 결혼식에서도 고급 접시가 아닌 일회용 종이접시를 사용했다는 것은 아주 유명한 일화다.

하지만 심하다 싶을 정도의 검소함에는 그만의 이유가 있다. '성공에 겸손하라'는 것이 그의 철학이다. 그는 "성공은 많은 사람들의 도움이 있기에 가능한 것이기 때문에, 성공한 사람들은 사회에 대한 고마움과 책임의식을 가져야 한다"고 강조한다. 성공한 사람일수록 거만함과 사치를 경계해야 한다는 것이다.

그는 정경유착으로 성장한 인도의 많은 대기업들과 달리 정부에 뇌물이나 정치 자금을 일절 주지 않는 것으로도 유명하다. 대신 회사 성장의 열매를 직원들과 함께 나눈다. 그는 1984년 '위프로 공평한 보상위원회(WERT : Wipro Equity Reward

▶ 프렘지가 2005년부터 타고 다니는 도요타 코롤라(1800cc)와 코롤라로 바꾸기 전까지 타고 다니던 포드 에스코트 1996년식 모델. 세계 마흔 번째 갑부가 타는 차라고 믿기지 않을 만큼 소박하다.

Trust)'를 설립해 직원들이 일정한 기준에 따라 회사 주식이나 배당금 등을 받을 수 있도록 했다. WERT와 직원의 공동 명의로 발행된 주식은 4년이 지나면 해당 직원에게 양도되고, 직원이 퇴직하거나 사망하면 상속인이 양도받을 수 있도록 했다. 인도인들이 프렘지를 '정직한 기업인', '절약하는 회장님'이라고 부르는 이유다.

어린이들의 '키다리 아저씨'

프렘지는 기부에 있어서도 인도에서 가장 '큰손'이다. 그가 가장 열정을 쏟는 부분은 초등학교 교육이다. "교육은 공정하고 인간적이며 지속 가능한 사회를 구축하기 위한 필수 요소"라는 소신을 가진 프렘지는 2001년 사재 5,000만 달러(약 600억 원)로 교육재단을 설립했다. 제대로 된 초등교육이야말로 인도의 빈곤 탈출과 삶의 질을 향상시키기 위한 지름길이라고 믿기 때문이다. 그는 매년 500만 달러씩 기부해 초등학교에 학습법, 교사 커리큘럼, 재정 등을 지원하며 2만 5,000여 개 학교의 200만여 명 학생들을 후원해왔다.

그리고 2010년 12월에는 인도 역사상 가장 많은 기부금액인 20억 달러(약 2조 2,000억 원)를 학교 교육 발전을 위해 기부했다. 20억 달러는 프렘지가 가진 재산의 8분의 1에 해당하는 돈으로, 2025년까지 인도 전역에 1,300개의 학교를 세워 지역 언어로 무상 교육을 제공할 예정이다. 이와 동시에 그는 자신의 이름을 딴 대학도 세워 교육 프로그램 개발, 지도자 양성, 교육 개혁을 위한 방안 등을 연구하고 있다.

이처럼 프렘지는 19세 이하 인구가 5억 명(전체 인구의 45%)에 이르지만 지방 초등학생의 절반가량이 자국어를 제대로 못 읽는 인도의 현실을 개선하기 위해 교육에 온 힘을 쏟고 있다.

프렘지가 2012년 1월 스위스 다보스에서 열린 세계경제포럼(WEF)에서 "우리가 불평등 문제를 해결하기 위해 노력하지 않는다면 전 세계적인 혼돈을 초래할 수도 있을 것"이라고 강조한 것도 같은 맥락이다. 프렘지는 개인적인 성공에 안주하지 않고 인간적이며 지속 가능한 사회를 만들기 위해 끊임없이 노력하는 '책임감 강한 재벌'의 모습을 꾸준히 보여주고 있다.

「포브스」에 따르면 최근 인도 경제가 급성장하면서 신흥 재벌도 급증해, 인도인 억만장자가 69명에 이른다고 한다. 하지만 대부분 자선사업에는 인색해 비난을 받고 있다. 비단 인도뿐 아니라 세계의

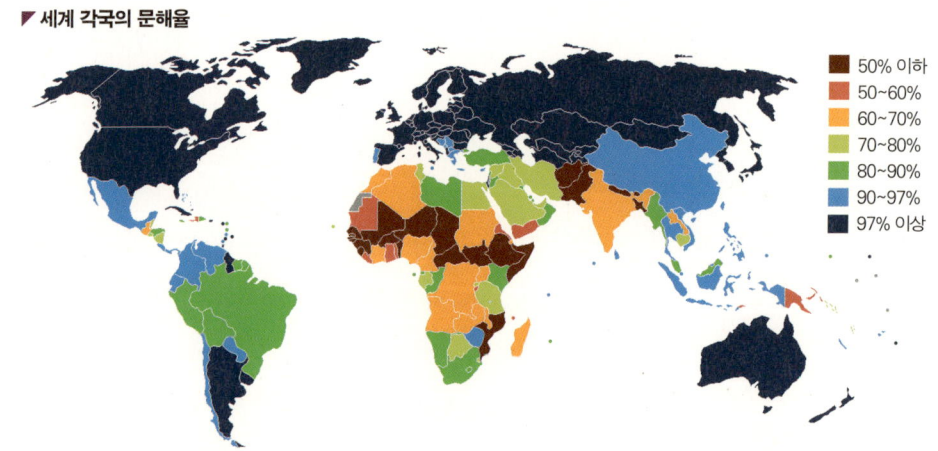

▶ 세계 각국의 문해율

유엔이 조사한 각국 문해율(인구 중 글을 읽고 쓸 수 있는 사람의 비율) 순위를 보면 인도는 61.0%로 147위(1위는 99.8%인 한국)다. 인도는 브릭스(BRICs) 국가인 브라질(88.6%), 러시아(99.4%), 중국(90.9%)보다도 문해율이 한참 낮고, 가봉(84.0%), 우간다(66.8%), 르완다(64.9%) 등 아프리카의 가난한 나라에도 뒤처진다.

자료 : CIA 「월드 팩트 북」

많은 슈퍼 리치들이 기부에는 인색한 게 사실이다. 돈을 꼭 써야 할 곳과 쓰지 않아야 할 곳을 분명히 구분해 모두에게 더 좋은 세상을 만들기 위해 힘쓰는 프렘지는 부자의 사회적 정체성을 환기시키는 빛나는 슈퍼 리치다.

▼ 빌 게이츠와 아짐 프렘지. 두 거부는 같은 사업 영역에서 천문학적인 부를 일군 것뿐만 아니라 그 부를 쓰는 방법에서도 유사하다. 2011년 「포브스」가 선정한 전 세계 기부자 순위에서 빌 게이츠는 280억 달러로 1위, 프렘지는 21억 달러로 8위에 이름을 올렸다.

부자DNA

책임감의 DNA

아프리카 속담에 "한 명의 아이를 키우기 위해서는 하나의 마을이 필요하다"는 말이 있다. 아이를 키우는 일이 그럴진대 수십에서 수천만 명이 몸담고 있는 회사를 운영하는 일은 어떨까? 프렘지는 그 답을 잘 알고 있다. 그는 BBC와의 인터뷰에서 "나의 부와 성공에 대한 사람들의 시기와 박탈감을 충분히 이해한다. 내게 주어진 부는 단지 나 한 사람이 누려야 할 것이 아니라 여러 사람들과 나누어야 할 과실(果實)이다. 나는 회사 직원과 고객, 심지어 이 사회 구성원 전체와 그 과실을 공정하게 나눌 커다란 책무를 지고 있다"고 얘기한 바 있다. 자신의 부와 성공에 대한 사회적 책무를 가슴 깊이 새길 줄 아는 재벌 바로 이 책임감의 DNA가 스크루지의 외형을 한 산타클로스 회장님을 있게 했다.

Aliko Dangote

'기회의 땅', 아프리카를 품다

알리코 단고테

아프리카는 지상에서 가장 가난한 대륙이다. 전체 10억 인구 중 절반이 맥도날드 햄버거 하나 사먹기에도 부족한 1.25달러가 안 되는 돈으로 하루하루를 근근히 살아간다. 빈곤으로부터 탈출구를 찾을 수 있다는 희망조차 없어 더욱 안타깝고 절망적이다.

같은 대륙의 다른 한쪽에는 정반대의 풍요로운 삶도 공존한다. 주말이면 공기 맑은 개인 비치에서 요트 파티를 벌이고 벤틀리, 포르셰, 페라리 같은 스포츠카를 몰고 다니며 할리우드스타들이 애용한다는 디자이너부티크의 옷을 사 입는 극소수 부유층의 생활이다(「가디언」 2012년 3월 23일).

아프리카의 부자 피라미드 최정상에 올라 있는 인물은 '아프리카 시멘트 왕' 알리코 단고테(Aliko Dangote, 1957년~)다. 그의 재력이 얼마나 대단하냐면, 「포브스」가 "단고테가 재채기를 하면, 나이지리아 증시가 감기에 걸린다"고 비유할 정도다.

■ 아프리카의 시멘트왕

2012년 「포브스」가 발표한 억만장자 명단에 따르면 10억 달러 이상 자산을 보유한 부자는 전 세계 1,226명이다. 그 중 아프리카에서 배출된 억만장자는 16명뿐인데, 특히 아프리카 제1의 부호로 스포트라이트를 받고 있는 나이지리아의 단고테 회장이 차지하는 위상은 독보적이다.

단고테가 아프리카 제1의 부호에 오른 건 순전히 시멘트 덕분이다. 2010년 그룹 핵심계열사인 단고테시멘트를 나이지리아 증권 시장에 상장시킨 직후 그의 재산은 20억 달러대에서 100억 달러대로 급등했다. 나이지리아 증시 전체 시가총액 중 단고테시멘트 한 회사가 차지하는 비중은 대략 4분의 1이다. 2012년 현재 그가 보유한 재산 규모는 112억 달러로 추산된다. 아프리카 1위, 세계에서 일흔여섯 번째다. 전 세계 다이아몬드 시장을 석권한 드비어스의 대주주였던 니키 오펜하이머(Nicky Oppenheimer, 남아프리카공화국) 일가가 그 뒤를 쫓고 있으나, 단고테와는 40억 달러 이상의 격차가 있다.

단고테 그룹은 시멘트 제조와 설탕 정제를 핵심사업군으로 하는 나이지리아 최대 재벌 기업이다. 나이지리아에서는 단고테 그룹이 없는 일상을 상상하기 어려울 정도로 사업군이 거의 모든 영역에 걸쳐 있다. 식품(밀가루, 소금, 파스타, 음료), 섬유 등 의식주부터 비료, 통신, 부동산, 운송 사업까지 거느리고 있으며 석유 및 천연가스 개발에도 진출해 있다.

▼ 나이지리아, 가나, 토고, 잠비아, 카메룬, 세네갈 등을 주요 사업무대로 하는 단고테 그룹의 성장은 사하라 이남 아프리카의 부상을 상징하기도 한다.

사업가 단고테가 보여온 행보에서 가장 획기적인 사건은 2000년 시멘트 제조에 뛰어든 것이다. 나이지리아는 1999년 민선 올루세군 오바산조(Olusegun Obasanjo) 대통령 정부가 들어서면서 경영효율화를 명분으로 국영기업들의 민영화를 진행했다. 그 이듬해 단고테는 국영기업 베누시멘트를 불하받았다. 브라질을 둘러보며 개발도상국 발전에 있어서 제조업이 얼마나 큰 기여를 하는지를 절실히 깨달은 직후였다.

단고테 그룹은 시멘트사업에 집중적으로 투

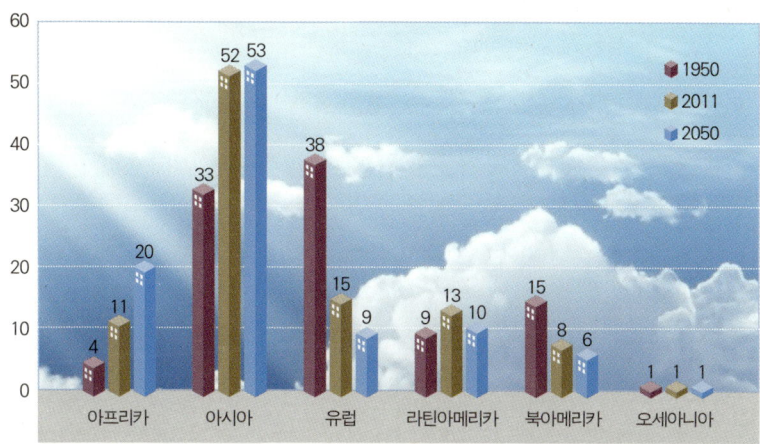

▪ 세계 도시 인구 분포 (단위 : %)

유엔은 아시아와 아프리카의 도시 인구가 대폭 증가할 것으로 전망했다. 이미 아시아는 2011년 인구의 절반 이상이 도시에 거주하고 있다. 아프리카의 도시화가 진행될수록 단고테 그룹의 성장에 가속이 붙을 것이다.
자료 : 유엔, 「세계 도시화 전망(2011)」

자해, 불과 10년 만에 세계적인 시멘트제조기업으로 성장하게 된다. 아프리카 최대 시멘트 생산기지인 나이지리아 오바자나 공장 이외에도 남아프리카공화국, 세네갈, 잠비아, 탄자니아 등 아프리카 8개국에 시멘트 생산 공장을 두고 연간 3,000만여 톤을 생산하게 된 것이다. 이제 단고테는 "프랑스 라파즈를 제치고 세계 1위가 되는 건 시간 문제다"라는 주장을 서슴지 않는다. 시멘트사업에 대한 그의 강한 의지와 자신감을 엿볼 수 있는 대목이다.

내수용 소비재의 수입과 유통 및 생산에 주력해온 단고테 그룹은 결국 시멘트제조업에 중심을 둔 수출기업으로 체질 전환에 성공한다. 제조업의 불모지였던 아프리카 대륙에서 제조업을 성장동력으로 삼은 것부터가 남다른 선택이었다.

아프리카의 자수성가형 일벌레 재벌

1977년 대학을 졸업한 단고테는 외할아버지로부터 돈을 빌려 작은 무역회사를 차렸다. 쌀, 설탕, 시멘트 등의 원자재 무역은 꽤 괜찮은 돈벌이가 되었다. 단고테는 창업 3개월 만에 빚을 모두 갚았고, 1981년 단고테 그룹을 세워 1990년대 초반 나이지리아 최대의 상사기업으로 키웠다.

나이지리아 제2의 도시 카노에서 태어난 그는 여덟 살에 아버지를 여의고 어머니가 재혼한 뒤 건설자재 관련 사업을 하는 외할아버지 슬하에서 자랐다. 넉넉한 가정에서 성장했으나 미국이나 유럽에서 유학하는 엘리트 코스를 밟지 않고, 이집트 카이로에 있는 알아자르대학에서 경영학을 전공했다.

단고테 그룹의 성장 과정을 서구적 기준으로 평가하자면 아프리카라는 태생적 한계에서 비롯되는 논란을 피할 수는 없을 것 같다. 단고테가 국영기업 베누시멘트를 인수함으로써 세계적 거부가 되는 발판을 마련한 뒤, 2003년 오바산조 대통령 재선 캠프에 200만 달러 이상의 선거자금을 대는 등 오랜 기간 정치 권력과 돈을 매개로 한 친분을 유지한 것이 사실이다. 소비에트연방(소련) 해체 과정에서 권력의 특혜를 받아 알짜배기 국영기업을 챙겨 갑부가 된 러시아 올리가르히(Oligarchi, 301쪽 참조)들과도 일면 닮아 보인다. 그러나 아프리카에서는 아직 이런 문제가 기업가로서 받는 평가를 깎아 내릴 정도로 큰 흠이 되지는 않고 있다.

그가 인수할 당시의 베누시멘트는 껍데기만 남아있는 상태였다. 공장을 돌리는 데 필요한 가스나 전력도 제대로 공급되지 않는 악조건이었다. 만약 그가 보통의 나이지리아 사업가였다면 이런 조건에서 십중팔구 망했을 것이다. 하지만 단고테는 달랐다. 공장을 가동하기 위해 직접 가스관을 연결하고 발전소를 짓고 도로를 닦았다.

대성 비결은 다른 자수성가형 부자들과 별반 다르지 않다. 우선 단고테는 전형적인 일벌레다. 하루를 새벽 5시에 시작한다. 정치인들과의 미팅, 각종 행사로 일할 시간을 빼앗기는 데 큰 불만을 토로한다. 아프리카인들은 나태하고 의지가 약하다는 통념은 그에게만

▶「포브스」 선정 아프리카 억만장자 톱 10 (2012년 기준, 단위 : 달러)

순위	이름	국적	자산 규모
6위	나기브 사위리스 (오라스콤텔레콤 CEO, 통신)	이집트	31억
6위	크리스토펠 비제 (숍라이트 회장, 유통)	남아공	31억
8위	온시 사위리스 (오라스콤그룹 창업주, 건설·통신)	이집트	29억
8위	밀루두 샤비 (이나홀딩, 부동산)	모로코	29억
10위	패트리스 모체페 (아프리카레인보우미네랄, 광산)	남아공	27억

큼은 편견에 지나지 않는다. 그는 언론 인터뷰에서 "부유한 집안 출신들은 가진 게 많고 또 의지할 사람들이 있기 때문에 열심히 일하지 않기도 하지만, 나는 처음부터 가족의 재정적 도움을 기대하지 않았다"면서 "열심히 일했기에 자수성가했다"고 밝혔다. 자기관리에도 철저하다. 바쁜 와중에도 운동할 시간을 낸다. 해외 출장을 가도 조깅만큼은 빼먹지 않는다. 또 갑부 티를 내지 않으려고 노력한다. 자기 생일에 스스로 4,500만 달러짜리 봄바디어제트기를 선물한 걸 보면 구두쇠 타입은 절대 아니지만, 의식적으로 값비싼 장신구 등을 피하고 튀지 않는 차림새를 한다.

그의 행보에 호평만 따르는 것은 아니다. 단고테 그룹 같은 거대 재벌이 무차별적 가격인하 공세를 벌여 시장에서 라이벌 중소기업들이 발붙이지 못하게 하는 경쟁방식은 비난의 대상이다.

그러나 단고테의 성공은 다른 부자들보다 각별한 의미를 갖는다. 그의 존재가 아프리카 사람들에게 자극을 주기 때문이다. 「LA타임스」는 "나이지리아인들은 자신들의 동포가 아프리카 제1의 부자가 되어 이메일 사기*로 악명을 떨친 조국의 이미지를 제고했다고 생각한다"고 전했다. "나이지리아인들은 배고픔의 상징과 같은 대륙에서 전 세계 부호들과 어깨를 나란히 하는 성공을 거둔 단고테를 자랑스럽게 여긴다"고 덧붙였다.

한편, 한 나라의 독점적인 재벌이 더 이상 국위선양의 지사로 평가받는 시절은 지났다는 견해도 제기된

나이지리아 이메일 사기 이메일을 매개로 돈을 가로채는 다양한 수법의 국제적 사기를 말한다. 대표적인 수법이 바이어로 위장해 기업에 이메일로 물품 대금을 입금하겠으니 물건을 보내달라며 접근한다. 기업에서 제안을 수락하면 금융기관 명의로 정교하게 위조한 서류를 보내 믿게 만든 후 물건을 가로채거나, 세금이나 수수료를 내는데 필요하다며 돈을 요구해 가로챘다. 1980~1990년대 나이지리아 사기꾼이 영미 기업에 엉터리 사업안을 적은 편지와 팩스를 보내 선금을 가로채면서 시작된 국제 범죄와 수법이 비슷하여, 이후 유사 범죄를 나이지리아 이메일(또는 편지) 사기라고 일컫는다.

다. 재벌이 득세하는 사회의 이면에는 가난에 찌든 노동자와 민중의 피폐한 삶이 겹쳐질 수밖에 없기 때문이다. 대부분이 가난한 노동자인 나이지리아인들이 자신들과 정면으로 배치되는 자본 계급의 우두머리인 단고테를 자랑스러워 한다는 얘기는, 그것이 사실이건 그렇지 않건, 아이러니일 수밖에 없다.

짧은 시간에 막대한 부를 쌓은 단고테의 부상은 '치타'에 비유되는 아프리카의 빠른 발전을 상징한다. 자본주의 역사에서 변방이었던 아프리카 대륙 출신이라는 핸디캡을 안고 단고테는 세계를 무대로 앞으로 얼마나 더 성장할 것인가? 서쪽에서 동쪽으로, 선진국에서 신흥국으로 이동하는 부의 이동 측면에서 지켜본다면 훨씬 더 흥미로울 것이다.

부자 DNA

개척정신 DNA

「포브스」 선정 아프리카 억만장자 톱 10의 면면을 보면 니키 오펜하이머(다이아몬드), 요한 루퍼트(리치몬트 그룹 : 광산과 담배 사업으로 쌓은 부를 바탕으로 유럽의 명품 브랜드들을 인수), 마이크 아데누가(석유) 등 자원 부자가 상당수 포진해 있다. 자원으로 돈을 버는 것은 자원부국이 많은 아프리카의 기업가로써 취할 수 있는 가장 손쉬운 방법이다. 그러나 단고테는 제조업에 뛰어들었고, 그의 예상은 적중했다.

시멘트 제조가 핵심사업군인 단고테 그룹은 향후 아프리카와 보폭을 같이하며 성장할 수 있게 되었다. 제조업의 불모지 아프리카에서 제조업에 뛰어든 단고테의 도전정신과 선견지명이 없었더라면, 현재 아프리카 최고 부자는 그가 아니었을 것이다.

John Paulson

금융위기가 낳은 슈퍼스타

존 폴슨

2007년 미국의 주택시장 붕괴는 세계적인 금융위기를 촉발한 대재앙이었지만, 한 남자에게는 '생애 최고의 순간'이었다. 그 남자는 주택시장이 붕괴한다는 데 거액을 베팅해 200억 달러(약 23조 원)의 투자 수익을 내며 '헤지펀드의 전설'로 등극한 존 폴슨(John Paulson, 1955년~)이다.

그 해 그가 펀드 운용보수로 받은 돈은 월가 사상 최고액인 36억 달러(약 4조 원)에 이른다. 매일 110억 원씩 벌어들인 셈이다. 혜성처럼 등장한 그는 '헤지펀드의 대부' 조지 소로스(George Soros, 29억 달러)도 제쳤다. 이름 없는 펀드매니저였던 그는 한 방에 부와 명예를 거머쥐었고, 2012년 기준 125억 달러의 재산으로 「포브스」 집계 세계 예순한 번째 부자에 올랐다.

거품을 찾는 안목과 배짱

펀드매니저 폴슨의 눈에 2005년 미국 시장은 거품투성이로 보였다. 그는 특히 신용도가 낮은 사람들에게도 주택담보대출을 내주는 서브프라임모기지의 위험성에 주목했다. 하지만 미국 주택시장이 대호황을 누리던 당시, 사람들은 폴슨의 말에 귀 기울이지 않았다. 전문가들 역시 그의 주택시장 붕괴 우려를 반박했다.

그럼에도 폴슨은 주택 거품이 꺼지면 돈을 벌 수 있는 신용부도스와프(CDS)를 2006년부터 사들이기 시작했다. CDS는 투자 리스크를 줄이기 위한 일종의 보험으로, 부도 가능성이 있는 채권에 대한 CDS를 싸게 샀다가 나중에 비싸게 되팔아 차익을 남기는 거래다.

폴슨은 부동산 호황기, 즉 서브프라임모기지에 대한 CDS가 쌀 때 CDS를 대량으로 사 놓았다가 주택시장이 폭락해 모기지에 대한 CDS 가격이 폭등하자 이를 처분해 막대한 차익을 얻었다. 그는 한 걸음 더 나아가 서브프라임모기지 90여 개를 묶어서 재구성한 파생상품인 부채담보부증권(CDO)에 대한 CDS 투자로도 10억 달러 넘게 벌었다. CDO에 대한 CDS는 이전에 없던 상품이었으나, 주택시장 붕괴를 확신한 폴슨이 2006년 골드만삭스에 요청해서 만든 신종 파생상품이다. 폴슨은 주택시장 붕괴에 대한 확고한 믿음으로 차근차근 '대박'을 준비해 온 것이다.

▌세계 10대 헤지펀드와 누적 순이익 (단위 : 달러)

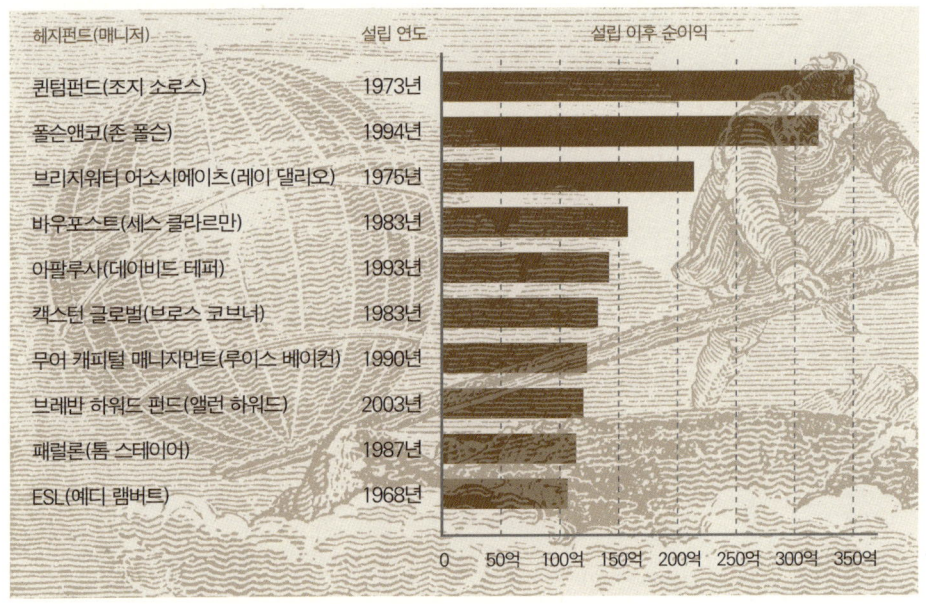

헤지펀드(매니저)	설립 연도	설립 이후 순이익
퀀텀펀드(조지 소로스)	1973년	
폴슨앤코(존 폴슨)	1994년	
브리지워터 어소시에이츠(레이 달리오)	1975년	
바우포스트(세스 클라르만)	1983년	
아팔루사(데이비드 테퍼)	1993년	
캑스턴 글로벌(브로스 코브너)	1983년	
무어 캐피털 매니지먼트(루이스 베이컨)	1990년	
브레반 하워드 펀드(앨런 하워드)	2003년	
패럴론(톰 스테이어)	1987년	
ESL(에디 램버트)	1968년	

2010년 폴슨앤코는 약 58억 달러를 벌어들이며 헤지펀드 중 가장 높은 투자 수익을 올렸다. 창립 이후 누적 순이익을 기준으로 비교해 보면 1994년 생긴 폴슨앤코(320억 달러)가 1973년 생긴 퀀텀펀드(350억 달러)를 바짝 뒤쫓고 있다.

자료 : 「파이낸셜타임스」

천문학적인 투자 수익을 통해 탁월한 분석력을 인정받은 폴슨은 2008년 '격'이 다른 펀드매니저가 되어 있었다. 소로스가 그를 불러 점심을 먹으며 투자법에 대해 묻는가 하면, 앨런 그린스펀(Alan Greenspan) 전 미국 연방준비제도(Fed) 의장을 자신의 회사 폴슨앤코의 고문으로 영입하기도 했다. 그의 한 마디에 전 세계 언론이 촉각을 세우고 유망 투자 리스트가 들썩이는 건 물론이었다.

「월스트리트저널」은 2009년 말 폴슨의 성공이 투자자들에게 주는 교훈 여덟 가지를 소개했다. 그 첫 번째가 '전문가에게 의존하지 말 것'이었다. 폴슨은 고객들에게 "나는 무디스 등 평가기관의 신용등급에 의존하지 않고 직접 주식을 분석한다"며 "등급이나 소문만을 믿고 하는 투자는 뜨거운 맛을 볼 수밖에 없다"고 말하곤 한다. 스스로 판단하고 밀고 나가는 그의 배짱을 짐작케 하는 대목이다. 그 밖에도 위기에 대비한 현금 확보, 새 투자 상품에 대한 공부, 보험 등 안전망을 확보하고 한 가지에 '올인'하지 말 것 등을 폴슨이 주는 교훈으로 꼽았다.

'전설'이라는 타이틀을 거머쥔 신출내기 투자자

집안 내력으로만 보자면 그는 타고난 투자자다. 외할아버지는 월가의 은행원이었고, 아버지는 대형 PR회사의 최고재무책임자(CFO)였다. 그는 여섯 살 때 할아버지가 사준 봉지 사탕을 친구들에게 낱개로 팔아 이익을 남기기도 했다고 한다. '투자의 귀재' 워런 버핏이 여섯 살 때 껌과 콜라를 팔아 돈을 모았던 것을 연상시키는 장면이다.

2009년 폴슨앤코가 긁어모은 금은 브라질, 아르헨티나, 한국 등 웬만한 국가의 금 보유량을 월등히 앞섰다. 폴슨은 성공적인 금 투자로 2010년 월가 역사상 최고 연봉을 받는 영광을 누릴 수 있었다.

자료 : 세계 금 협회

　어릴 적부터 명석했던 폴슨은 1973년 뉴욕대학에 입학해 영화 제작과 철학 등을 배우지만 곧 공부에 대한 흥미를 잃고 만다. 이를 눈치 챈 아버지의 제안으로 폴슨은 삼촌이 있는 에콰도르 등 남미 여행을 떠난다. 그는 에콰도르에서 가장 높은 빌딩을 소유한 채 호화스러운 삶을 사는 삼촌의 모습을 보며 돈에 관심을 가지게 되었다고 한다. 이후 남미의 다른 지역을 여행하다 돈이 떨어졌을 때, 질 좋은 아동복을 싸게 파는 상인을 만나 그에게 싸게 산 옷을 아버지에게 보내 뉴욕에서 되팔아 돈을 벌기도 했다.
　한편, 폴슨은 학교를 떠나 여러 경험을 하면서 많은 돈을 벌기 위해서는 대학 교육을 받아야 한다고 생각했다. 결국 1976년 뉴욕대학에 복학했고, 뉴욕대학 경영대와 하버드 경영대학원(MBA)을 모두 수석으로 졸업했다.

폴슨은 첫 직장인 보스턴 컨설팅그룹(BCG)에서 부동산 컨설팅업무를 하며 시장 매커니즘을 파악했고, 월가의 투자 고수 레온 레비(Leon Levy)가 창업한 투자회사 오디세이 파트너즈에서 일하며 투자 노하우를 배웠다. 그 후 투자은행 베어스턴스에서 M&A 경험을 쌓았다.

그리고 마침내 1994년 종자돈 200만 달러와 직원 한 명으로 자신의 회사 폴슨앤코(Paulson & Co.)를 창업했다. 그는 회사 설립 후 꾸준히 수익을 냈지만 시장의 관심을 받지는 못했다. 그러나 주택시장 붕괴로 그의 회사는 2012년 현재 운용규모 240억 달러의 세계 3대 헤지펀드 회사가 되었고, 그에게도 '전설'이라는 수식어가 붙게 되었다.

반짝 스타인가, 대부로 남을 것인가

하지만 폴슨이 헤지펀드계에서 오랫동안 '존경 받는' 전설이 될지는 좀 더 지켜봐야 할 것 같다. 먼저, 폴슨의 극적인 성공 뒤에는 찜찜한 의혹이 있다. 미 증권거래위원회(SEC)는 2010년 골드만삭스를 사기혐의로 제소했는데, 이 사건의 핵심에 폴슨이 있었다. SEC에 따르면, 골드만삭스가 90여 개의 서브프라임모기지를 묶어서 CDO를 만들 때 폴슨이 60개의 모기지를 추천해주는 등 상품 설계에 깊숙이 개입했다는 것이다. CDO가 떨어지는 만큼 돈을 버는 폴슨은 당

▶「블룸버그 비즈니스위크」표지. 2011년 폴슨앤코의 헤지펀드가 -51%의 손실을 기록하자, 'The Big Loser'라고 쓴 포스트잇을 폴슨의 사진에 붙여 조롱했다.

연히 위험도가 높은 모기지를 넣었을 것이라는 의혹을 받았다. 또 골드만삭스는 이 CDO 가격이 상승할 것이라 믿고 CDO를 산 유럽 은행들에게 폴슨앤코가 CDO 가격이 하락한다는 것에 베팅하고 있다는 사실도 알려주지 않았다.

폴슨은 의혹을 강력히 부인했고, 이 소송은 골드만삭스가 SEC에 벌금 5억 5,000만 달러를 내기로 합의하면서 일단락되었다. 하지만 그가 정말 순수하게 시장 전망만으로 천문학적인 수익을 올렸는지에 대한 의혹은 깨끗이 지워지지 않았다.

폴슨은 2010년까지만 해도 금값 폭등 등에 힘입어 월가 역사상 최고인 50억 달러의 연봉을 받는 등 승승장구했지만, 2011년 '굴욕'의 한 해를 보냈다.

2011년 8월 맨해튼 한복판에 자리한 폴슨의 사무실로 투자자들이 몰려왔다. 항의하는 투자자들 앞에서 그는 고개를 숙일 수밖에 없었다. 폴슨은 2011년 초 미국 경제가 회복할 것으로 전망해 금융주에 대거 투자했지만 유럽 재정위기가 터지고 미국의 더블딥(double dip: 경기 회복 국면에서의 재침체) 우려로 금융주가 급락했다. 그의 대표펀드인 어드밴티지플러스는 2011년 -51%의 적자를 기록하면서 사상 최대 손실을 냈고, 그는 투자자들에게 사과의 편지를 보내야 했다. 또 중국 벌목 업체 시노포레스트에 투자했다가 4억 7,000만 달러의 손실을 낸 투자자들로부터 투자기업의 문제점을 제대로 파악하지 못했다며 소송을 당하기도 했다.

　2011년 한 해의 실수로 투자자들이 그에게 바로 등을 돌리지는 않을 것이다. 하지만 앞으로 뛰어난 시장 분석력과 정정당당한 모습을 꾸준히 보여주어야만 부뿐 아니라 명예도 함께 얻을 수 있을 것이다. 빅 루저의 '멍에'에서 헤어 나오지 못할 것인가, 월가 슈퍼스타의 '명예'를 다시 회복할 것인가? 폴슨은 지금 그의 인생에서 매우 특별하고 가장 중요한 지점에 서 있고, 세상은 그의 행보를 예의주시하고 있다.

뚝심의 DNA

폴슨은 미국 주택 가격이 한창 오름세였던 2006년부터 주택 가격 약세와 서브프라임 부실을 예측한 베팅으로 경이적인 돈을 벌어들였다. 2006년 주택 가격과 모기지가 문제가 될 것이라 생각하는 사람은 거의 없었다. 그의 투자도 처음에는 손해를 봤다. 투자자들도 그의 판단을 비판했다. 그러나 폴슨은 점차 베팅을 늘렸다. 내로라하는 투자은행이 죽을 쑨 2007년 그는 월가에서 가장 많은 돈을 벌어들인 펀드매니저가 되었다. 대세와 다른 생각을 갖는 것만으로는 성공할 수 없다. 자신의 생각을 밀고 나갈 뚝심이 동반될 때만이 가능한 결과다.

Eike Batista

부(富)를 캐는 야심만만한 광산업자

에이케 바티스타

이머징마켓의 대표주자 브릭스(BRICs)의 첫머리를 차지하는 남아메리카 제1의 경제대국 브라질. 브라질에서 첫 손에 꼽히는 갑부는 에이케 바티스타(Eike Batista, 1956년~) EBX 그룹 회장이다.

2003년 설립된 광산 업체 MMX를 기점으로 시작된 EBX 그룹의 역사는 매우 짧다. 그럼에도 불구하고 EBX 그룹이 무서운 성장세를 보인 데 힘입어 바티스타도 2000년대 후반 들어 슈퍼 리치의 기린아로 급부상했다. 「포브스」의 억만장자 순위에서 바티스타는 2009년 61위(재산평가액 75억 달러)에서 2010년 이후로는 300억 달러대 자산가로 공식 평가되며 10위권 안으로 치고 올라섰다. 2012년 그의 순위는 7위다.

쇼맨십이 뛰어난 이 거부는 '브라질 최고 부자'에 등극하자, "세계 최고 부자가 되겠다"고 호언하며 세계 1위 부호 카를로스 슬림(멕시코)에게 도전장을 내밀기까지 했다.

■ 바티스타의 X 그룹

EBX 그룹은 통칭 'X 그룹'으로 불린다. MMX(광물)를 비롯해 MPX(에너지), OGX(석유·천연가스), LLX(물류), OSX(조선) 등 계열사들의 이름이 모두 알파벳 'X'로 끝나기 때문이다. 알파벳 X는 바티스타가 마치 행운의 부적처럼 여기며 가장 좋아한다는 글자다. 바티스타는 X라는 글자에 재산을 불려주는 힘이 있다고 믿는다고 한다.

그만큼 부를 좇는 강한 열정과 확고한 믿음이 통한 것일까? 20대 초부터 '엘도라도'의 땅 아마존을 누비며 금맥을 찾아 헤매던 바티스타는 마침내 남아메리카 땅속에서 돈맥을 캤다.

그가 이룬 막대한 부는 남아메리카의 풍부한 천연자원이 뒷받침되었기에 가능한 것이었다. EBX 그룹의 핵심 사업군은 브라질, 콜롬비아, 칠레 등지에서 광물(MMX)과 석유(OGX) 등 에너지(MPX)의 개발 및 생산과 물류(LLX, OSX)로 연결되는 수직계열 구조로 이루어져 있다.

바티스타가 세운 제국 X 그룹은 무서운 기세로 영토를 확장하고 있다. 2011년에는 REX(부동산), AUX(광산개발), IMX(스포츠마케팅),

▶ EBX 그룹 진출 지역 및 사업

EBX 그룹은 브라질 국영 에너지 회사인 페트로브라스와 세계적인 광산 업체 발레와 함께 브라질의 자원과 에너지 개발 분야를 주도하는 기업이다.
자료 : EBX 그룹

SIX(정보통신) 등의 계열사를 설립했다. 또 AUX를 통해 캐나다 광산 업체 벤타나골드의 경영권을 인수함으로써 그룹의 모태인 금광사업 재개를 선언했다. 약 30억 달러를 들여 리우데자네이루 주에 남아메리카 최대의 항구-공업복합단지가 될 '아수슈퍼포트'를 조성하는 등 산업인프라도 구축하고, 태양에너지발전에도 진출했다.

아마존의 미다스에서 브라질 에너지 업계의 거물로

1980년 패기만만한 20대의 청년 바티스타는 아마존 밀림으로 들어가 금광사업에 뛰어들었다. 유럽에서 10년여 동안 학창시절을 지내고 모국 브라질로 돌아오자마자였다. 포르투갈어 외에도 독일어, 영어, 프랑스어, 스페인어 등 5개 국어를 능숙하게 구사하는 바티스타는 아마존의 금을 유럽에 내다파는 금 중개업으로 큰돈을 거머쥔다. 사업을 시작한지 1년 반 만에 600만 달러를 벌었다.

구태의연한 채금 방식에 안주한 전통적인 광산업자들이 쇠한 반면, 신세대 금광업자 바티스타는 승승장구했다. 1982년 아마존 유역에서 최초로 기계화한 사금광(노보 플라네타)을 운영하고, 스물아홉 살에는 캐나다 증권 시장에 상장된 TVX골드를 경영했다. 2000년 그의 수중에는 브라질과 캐나다, 칠레에 위치한 여덟 곳의 금광과 은광 한 곳 등 모두 20억 달러 어치의 광산이 있었다.

아마존에서 보낸 청년시절은 바티스타가 거부로 성장하는 데 자양분이 되었다. 그는 언론 인터뷰에서 "광기가 넘치는 땅에 캠프 하나 세우고 일단 물이든 기름이든 찾아나서는 게 광산업자들의 사고

방식인데, 내 삶이 그렇다"며 "무(無)에서 유(有)를 만들었다"고 자신의 삶에 대해 평가했다.

바티스타가 맨주먹으로 시작했다고 강조하는 데는 나름의 이유가 있다. 브라질 광산 업계 원로인 아버지 엘리에제르 바티스타(Eliezer Batista)의 덕을 보지 않았겠느냐는 세상 사람들의 인식을 의식했기 때문이다. 실제로 EBX 그룹의 사업이 본 궤도에 오르기 전에 바티스타는 자신의 이름보다 '엘리에제르 바티스타의 아들'로, 그리고 2004년 「플레이보이」 표지모델 출신의 루마 데 올리베이라(Luma de Oliveira)와의 이혼으로 더 유명세를 치렀다. 그의 아버지 엘리에제르는 1960년대 주앙 굴라르(João Goulart) 대통령 집권기에 광업에너지 장관을 역임했고, 1980년대까지 두 차례에 걸쳐 철광회사 발레의 최고경영자(CEO)를 지낸 인물이다.

하지만 바티스타가 자수성가했다는 것도 일리 없는 말은 아니다. 바티스타는 젊을 때부터 도전의식과 자립심을 발휘했다. 열두 살 때 해외파견근무를 하게 된 아버지를 따라 가족들과 함께 유럽으로 이

▼ 바티스타가 소유한 벤츠 SLR 맥라렌은 벤츠와 멕라렌이 합작해 만든 슈퍼카다. 지난 2003년부터 2010년까지 매년 500대씩 한정 생산된 제품으로, 판매가격은 8억 원이 넘는다.

주해 어머니의 모국 독일에서 학창 시절의 대부분을 보냈다. 대학(아헨대 금속공학전공 중퇴)도 독일에서 진학했는데, 부모가 귀국한 뒤 독일에 남아 보험외판원으로 일하며 홀로서기에 성공하기도 했다.

석유 탐사 등 자원 개발 프로젝트에는 지질학, 엔지니어링 등 다양한 분야의 전문지식이 필요하기 때문에 인재가 성공 여부를 좌우한다. 바티스타는 브라질 국영석유기업 페트로브라스와 발레의 최고 전문가들을 영입함으로써 단기간에 경쟁력을 갖출 수 있었다. 이 때문에 경쟁사들은 출혈을 봤지만, 바티스타는 과감한 용인술(用人術)을 통해 사업가로서 필요한 동물적 감각을 입증하며 화제를 모았다. 그 스스로 "독서보다 사람을 읽어내는 게 더 쉬웠다"고 말할 정도다.

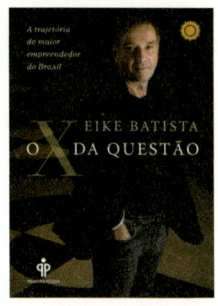
▶ 바티스타의 비즈니스 성공 비결을 담은 책 『에이케 바티스타의 X팩터』 표지.

자린고비나 은둔형 DNA를 지닌 슈퍼 리치들도 많지만, 바티스타는 활동적이고 적당한 자기과시와 자기포장을 즐기는 타입이다. 그는 속도감 있는 취미를 즐긴다. 두 아들이 태어나기 전에는 모터보트경주 세계챔피언을 지내기도 했다. 모터보트 외에도 스포츠카 벤츠 SLR 맥라렌을 소유하는 등 자동차도 좋아한다. 개인적으로 디지털 소통에도 적극적이어서 개인홈페이지(www.eikebatista.com.br)와 트위터 등을 활발히 활용하고 있다. 2011년에는 『에이케 바티스타의 X팩터(O X da Questao)』를 출간해 직접 비즈니스 성공 비결을 털어놓기도 했다.

부의 권좌를 향한 무한 욕망

바티스타가 부를 축적하는 방법을 곱지 않게 보는 시선들도 많다. EBX 그룹의 성장시기는 묘하게도 룰라(Luiz Inacio Lula da Silva) 전 대통령 집권기와 맞아 떨어진다. 게다가 세르지오 카브랄(Sergio Cabral) 리우데자네이루 주지사와의 친분을 들어 특혜 의혹을 받기도 한다(당연히 바티스타는 이 같은 의혹을 강력히 부인한다).

EBX 그룹 중 MMX, MPX, OGX, LLX, OSX 다섯 개사는 브라질 상파울루 증시에 상장되어 있다. 그러나 석유 한 방울 생산하지 못하는 OGX처럼 경영 실적이 없는 기업을 상장시켜 수백억 달러를 거머쥔 점도 논란거리다. 바티스타가 브라질 최대 부호의 자리를 꿰차고 명성을 얻게 된 결정적 계기는 전 재산의 3분의 2를 차지하는 OGX의 증시 상장이다. 2008년 당시 설립한 지 1년밖에 되지 않은 OGX는 브라질 사상 최대의 기업공개(IPO) 기록을 세우며 41억 달러를 모집했고, 2010년 상장한 OSX도 14억 달러를 끌어 모았다.

▌바티스타의 부는 상당부분 주식으로 이루어져 주가에 따라 크게 출렁인다. 2012년 상반기에는 브라질 상파울루 증시에 상장된 EBX 그룹 산하 기업들의 주가가 크게 떨어지면서 그의 재산은 연초 대비 절반 수준으로 줄어들기도 했다.

때문에 바티스타가 큰돈을 벌었어도 기업가로서 경영능력까지 검증받았다고 말할 수 없다. 공격적 행보를 보여온 EBX 그룹이 이제 어떤 경영성적을 내느냐가 관건이다. 주력기업인 OGX가 석유 개발단계뿐만 아니라 상업생산에서 약속한 성과(바티스타는 매장량 1,000억 배럴을 장담했다)를 내지 못한다면 X 제국의 앞날을 장담하기 어렵게 될 것이다. 그렇게 되면 카를로스 슬림을 제치고 '세계 제1의 부자'가 된다던 바티스타의 목표는 수정이 불가피할 수밖에 없을 것이다.

부자DNA

야심의 DNA

바티스타의 꿈은 세계 최고의 부자가 되는 것이다. 브라질의 한 경제 잡지와의 인터뷰에서 바티스타는 "내가 달려가고 있기 때문에 슬림은 2015년까지 자신의 승용차 백미러를 잘 닦고 있어야 할 것"이라고 이야기했다. 그러면서 "2015년 내 순 자산은 슬림과 맞먹는 수준이 될 것이며, 이후에는 슬림을 따돌리고 내가 세계 최고 부자가 될 것이다"라며 '세계 최고 부자 되기' 일정까지 언급했다.

브라질 주요 기업의 사업 영역이 플랜트, 건설 등에 국한된 것과 달리 EBX 그룹은 스포츠 마케팅, 태양광, 전기자동차 등 신사업을 적극 추진하며 사업영역 확장에 주력하고 있다. 세계 최고 부자를 넘보는 바티스타의 '야심'은 부를 채굴하는 강한 추진력으로 작용하고 있다.

Mark Zuckerberg

열린 세상을 꿈꾸는 최연소 억만장자
마크 저커버그

가입자 수로 따지면 중국(13억 4,300만 명), 인도(12억 500만 명)에 이어 지구상 세 번째로 큰 국가. 매일 전 세계 5억 명의 사람들이 접속해 약 10억 개의 새로운 콘텐츠를 만들어 내는 곳. 국적, 인종, 성별, 나이를 불문하고 전 세계 9억 명이 가입한 소셜네트워크서비스(SNS) 페이스북의 얘기다.

2004년 친구들과 함께 페이스북을 만든 마크 저커버그(Mark Zuckerberg, 1984년~)는 6년 만인 2010년 「타임」의 '올해의 인물'에 선정되었다. 역대 두 번째 최연소 선정자였다(첫 번째 인물은 1927년 대서양을 횡단한 찰스 린드버그). 「타임」은 그를 선정한 이유로 "페이스북이 인간관계를 근본적으로 변화시켰기 때문"이라고 밝혔다. 관심사가 비슷한 사람이라면 세계 누구와도 '친구'로 이어져 생각과 일상을 공유하는 페이스북은 실제로 많은 사람들에게 또 하나의 '삶의 공간'이 되었다.

그리고 저커버그는 억만장자가 되었다. 「포브스」 집계에 따르면 2012년 현재 그의 재산은 175억 달러(약 20조 원)로 세계 서른다섯 번째 갑부다. 당연히 세계 100대 억만장자 중 최연소다. 하지만 이 드라마틱한 성공을 둘러싼 의혹과 페이스북 거부 움직임도 적지 않다.

논란 많은 페이스북 탄생의 진실

저커버그는 유복한 유대인 가정에서 태어났다. 아버지는 치과의사, 어머니는 정신과의사였다. 중학교 때 처음 컴퓨터 프로그래밍을 시작한 그는 아버지 병원에서 쓸 수 있도록 환자가 병원에 오면 이

▶ 마크 저커버그는 2010년 「타임」의 '올해의 인물'에 선정되었다.

를 병원 내 모든 컴퓨터에 알려주는 사무용 프로그램을 개발하기도 했다. 고등학생 때는 청음 훈련용 음악프로그램인 '시냅스'를 만들어 유명세를 탔다. 이 때 마이크로소프트로부터 입사 제안도 받았지만 거절했다.

일종의 인맥관리 사이트로, 관심사나 배경이 비슷한 사람들끼리 친구를 맺어 교류하는 페이스북의 역사는 하버드대학에 다닐 때 시작된다. 저커버그는 2004년 친구 더스틴 모스코비츠(Dustin Moskovitz), 에두아르도 세브린(Eduardo Saverin), 크리스 휴즈(Chris Hughes)와 함께 하버드대학 학생들끼리 연락처를 공유하고 인맥을 관리하는 사이트 페이스북을 처음 만들었다. 교내에서 큰 인기를 얻자 가입 조건을 스탠퍼드대학과 콜롬비아대학 등 미국 전역의 대학생으로 넓혔고, 이후에는 열세 살 이상이면 누구나 가입할 수 있게 했다.

하지만 페이스북 탄생을 둘러싼 논란도 적지 않다. 2010년 저커버그를 소재로 미국에서 만들어진 영화 〈소셜 네트워크〉에서 저커버그는 다른 친구들의 사업 아이디어를 훔쳐 페이스북을 만든 것으로 묘사된다. 그는 쌍둥이 형제인 타일러(Tyler Winklevoss)와 캐머런 윙클보스(Cameron Winklevoss)가 만들고 있던 SNS '하버드 커넥션'을 돕다가 독립해 페이스북을 만들었다. 이 때 그가 쌍둥이 형제의 아이디어를 훔쳤다는 것이다. 실제로 저커버그에게 배신감을 느낀 쌍둥이 형제는 2004년 소송을 냈고, 저커버그는 2008년 페이스북 주식 4,500만 달러어치와 현금 2,000만 달러를 주고 그들과 합의했다.

하지만 저커버그가 고등학교 때 이미 페이스북의 아이디어를 얻었다는 주장도 있다. 그가 다닌 명문 사립고 필립스엑스터는 학생들의 사진과 학년, 주소, 전화번호를 담은 사진주소록을 발간해 정보를 공유했는데, 학생들은 이것을 '페이스북'이라고 불렀다고 한다.

영화의 각본을 쓴 아론 소킨(Aaron Sorkin)은 "인터넷 기업을 소재로 우정과 배신이라는 전통적 소재를 다루려 했을 뿐, 페이스북의 진실을 다룬 것은 아니다"는 입장이다. 자신을 부정적으로 그린 것에 대해 불편한 심기를 드러내며 "영화를 보지 않겠다"고 했던 저커버그는 개봉일에 직원들과 함께 영화를 봤다고 한다.

▶ 저커버그의 페이스북 창업 스토리를 소재로 만든 영화 〈소셜 네트워크〉 포스터의 여러 가지 버전 중 하나. 페이스북의 '좋아요' 버튼을 차용했다.

1,000만 원 대 차를 모는 검소한 젊은 억만장자

눈 밝은 사업가들은 페이스북이 처음 세상에 나왔을 때부터 잠재력을 내다봤다. MTV는 페이스북이 걸음마단계였던 2005년, 야후는 2006년 저커버그에게 거액의 인수를 제안했다. 하지만 저커버그는 "이건 가격의 문제가 아니다. 페이스북은 내 자식이기 때문에 보살피고 성장시키고 싶다"며 모두 거절했다. 야후의 전 CEO인 테리 세멀(Terry Semel)은 "나이와 상관없이 10억 달러를 보고도 흔들리지 않는 사람은 처음 봤다"고 회상하기도 했다.

돈 보다 '자식'을 성장시키고 싶었던 저커버그는 페이스북을 전 세계 인구 70억 명 중 9억 명, 즉 인구 일곱 명당 한 명이 가입한 거대한 왕국으로 키워냈다.

그러나 그는 2011년까지도 월셋집에 살았고 차는 혼다의 피트(2006년식)와 어큐라(2002년식)를 타고 다닌다. 소형차인 피트는 우리 돈으로 약 1,100만 원, 어큐라는 1,300만 원대인 것으로 알려져 있다. 그의 검소함이 절정에 달한 것은 결혼식 때였다. 저커버그는 대학교 2학년 때 친목 동아리 파티에서 처음 만나 사귀어 온 프리실라 챈(Priscilla Chan)과 2012년 5월 결혼식을 올렸다. 장소는 샌프란시스코 팔로알토에 있는 자신의 집 뒤뜰. 그는 가족과 가까운 친구 100명만 초대해 평소 즐겨 가는 레스토랑과 일식집에서 음식을 주문해서 먹었다. 갑부들이 웨딩드레스를 특별 주문 제작하는 것과 달리 챈은

▶ 저커버그는 공식적인 자리에도 티셔츠와 청바지 차림으로 나타난다. 그는 2010년 「타임」의 '올해의 인물'에 선정됨과 동시에 「에스콰이어」의 '2010년 최악의 드레서'로 선정되는 굴욕을 당하기도 했다. 사진은 저커버그가 페이스북 서비스를 프레젠테이션하는 모습과 TV 토크쇼에 출연한 모습이다.

시중에 판매되는 약 5,000달러짜리 드레스를 입었다. 부부는 유럽으로 떠난 신혼여행에서도 맥도날드에서 햄버거를 사 길가의 계단에 앉아 먹는 등 지나치게 검소한 모습에 언론으로부터 '짠돌이'라 불리기도 했다.

그러나 기부에는 인색하지 않다. 저커버그는 2010년 뉴저지 뉴어크시 공교육 개혁에 1억 달러(1,200억 원)를 기부했고, 빌 게이츠가 주도하는 기부서약 캠페인에 참여해 전 재산의 50%를 기부하겠다고 선언하기도 했다. "많은 사람들이 보통 인생의 후반부에 가서야 기부를 생각하지만, 굳이 그때까지 기다릴 필요가 있을까?"라고 기부에 대한 자신의 소신을 밝혔다.

젊은 CEO가 꾸려가는 회사답게 페이스북의 회사 분위기는 자유롭다. 직원들은 사내에서 스케이트보드도 타고 비디오 게임도 한다. 그 역시 주로 청바지에 티셔츠, 운동화 차림으로 출근하고 직원들과 자주 어울려 맥주도 마신다. 하지만 옷차림 때문에 구설에 오를 때도 적지 않다. 공식적인 자리에 티셔츠 차림으로 나타나는가 하면, 양말도 신지 않은 채 고무 샌들을 신고 대중 앞에 서기도 한다. 심지어 페이스북 기업공개 때도 청바지와 후드티를 입고 나와 입방아에 올랐다. 패션잡지 「에스콰이어」는 2010년 저커버그를 최악의 드레서로 선정하면서, "아무리 돈이 많고 디지털 관련 아이디어가 많아도 공식 석상에 청바지와 티셔츠 차림으로 올 수는 없다"고 지적하기도 했다.

열린 세상 VS. 사생활 침해

세상에 나온 지 이제 겨우 8년밖에 안 된 페이스북의 미래는 어떤 모습일까? 우선 2013년쯤 스마트폰을 출시할 것으로 예상된다. 외신에 따르면 페이스북은 애플의 아이폰과 아이패드 개발 부문에서 근무했던 엔지니어들을 고용하고 대만의 스마트폰 제조 업체인 HTC와 제휴하는 등 '페이스북 폰' 제작에 돌입한 것으로 알려졌다.

페이스북이라는 거대한 네트워크를 만들고 이제 스마트폰 제작까지 손을 뻗치는 저커버그의 궁극적인 목표는 무엇일까? 그는 언론 인터뷰에서 "내가 진정으로 추구하는 것은 세계를 열린 공간으로 만드는 일"이라고 말해왔다. 그리고 2012년 5월 페이스북을 나스닥에 상장한 직후에도 "우리의 목적은 상장 자체가 아니라 세상을 좀 더 투명하게 만드는 것"이라고 강조했다. 아마도 그는 정보가 일부에게만 독차지되는 것이 아닌, 모두에게 공평하게 공개되는 사회를 꿈꾸는 듯하다.

하지만 그가 추구하는 '열린 공간', '투명한 세상'을 불편해하는 이들도 점점 늘어나는 추세다. 저커버그를 다룬 영화 〈소셜 네트워크〉의 각본가 아론 소킨은 "인생은 복잡하다. 하지만 소셜미디어는 빠르기만 할 뿐 깊이가 없다"며 페이스북을 탈퇴했다. 이 영화에서 저커버그 역을 맡았던 배우 제시 아이젠버그(Jesse Eisenberg) 역시 "페이스북의 친구 추천 목록에 여동생의 고등학교 친구가 있었는데, 페이스북이 어떻게 그녀

▼ 2013년에 출시될 것으로 알려진 '페이스북 폰' 예상 디자인.

를 찾아냈는지 모르겠다"며 탈퇴했다고 밝혔다.

페이스북의 개인정보 보호에 문제가 있다며 2010년에는 미국에서 3만 3,000여 명이 집단 탈퇴하는 등 페이스북을 떠나는 이들도 적지 않다. 또 SNS가 쏟아내는 속도 중심의 엄청난 양의 콘텐츠에 대한 피로감을 호소하는 사람들도 갈수록 늘고 있다.

저커버그가 꿈꾸는 열린 공간이 누군가에게는 사생활 침해의 위협, 다른 누군가에게는 삶을 더 쫓기며 살게 만드는 스트레스인 것이다. 스물여덟 저커버그가 이 숙제를 어떻게 푸느냐에 따라 서른, 마흔이 된 그의 모습도 달라질 것이다.

부자DNA

인본주의 DNA
페이스북은 주변 사람들과 소통하고 싶어 하는 사람의 심리를 정확히 파고들었다. '사람의 마음과 생각이 어떻게 움직이는가?'는 저커버그가 만든 모든 서비스의 근간을 이룬다. 그는 "사람들은 나를 컴퓨터공학 쪽 사람으로 보지만, 나는 심리학과 컴퓨터공학이 연결되는 지점에 흥미를 느꼈다"고 밝힌바 있다. 인간에 대한 통찰력, 그것이 세계 인구 7분의 1을 회원으로 둔 페이스북의 성공 비결이다.

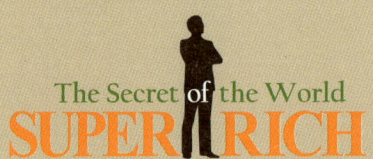

Defense
'혁신'의 다른 이름

Sunil Bharti Mittal

'속도'로 대기업을 이긴 인도 통신 재벌
수닐 미탈

동그란 번호판(다이얼)을 연거푸 돌려서 전화를 걸던 시대에 숫자가 적힌 버튼만 누르면 되는 버튼식 전화기의 등장은 생활 속 작은 '혁명'이었다. 무선 전화기나 자동응답기, 팩스의 등장도 마찬가지였다. 다이얼 전화기밖에 없던 1980년대 인도에 이 '신(新)문물'을 처음 들여와 히트를 시킨 곳은 탄탄한 유통망과 자금력을 갖춘 대기업이 아니었다. 어떤 눈 밝은 최고경영자가 형제들과 함께 운영하던 작은 중소기업이었다.

이 경영자는 이후 인도에서 가장 크고, 세계에서는 다섯 번째로 큰 이동통신사를 키워낸다. 그가 바로 바르티 에어텔(Bharti Airtel)의 수닐 미탈(Sunil Bharti Mittal, 1957년~) 회장이다. 「포브스」에 따르면 그의 재산은 2012년 현재 81억 달러로 인도에서 다섯 번째, 세계 113위 갑부다.

자전거 부품상에서 최대 이동통신사 회장으로

미탈은 인도 북부 펀자브의 루디아나에서 태어났다. 그의 아버지는 이 지역 국회의원이었다. 1976년 펀자브대학을 졸업한 그는 아버지에게 2만 루피(약 50만 원)를 빌려 고향에서 자전거 부품을 만드는 공장을 세웠다. 그의 나이 열여덟 살 때였다. 공장은 잘 되었지만, 그는 더 큰 성공을 위해 공장을 팔고 1980년 형제들과 뭄바이로 갔다.

미탈은 형 라케시, 동생 라잔과 함께 무역회사(Bharti Overseas Trading Company)를 설립해서 일본 스즈키 모터스에서 휴대용 발전기를 수입해 독점 판매했다. 결과는 대박이었다. 전기가 부족해 정전이 잦았던 인도에 발전기는 꼭 필요한 물건이었던 것이다.

하지만 성공에 대한 기쁨도 잠시, 인도 정부는 1983년 발전기 수입을 금지하고 대기업 두 곳에만 발전기 제조 허가권을 줬다. 미탈은 "정부의 수입 금지 때문에 나는 하루 아침에 사업에서 쫓겨났다. 내가 하고 있던 모든 일들이 순식간에 멈춰서고 말았다"고 당시를 회상했다.

절망에 빠져있던 미탈은 대만에 갔다가 우연히 또 다른 기회를 발견한다. 인도에서는 한번도 본적이 없었던 버튼식 전화기가 대만에서 인기를 얻고 있었다. 인도에서는 그 때까지 전화 거는 속도가 느리고 재다이얼 기능도 없는 다이얼 전화기만 사용하고 있었다.

사업성을 알아본 미탈은 1984년부터 버튼식 전화기 부품을 수입한 후 조립해서 '미탈 형제들'을 뜻하는 '밋브로(Mitbrau)'라는 이름을 붙여 팔기 시작했다. 전화기는 불티나게 팔려 나갔고, 이후 독일의 지멘스와 기술 협력을 통해 인도 회사로는 처음으로 팩스와 무선전화기 등을 만들었다. 회사는 빠르게 커갔다.

더 큰 기회가 찾아온 건 1990년대 초 인도가 시장을 개방했을 때다. 정부는 정보통신 시장도 개방해 휴대폰 서비스 업체를 공개 입찰했다. 미탈은 프랑스의 정보통신 업체 비방디(Vivendi)와 컨소시엄을 구성해 델리 지역의 사업권을 따냈다. 사업권을 얻는 조건 중 '정보통신 사업을 해본 경험'이 포함되어 있어 일단은 비방디와 손을 잡았다.

1995년 미탈은 드디어 델리에서 에어텔이라는 이동통신 서비스를 시작하게 되었다. 이후 라이선스 비용을 내지 못해 도산하는 다른 업체들의 사업권을 사들이며 인도 주요 도시로 서비스를 넓혀갔다. 그리고 몇 년 만에 가입자 200만 명을 돌파하며 업계 1위 자리를 굳혔다.

미탈의 승부수는 바로 '속도'

하지만 2000년대 초 미탈은 최대 복병을 만났다. 인도의 최대 재벌 그룹인 타타와 릴라이언스가 CDMA(코드분할다중접속)방식으로 이동통신 시장에 진출한 것이다. 정부는 CDMA 사업자의 라이선스 비용을 낮춰줬고, GSM(유럽방식)을 기반으로 하는 에어텔로서는 절대적으로 불리한 상황이 전개되었다. 릴라이언스는 당시 분당 4루피(120원)였던 통화요금을 10분의 1인 40파이스(12원)로 낮춰 시장을 공격적으로 점령해 갔다.

에어텔의 주가는 연일 곤두박질쳤다. 하지만 이렇게 쓰러질 미탈이 아니었다. 그는 직원들에게 정신무장을 강조했고, 실제로 소수 게릴라가 대군을 무찌르는 전쟁 영화 등을 자주 보여줬다고 한다. 그래서였을까? 에어텔의 아성은 쉽게 무너지지 않았다. 릴라이언스가 시장점유율 2위까지 치고 올라왔지만 1위 자리는 빼앗기지 않았다. 그리고 현재 에어텔은 인도를 비롯해 스리랑카, 케냐 등 아시아와 아프리카 19개국에 가입자 2억 4,300만 명을 보유한 세계 다섯 번째 이동통신사로 우뚝 섰다.

미탈은 통신업에만 머물지 않았다. 유통, 금융서비스, 제조업, 소프트웨어 등으로 진출해 바르티 그룹을 만들었다. 바르티 그룹은 연간 매출액만 83억 달러에

▎에어텔은 인도, 케냐, 가나 등 아시아와 아프리카 19개국에 진출해 있는 세계에서 다섯 번째로 큰 이동통신사다.

이른다. 미국 월마트와 합작해 2008년 처음 세운 바르티 월마트도 2012년 현재 점포가 17개로 늘었다. 2009년 세계적인 관심을 받았던 아프리카 최대 이동통신사 MTN과의 합병 시도는 결국 실패로 돌아갔다. 하지만 2012년에는 일본 소프트뱅크와 손잡고 모바일 인터넷 시장 진출을 발표하는 등 모바일 시장 개척에도 앞장서고 있다.

성공 비결을 묻는 질문에 미탈은 '속도'라고 대답한다. 인도에서 한번도 시도된 적 없는 것들을 가장 먼저 시작했기 때문이다. 규모나 자금 면에서 대기업에 한참 뒤처졌던 미탈에게는 사업성이 있는 아이템을 남들보다 먼저 알아보고 빠르게 실행하는 속도만이 최대 무기였던 것이다.

인도에서 '보기 드문' 통신 재벌

미탈은 인도의 교육 분야에 아낌없이 지원하고 있다. 그는 바르티 재단을 세워 지금까지 200개가 넘는 학교와 도서관을 지었다. "사회로부터 받은 것을 반드시 돌려주어야 한다"는 게 그의 소신이다.

이에 2009년에는 미국 금융 주간지 「배런스」가 선정한 '세계 최고 자선가 25인' 중 16위에 올랐고, 2010년에는 아시아 지역의 문화, 기부, 스포츠 등 12개 부문에 상을 주는 아시안 어워즈(The Asian Awards)에서 '올해의 기부자'로 선정되기도 했다. 2007년에는 인도 정부로부터 최고의 시민상인 '파드마 부샨(Padma Bhushan)'을 받는 영예를 누렸다.

「포브스」는 미탈을 "인도의 통신사 부패 스캔들에 연루되지 않은,

보기 드물게 때 묻지 않은 통신 재벌"이라고 평가했다. 통신사 부패 스캔들은 인도 정부가 2008년 2세대(2G) 이동통신사업자에 대한 주파수 할당 입찰과정에서 부적격 업체에 특혜를 제공해, 390억 달러(약 44조 5,000억 원)의 국고가 손실된 것으로 밝혀진 사건이다. 2011년 이 스캔들이 터지면서 인도 의회가 4개월 넘게 마비되고, 대법원은 당시 허가를 받은 122개 이동통신 업체의 사업권을 취소한다고 판결하는 등 심각한 갈등을 겪었다.

대기업의 추격과 통신 업계의 과열 경쟁 속에서도 바르티 에어텔이 1위 자리를 지키고 있는 것은 아마도 시대 변화에 발 빠르게 대응하면서 사회적 역할까지도 저버리지 않는 우직함 때문이 아닐까 싶다.

부자DNA

추진력의 DNA

대기권을 벗어나 우주로 향하는 로켓이 추락하지 않는 이유는 최초의 추진 동력을 과감히 버리기 때문이다. 동력 분리에 실패하면 로켓 전체가 추락을 면치 못한다. 기업도 이와 비슷하게 창업 초기에 회사를 성공으로 이끌었던 추진력이 회사가 일정 수준 이상 성장하면 걸림돌이 되기도 한다. 기존의 추진력이 한계에 직면했을 때가 옛 것을 버리고 새로운 동력을 찾아야할 때다. 미탈은 기존 사업에 안주하지 않고 끊임없이 신사업에 도전하며 기업의 진화를 이끌었다. 최초의 추진 동력을 끌어안고 진화를 게을리 했다면 그는 여전히 인도 시골마을의 자전거 부품 공장 사장이었을 것이다.

Carlos Slim Helu

멕시코가 배출한 세계 1위 부자
카를로스 슬림

멕시코에는 "단 하루도 카를로스 슬림의 돈이 불어나는 일을 하지 않는 날이 없다"는 말이 있다. 외식을 하든 담배를 피우든 무슨 일을 하든지 간에 카를로스 슬림(Carlos Slim Helu, 1940년~)이 소유한 회사의 매출이 늘어난다는 뜻이다.

국내에선 슬림이 '멕시코의 통신 재벌'로 알려져 있지만, 사실 슬림은 통신뿐 아니라 보험, 건설, 인쇄, 레스토랑 체인, 담배회사, 백화점, 항공사, 중소 부품 제조사 등 수많은 업종의 다양한 회사들을 소유하고 있다. 전형적인 '문어발 확장'을 통해 이뤄낸 그와 가족의 부는 멕시코 전체 GDP의 5~6%에 이를 정도로 엄청나다.

자린고비 재벌의 전형

2007년 8월, 「월스트리트저널」과 「포브스」는 "카를로스 슬림이 빌 게이츠보다 더 부자일 수 있다"는 기사를 냈다. 멕시코 밖에서는 이름조차 알려지지 않았던 사업가가 갑자기 세계 1위 부자가 되었다는 것은 충격이었다.

세계 갑부 대열에 혜성처럼 등장한 슬림은 「포브스」 억만장자 순위에서 2008년 2위, 2009년 3위에 오른 데 이어 2010년과 2011년, 2012년 3년 연속으로 빌 게이츠를 제치고 1위가 되었다. 16년 동안 세계 1위 부자 자리를 미국인이 독차지해 왔으나, 슬림이 신흥시장국 부호로서는 처음으로 정상에 등극한 것이다.

하지만 슬림은 '세계 1위 갑부'에 등극한 후에도 이를 대단치 않게 생각하는 면모를 보였다. 그는 언론과의 인터뷰에서 "나는 내가 어떻게 기억될지 생각하면서 살고 싶지 않다"면서 "주식 시장은 오르기도 하지만 내리기도 한다"고 말했다. 자신의 부가 급격하게 늘어날 수도 있지만 빠르게 줄어 들 수도 있다고 말한 것이다.

새로운 세계 1위 부자는 지난 10년간 부의 권좌를 지켰던 게이츠와는 여러 면에서 대비된다. 게이츠는 어렸을 때부터 컴퓨터와 프로그래밍에 눈을 떴고, 첨단기술의 상징인 마이크로소프트(MS)를 창업함으로써 '벤처형 부자'의 전형이 되었다. MS는 전형적인 IT 기업으로, 전혀 다른 분야의 업종에 진출한 적이 없다. 하지만 슬림은 다소 구시대적이고 후진국적이라 할 수 있는 문어발식 확장을 통해 부를 일궜다. 개인적으로도 '컴맹'인데다, (통신재벌이라는 별명이 무색하게) 휴대폰 기능도 잘 활용하지 못하는 '아날로그'형 인물로 알려져 있다.

게이츠가 최첨단 시설이 갖춰진 궁전 같은 저택에 사는 반면, 슬림은 30년 전 구입한 방이 여섯 개인 낡은 집에서 산다. '슈퍼 리치의 필수품'이라 여겨지는 요트도 없다. 회사에서도 다른 경영진과 비서를 공동으로 쓰고 보좌진도 따로 두지 않는다. 시계나 차 역시 이른바 '럭셔리한 명품'을 사용하지 않는다.

1966년 설립한 '인모빌리아리아 카르소'라는 회사가 슬림이 이룬 부의 출발점이다. '카르소(Carso)'라는 이름은 자신의 이름(Carlos)과 1966년 결혼한 부인의 이름 '소우마야(Soumaya)'에서 앞 두세 글자씩을 따 지은 것이다. 그는 1999년 부인이 세상을 떠날 때까지는 물론 사별 후에도 갑부들이 흔히 겪는 스캔들 한 번 내지 않았다. 2011년 3월에는 멕시코시티에 부인의 이름을 딴 '소우마야 박물관'을 건립하면서 "아내 덕에 예술을 알게 되었다"고 말하기도 했다. 이

▶ 슬림과 그의 아내 소우마야의 젊은 시절 모습. 그리고 소우마야 박물관의 전경과 대표적인 소장 작품 오귀스트 로댕의 〈생각하는 사람〉. 소우마야 박물관은 세잔, 다 빈치, 르누아르, 고흐, 피카소, 달리 등 거장들의 작품과 과거 스페인 식민지 시절 유물 등 총 6만 6,000점을 소장하고 있다. 슬림은 로댕 작품의 개인 최대 소장자(380여 점 소장)이기도 하다. 재벌들의 예술과 스포츠에 대한 끝없는 소유욕은 동서양이 다르지 않다.

박물관은 로댕, 세잔, 다 빈치 등 대가의 작품들과 과거 스페인 식민지 시절 유물 등 총 6만 6,000점을 소장한 대형 박물관인데, 관람료는 무료다.

▪ 국가의 위기를 최대의 기회로 활용하다

슬림의 검소한 성격은 레바논 이민자* 출신이면서도 근면함과 뛰어난 경영, 투자 감각으로 사업에 성공했던 아버지 훌리안 슬림 하다드(Julián Slim Haddad)의 영향을 많이 받았다. 아버지는 아이들에게 매주 5페소의 용돈을 주면서 사탕 한 개 사먹은 것까지 용돈기입장에 꼼꼼히 기록하게 했고, 이를 통해 경제 감각을 길러 줬다. 열두 살에 슬림은 멕시코은행의 주식을 사서 투자했다.

짠돌이처럼 아껴 돈을 모은 스물여섯 살의 슬림은 명문대를 졸업하고 나서 투자 수익금에 어머니로부터 받은 돈까지 합쳐 40만 달러

레바논 이민자 멕시코 경제를 좌우하는 이민사회는 어디일까? 바로 레바논 이민자 사회다. 현재 레바논계 이민자들은 멕시코 전체 GDP의 8% 이상을 좌우할 정도로 멕시코 경제에서 주도적인 역할을 하고 있다.
레바논인들의 멕시코 이민 역사는 122년 정도에 불과하지만, 멕시코 내에서 레바논 이민자들은 1930년대부터 섬유 및 금융 부문에서 두각을 보였으며, 초기 이민자들의 75%가 멕시코에 계속 거주하면서 다양한 분야로 사업을 확대해갔다.

를 모았다. 그는 1960년대 중반 작은 공장을 하나 매입하고 건설회사와 부동산 업체도 세웠다. 1970년대 중반부터는 적극적으로 중소 규모의 기업을 M&A하기 시작했다.

특히 1982년 멕시코가 채무불이행을 선언하면서 시작된 외환위기 이후 헐값으로 수많은 회사를 인수했던 것이 나중에 어마어마한 가치로 불어났다. 당시 많은 부자들이 멕시코를 떠났으나, 슬림은 "절대 멕시코가 망하는 일은 없을 것"이라 생각하고 기업들을 사들였다. 1984년 1,300만 달러에 사들인 보험사 세구로스 데 멕시코는 2007년 15억 달러 가치의 회사로 성장했고, 1985년 3,000만 달러에 인수한 레스토랑 체인 산본스는 매출액 5억 달러의 우량 기업이 되었다. 이때 유통, 제조, 금융, 식품, 담배, 광산, 화학 등 수많은 업종의 기업을 사들였다. 그가 보유한 기업 수는 현재 220여 개에 이른다.

슬림은 1990년 국영 통신 업체였던 텔멕스가 민영화될 때 이를 인수한 것을 계기로, 멕시코 최대 갑부가 되었다. 텔멕스는 현재 멕시코 유선전화 시장의 92%를 장악하고 있다. 특히 1990년대 후반 텔멕스의 무선통신 부문을 분사해 만든 이동통신회사 아메리카 모빌은 주가가 급등해 현재 그의 자산 가운데 가장 큰 비중을 차지하고 있다. 아메리카 모빌은 저소득층을 겨냥해 신용카드나 은행 계좌가 없어도 가입할 수 있도록 했고, 단말기 보조금과 선불카드를 제공하며 가입자를 끌어들였다. 멕시코 이동통신 시장의 75%를 장악하고 있는 이 회사는 남미 전체에서도 점유율이 가장 높다.

독점 비난에 기부도 시작

하지만 사실상 독점기업인데다 1인당 소득 6,800달러에 인구 절반이 하루 2달러 이하로 생활하는 멕시코에서 부를 독점한다는 여론이 커지면서 슬림에 대한 비판의 목소리도 높아지고 있다. 과거 국제무역기구(WTO)는 텔멕스가 미국 통신사들의 멕시코 진출을 방해하고 있다고 멕시코 정부에 지적한 적이 있다. 또 한 시민단체의 조사에 따르면 슬림과 가족이 49.1%의 지분을 보유한 텔멕스는 사용 요금이 세계에서 가장 높은 수준이다.

이 때문에 그동안 슬림을 건드리지 않았던 멕시코 정부도 반독점법을 만들어 슬림을 견제하기 시작했다. 펠리페 칼데론(Felipe Calderon) 멕시코 대통령은 2011년 5월 슬림이 소유한 통신사를 비롯해, 대형 회사들의 독점행위를 근절하기 위해 반독점법에 서명했다.

이후 슬림의 최대 자산인 아메리카 모빌은 정부로부터 각종 규제와 징계를 받기 시작했다. 아메리카 모빌은 멕시코 연방공정경쟁위원회로부터 인터넷 접속료를 과다 징수했다며 무려 10억 달러의 벌금을 부과 받았다. 통신규제 당국은 아메리카 모빌의 주요 수입원 중 하나인 이동통신 상호 접속료를 통화 건당 0.95페소에서 0.35페소로 대폭 낮춰버렸다. 아메리카 모빌이 인터넷망을 활용해 방송사업 진출을 꾀했으나 정부가 이를 가로막기도 했다. 그러자 스포츠 경기를 온라인 망을 통해 무료 중계하는 등 독자적인 온라인 방송에

▶ 카를로스 슬림 소유 대표 기업들

슬림은 통신, 보험, 건설, 인쇄, 레스토랑 체인, 담배회사, 백화점, 항공사, 중소 부품제조사, 음반 등 수많은 업종의 다양한 회사들을 갖고 있다. 전형적인 문어발식 확장을 통해 천문학적인 부를 일궜다.

나섰다. 기존 방송사들이 크게 반발했지만 이메리카 모빌은 미국의 할리우드 영화를 온라인 서비스하는 등 온라인 방송에 적극 나서고 있다.

　방송사업에 뒤늦게 진출하려는 데서도 엿보이지만 한때 언론과의 인터뷰를 기피하던 그는 최근 수년 간 미디어와의 접촉을 늘리고 있다. 세계 1위 부자로 등극한 후 미국 언론과의 인터뷰에도 적극 응했고, 2008~2009년에는 경영난에 빠진 「뉴욕타임스」의 지분을 매입한 데 이어, 2억 5,000만 달러의 거액을 빌려주어 화제가 되기도 했다. 슬림은 "「뉴욕타임스」를 돕기 위한 것"이라며 순수한 의도를 강조했지만, 일각에서는 슬림이 나머지 지분까지 사들일 것이라는 추측도 계속 나오는 등 슬림의 의도에 대한 해석이 분분하다.

한편 세계 1위 부자에 대한 국민과 정부의 '사회적 책임'에 대한 요구가 날로 커지자, 짠돌이 방식으로 돈을 모은 사람답게 "기부보다는 일자리 창출이나 투자가 더 중요하다"며 인색하던 그도 자선활동에 나서는 등 생활 방식을 점차 바꾸고 있다. 2011년 카를로스 슬림 재단은 슬림이 2006년과 2010년 각각 2억 달러를 기부했다고 뒤늦게 밝혔다. 하지만 독점으로 번 돈을 기부한다고 해서 독점적 지위로 얻는 막대한 불공정 이익의 책임까지 없어지는 것은 아닐 것이다. 물론 한국의 일부 재벌처럼 불법 행위를 저지르고 사실상 '사면' 받는 대가로 마지못해 기부를 하는 것보다는 낫겠지만 말이다.

부자DNA

치밀함의 DNA

2007년 슬림에 대한 인터뷰 기사를 보면 그가 인터뷰를 하다가도 비서에게 자신의 넥타이를 얼마에 샀는지, 세금이 포함된 가격인지, 세일 품목인지를 꼬치꼬치 물었다는 내용이 있다. '세계 최고 부자' 타이틀에 걸맞지 않게 좀스러운 모습이라 생각할 수도 있지만, 달리 생각하면 그가 아주 작은 돈이라도 주머니에서 꺼낼 때 얼마나 신중한지를 엿볼 수 있다. 비단 넥타이뿐 아니라 다양한 업종에 분포되어 있는 슬림 소유의 기업들 역시 '슬림 제국'에 편입되기 위해 통과의례처럼 거친 과정일 것이다.

Ferdinand Karl Piëch

폴크스바겐 VS. 포르셰, 애증관계의 구심점

페르디난드 피에히

자동차메이커 폴크스바겐(Volkswagen)과 포르셰(Porsche)는 서로 달라도 너무 다르다. 폴크스바겐은 독일 국민차 비틀을 양산하며 자동차 대중화시대를 연 반면, 스포츠카의 명가 포르셰는 '꿈을 판다'는 표현이 들어맞는 럭셔리의 대명사다. 폴크스바겐, 아우디 등의 브랜드를 거느린 폴크스바겐 그룹은 연간 자동차 생산대수가 약 800만 대로 GM, 도요타와 세계 1위를 두고 경쟁한다. 반면 포르셰는 생산 규모로만 보면 폴크스바겐의 100분의 1정도밖에 되지 않는다.

흥미로운 이야기는 성격이 완전 딴판인 폴크스바겐과 포르셰가 한 뿌리에서 갈라져 나왔다는 사실이다. 20세기 초 천부적 엔지니어로 이름을 떨친 페르디난드 포르셰(Ferdinand Porsche, 1875~1951년) 박사가 폴크스바겐 비틀과 포르셰의 창시자다. 그의 손자들까지 3대에 걸쳐 포르셰 가문은 자동차 업계의 '명문가'다운 행보를 보여 왔다.

그 중 가장 주목받는 사람은 뛰어난 자동차 엔지니어면서 포르셰의 대주주이자 폴크스바겐 그룹의 감독이사회 회장인 페르디난드 피에히(Ferdinand Karl Piëch, 1937년~)다. 그는 포르셰 박사의 후손 간에, 또 2000년대 들어 지분경쟁을 벌인 폴크스바겐과 포르셰 사이에 자리하는 깊은 애증관계의 구심점이다.

포르셰 박사의 외손자가 폴크스바겐 CEO로

오스트리아 빈에서 태어난 피에히는 포르셰 박사의 외손자다. 포르셰 박사는 딸 루이제(Louise Piëch)와 아들 페리(Ferdinand Anton

Ernst Porsche)를 뒀다. 포르셰 박사의 법률자문이던 안톤 피에히(Anton Piëch)가 루이제와 결혼해 얻은 둘째 아들이 페르디난드 피에히다.

　포르셰 박사는 다임러벤츠를 거쳐 1931년 사위 안톤, 아들 페리와 함께 독일 슈투트가르트에서 포르셰를 창업했다. 변호사 안톤은 자금 조달에 기여했고, 페리는 유년시절부터 아버지의 작업장을 따라다녔던 터라 자동차 설계에 일가견이 있었다. 포르셰 박사는 다임러벤츠 재직 당시부터 경주용 차는 물론 컴팩트카에도 관심이 많았는데, 나치의 아돌프 히틀러(Adolf Hitler)로부터 보급형 자동차를 설계하라는 요청을 받는다. 이런 과정을 거쳐 1938년 독일의 첫 국민차 모델로 개발된 것이 비틀이고, 비틀 생산을 위해 세워진 회사가 폴

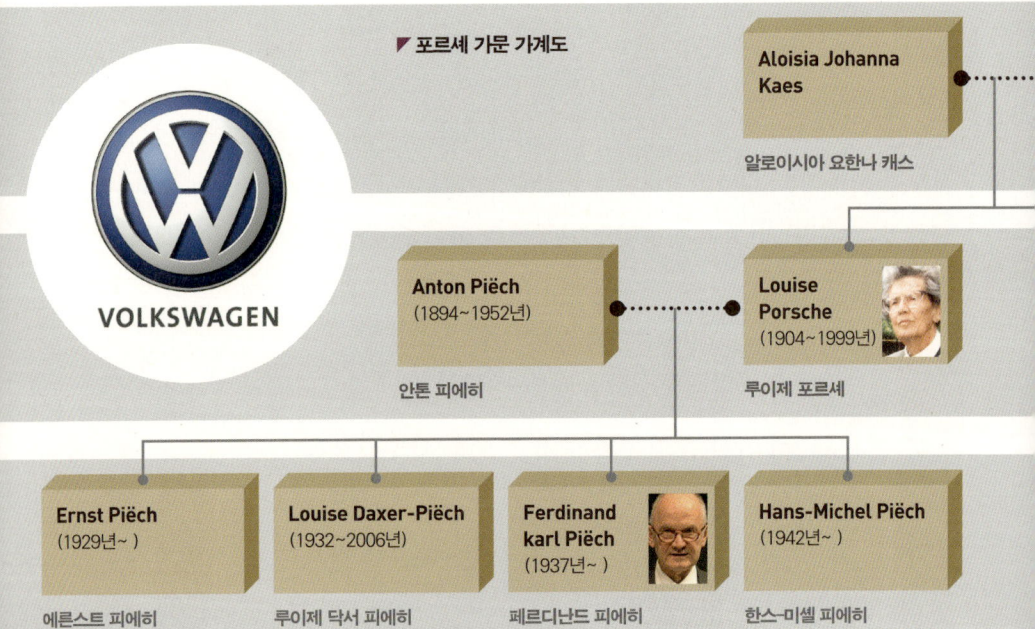

크스바겐이다(폴크스바겐은 독일어로 '국민차'라는 뜻이다).

피에히 역시 자동차가 가업이라고 해도 과언이 아닌 환경에서 성장한 덕분에 차와 친할 수밖에 없었다. 그는 자서전에서 어릴 적부터 자동차에 관심이 많았다고 회고했는데, 아홉 살 때 운전을 해도 좋다는 허락을 받고 처음 핸들을 잡자마자 차고 문을 들이받아 한 달간 운전금지령이 내려졌다고 한다.

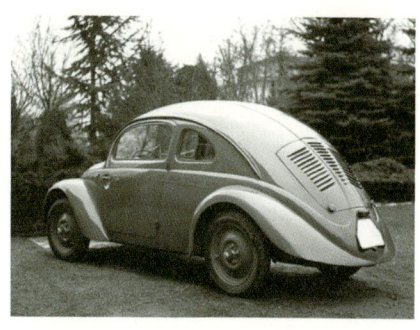

▼ 훗날 폴크스바겐 비틀의 기초가 되는 '타입60'. "미국 포드의 T형 차처럼 일반 대중이 쉽게 구입할 만한 저렴하고 튼튼한 차를 개발하라"는 히틀러의 지시에 따라 포르셰 박사가 설계한 자동차다.

1962년 취리히연방공대를 졸업한 스물다섯 살 청년 피에히는 슈

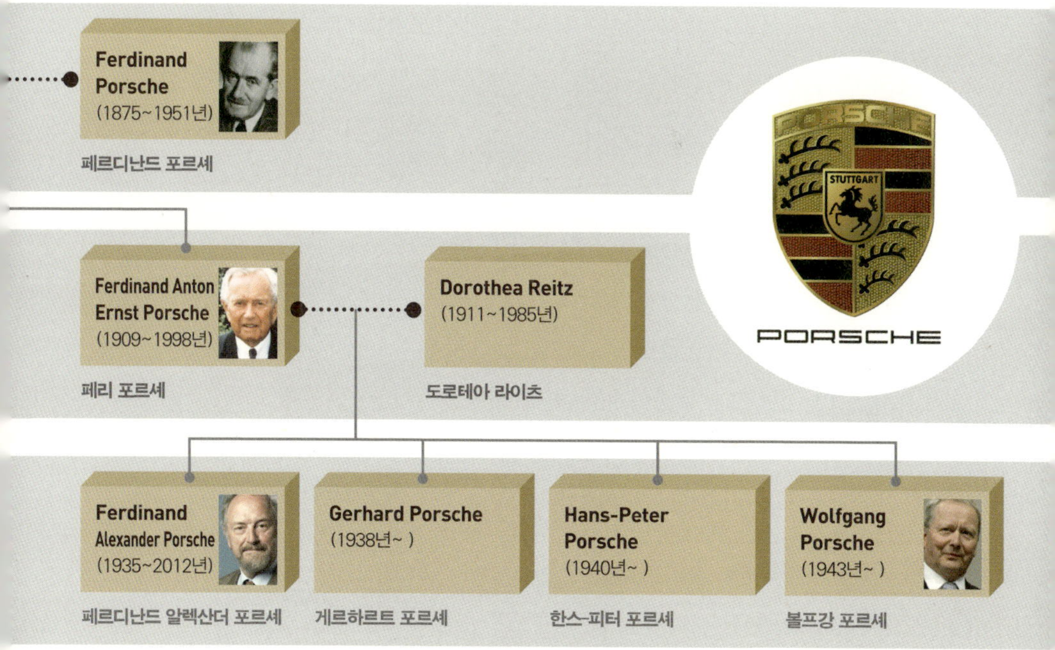

Ferdinand Porsche (1875~1951년)
페르디난드 포르셰
Ferdinand Anton Ernst Porsche (1909~1998년)
페리 포르셰
Dorothea Reitz (1911~1985년)
도로테아 라이츠
PORSCHE
STUTTGART
PORSCHE
Ferdinand Alexander Porsche (1935~2012년)
페르디난드 알렉산더 포르셰
Gerhard Porsche (1938년~)
게르하르트 포르셰
Hans-Peter Porsche (1940년~)
한스-피터 포르셰
Wolfgang Porsche (1943년~)
볼프강 포르셰

▶ 포르셰 911 모델. 1963년 등장한 포르셰 911은 6세대까지 진화하며 지금도 꾸준히 사랑받고 있다. 포르셰는 50년 역사 동안 각종 레이스에서 2만 8,000여 회나 우승했다. 경주에서 검증된 기술을 양산차에 녹여내 경쟁력을 키우는 것이 포르셰의 주요 전략 중 하나다.

투트가르트로 향했다. 대학졸업논문도 포뮬러1(F1) 엔진 개발을 주제로 썼다. 외삼촌 페리 포르셰와 외사촌들이 포진한 포르셰에서 일하게 된 그는 경주차 엔진 개발을 책임지면서 포르셰의 대표작 911 등을 합작해낸다.

그러나 1970년 회사 경영의 후계구도와 관련해 포르셰 가문과 피에히 가문의 분열이 일어났다. 두 가문은 가족 멤버들이 모두 경영일선에서 떠나기로 합의했다. 피에히가 1972년 폴크스바겐 그룹의 자회사 아우디로 이직한 것도 이 때문이다.

피에히는 아우디에서 터보 직분사 디젤 엔진인 TDI(승용차에 장착된 세계 최초 터보 직분사 디젤 엔진으로, 연비가 높고 주행시 소음이 적다)와 아우디 테크놀로지를 상징하는 4륜구동 '콰트로'를 개발하면서 엔지니어로서, 그리고 경영자로서 탄탄대로에 들어섰다. 1993년에는 경영난을 겪는 그룹을 구원하라는 임무를 부여받고 폴크스바겐 그룹 최고경영자(CEO) 자리에 앉았다. 외할아버지가 세우고 아버지가 사장을 지낸, 가족의 인연이 깊은 폴크스바겐의 최고위직에 오른 것이다. 그는 2002년 경영이사회 회장에서는 물러났으나 여전히 감독이사회 회장으로서 실권을 쥐고 있다.

피에히 가문 VS. 포르셰 가문

태생부터 접점이 많은 포르셰와 폴크스바겐은 본디 동지에 가까웠다. 포르셰 직원들이 폴크스바겐 비틀을 만들었고, 포르셰의 자사 브랜드로 처음 시판된 356모델은 비틀을 토대로 개발되었다. 포르셰가 제2차 세계대전 이후 자동차설계사무소에서 차메이커로 안착하는 데에도 폴크스바겐의 공이 컸다. 폴크스바겐의 부품을 공급받고 중·동부유럽 독점 판매권을 확보하면서 사업에 탄력을 받았기 때문이다. 양사의 공조를 단적으로 보여준 사례는 1968년 공동개발한 VW-포르셰 914모델이다. 폴크스바겐과 포르셰가 같은 차체에 각각의 엔진을 장착해 시장에 내놓았는데, 914모델 개발 책임자가 페르디난드 피에히였다.

그런데 2005년 포르셰가 양사 통합을 노리고 폴크스바겐의 주식을 공격적으로 매입했다. 양사의 특수관계, 즉 피에히 가문과 포르셰 가문의 애증관계를 익히 아는 자동차 업계에서는 싸움의 배경을 놓고 해석이 분분했다. 포르셰 박사의 외손자 페르디난드 피에히가 폴크스바겐 감독이사회 회장으로, 친손자 볼프강 포르셰가 포르셰 감독이사회 회장으로 있다 보니, 인수전은 사촌간의 전쟁으로 비쳐졌다. 또 피에히의 진의가 무엇인지에도 물음표가 붙었다. 피에히가 폴크스바겐과 포르셰, 양사에 모두 이해관계로 얽혀있기 때문이었다.

원래 피에히 가문과 포르셰 가문은 포르셰 패밀리라는 울타리 안에서 사이좋게 회사를 공동 경영했다. 포르셰 박사 사후 딸 루이제와 아들 페리, 두 남매는 회사 지분을 똑같이 나눠 가졌다. 다만 슈투트가르트 공장은 페리가, 오스트리아의 판매회사는 루이제가 책임지는 식이었다. 페리 포르셰와 루이제 피에히의 자녀들이 포르셰에서 같이 일할 때도 페리의 아들 페르디난드 알렉산더와 한스-피터 형제는 각각 디자인과 생산을, 루이제의 아들 페르디난드와 한스-마이클은 각각 연구개발(R&D)과 판매를 맡았다.

그런데 균형을 깨뜨린 주인공이 피에히 회장이었다. "나는 조화를 중시하는 사람이 아니다"고 스스로 평가한 것에서부터 충분히 짐작 가능한 일이지만, 그는 포르셰에서 일할 때 기술지상주의적 태도로 일관한 탓에 사촌들과 불화를 자초했다. 특히 창사 이래 최초로 르망레이스 24시간 경주에서 우승한 '전설의 레이스카' 917모델을 개발하는 단계에서 비용을 따지지 않고 최고의 기술만을 고집해 사촌들의 불만을 샀다. 여기다 엎친 데 덮친 격으로 사촌동생 게르하르트 포르셰의 아내 말레네와 불륜을 저질러 포르셰 가문을 격분시켰다. 말레네가 이혼하며 게르하르트의 지분 일부를 받아오자, 피에히가 지분에 욕심이 나 말레네를 유혹했다는 비난도 쏟아졌다.

인수전 초기에는 포르셰가 폴크스바겐을 삼킬 기세였다. 폴크스바겐은 제2차 세계대전 이후로 단일 주주가 의결권을 20% 이상 확보하지 못하도록 하는 '폴크스바겐법'을 적용받아, 적대적 M&A로부터 보호를 받았다. 그런데 2007년 유럽연합(EU)이 외국 자본의 투자를 저해한다는 이유로 47년간 존재한 이 법을 무효화한 직후, 포르셰는 폴크스바겐의 지분을 30.9%로 늘렸고, 2009년 50% 이상을 확보해 승기를 굳히는 듯 했다. 하지만 이 과정에서 100억 유로 넘게 빚을 진 포르셰가 백기투항했다. 2009년 8월 폴크스바겐 감독이사회는 포르셰를 인수해 그룹에 편입하기로 하는 합의를 의결했다.

폭스바겐과 포르셰, 다시 한 뿌리로

피에히는 엔지니어로서도 경영자로서도 자동차산업에 큰 족적을 남겼다. 그러나 괴팍한 성격 탓에 업계와 사생활에서 많은 논란과 적을 만들었다.

1990년대 초반 피에히가 회장으로 취임할 당시 폭스바겐은 북

▌폭스바겐 그룹

폭스바겐 그룹은 주력 브랜드인 폭스바겐, 프리미엄 브랜드 아우디·벤틀리, 최고급 스포츠카 포르셰·부가티·람보르기니, 대중차 세아트·스코다, 대형트럭 스카니아·폭스바겐상용차 등의 브랜드를 거느리고 있다. 소형차부터 대형차, 저가부터 초고가에 이르기까지 전 차종을 다룬다.

미 시장에서의 부진으로 고전 중이었다. 약진하는 일본 완성차 업체들과 경쟁에서 밀린 끝에 파산 영순위로 거론되던 상황이었다. 비록 피에히가 기술혁신과 대규모 인력감축을 단행하면서 자회사 아우디를 유럽 정상급 자동차메이커 대열에 올려놓았으나, 그의 처방이 모그룹에도 통할지는 미지수였다. 결과부터 말하면, 피에히는 경영자로서 합격점을 받아냈다. 그가 CEO가 되고 나서 폴크스바겐은 흑자전환에 성공했다. 그는 무능력한 경영진 퇴진, 모험적인 주 4일 근무제 도입, 공동플랫폼 전략 등의 구조 개혁을 폴크스바겐 정상화의 성공요인으로 꼽았다.

람보르기니, 벤틀리, 부가티 등 프리미엄 차 브랜드를 인수해 폴크스바겐 그룹이 상류사회에 어필할 수 있는 다양한 라인업을 갖춘 것도 CEO로서 일궈낸 대표적인 성과다. 동시에 이들 고급차 브랜드가 폴크스바겐 실적에 큰 기여를 하지 못했다는 점은 흠이다.

여성 편력도 화려했다. 대학 재학 중 결혼한 첫 아내 코리나, 사촌 제수 말레네, 한때는 아이들의 가정교사였고 지금의 아내인 우줄라 등 네 여성과의 사이에 열두 명의 자녀를 뒀다. 평생 불화가 따라다니는 삶을 살았지만 세상을 떠난 뒤에까지 분열의 불씨를 남기고 싶진 않았던 모양이다. 피에히는 나중에 가족들이 지분을 쪼개 매각하지 않도록, 자신의 이름을 딴 재단을 만들어 포르셰 지분 전부를 넘겼다. 이는 가문의 역사가 담긴 브랜드의 미래를 지키기 위한 조치로 해석된다.

논란이 많은 인물이지만 자동차에 대한 열정만큼은 높이 평가할 부분이다. 포르셰에서 아우디로 이직할 때도 다임러벤츠로부터 영입 제안을 받았지만 "기술 진보를 바라면서, 투자하지 않고 좋은 자동차를 만들 수는 없다"며 거절했다. 폴크스바겐 CEO 퇴임을 앞두고도 연료 1리터로 100킬로미터를 달리는 '1리터 카' 개발 의지를 피력하기도 했다.

2009년 말로 예정했던 폴크스바겐과 포르셰의 합병(독일법 상으로는 인수가 아니라 구조조정이라고 한다)은, 포르셰가 폴크스바겐 지분 매입과 관련한 송사에 휘말리고 합병에 따른 막대한 세금 때문에 기약 없이 지연되었다. 하지만 폴크스바겐은 2012년 8월 두 회사의 결합을 마무리했다. 피에히 회장을 '2011년 올해의 인물'로 선정한 미국의 자동차전문잡지「오토모빌매거진」은 "합병이 예상보다 어려운 작업이 되고 있지만, 성공한다면 외할아버지를 능가하는 자동차 업계의 황제가 될 것"이라고 평가했다. 이제 할아버지 포르셰 박사의 유산을 온전히 지켜내는 것이 피에히의 마지막 숙제인 셈이다.

부자 DNA

천재성의 DNA
피에히가 유럽 자동차 산업의 구심점이 될 수 있었던 것은, 기술과 경영 모두에서 천부적인 자질을 타고났기 때문이다. 외할아버지를 닮아 천재적인 엔지니어인 피에히는 포르셰, 아우디 등 몸담았던 회사의 대표적인 명차를 만들어냈다. 또한 폴크스바겐에 입성해서는 여덟 개의 승용차와 두 개의 상용차 브랜드로 세계 어떤 자동차 업체도 구축하지 못한 백화점식 포트폴리오를 만들어내기도 했다.
독일 자동차 산업의 두 명의 천재 페르디난드 포르셰와 피에히. 한 사람은 포르셰와 폴크스바겐의 시작점이었다. 그리고 그의 유전자를 고스란히 물려받은 또 다른 사람은 분열되었던 포르셰와 폴크스바겐을 통합했다.

Bernard Arnault

'명품 제국의 황제'
베르나르 아르노

2010년 4월 초, 베르나르 아르노(Bernard Arnault, 1949년~) 루이비통 모에 헤네시(LVMH : Louis Vuitton-Moet-Henessy) 회장이 방한했다. 1박 2일의 짧은 일정이었지만 한국의 주요 유통 업체 최고경영자들은 그를 만나기 위해 몸이 달았다. 인천국제공항에 면세점을 운영하는 호텔신라와 롯데호텔이 특히 적극적이었다. 이건희 삼성 그룹 회장의 장녀인 이부진 호텔신라 사장(당시 전무)은 직접 공항에 나가 아르노 회장을 영접했고, 신동빈 롯데 그룹 회장(당시 부회장)도 롯데백화점 본점에서 그를 접견했다.「포브스」선정 세계 네 번째 갑부이자 루이비통, 크리스찬 디올, 지방시, 셀린느, 펜디 등 50여 개의 럭셔리 브랜드를 소유한 '명품 제국의 황제'다운 떠들썩한 행차였다.

재벌 2, 3세 최고경영자들이 아르노 회장을 앞다퉈 만난 것은 인천국제공항에 있는 자사 면세점에 루이비통 매장을 유치하기 위해서였다. 당시까지만 해도 루이비통은 "공항 면세점은 품격이 떨어진다"는 이유로 면세점에 매장을 내지 않았다. 하지만 인천국제공항은 다른 나라 공항보다 면세점이 화려하고 면적도 넓은데다 루이비통의 최대 고객으로 떠오르는 중국인들이 많이 방문하는 곳이어서 아르노 회장의 관심을 끌었다.

루이비통이 최종적으로 선택한 것은 신라면세점이다. 롯데는 그룹 부회장이 나섰는데도 유치에 실패하자 인천공항공사가 호텔신라에 특혜를 줬기 때문이라며 소송까지 제기했지만 결국 무위로 끝났다. 그리고 2011년 추석 연휴 첫날, 신라면세점 내 루이비통 매장이 문을 열었다. 총 550제곱미터(166평)의 큰 규모에 화려한 내외부 장식으로 확실히 눈에 띄는 이 매장은 유난히도 루이비통을 좋아하는 중국인 관광객들의 필수 관광 코스가 되었다.

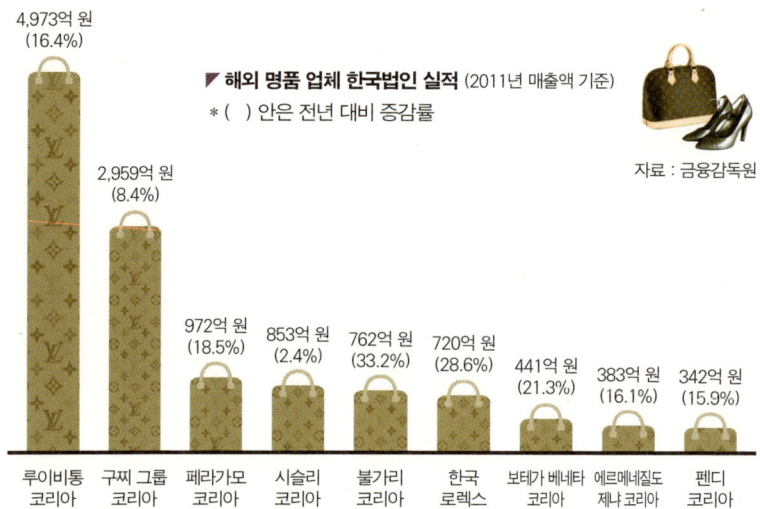

미국식 M&A로 명품 제국을 일구다

'명품'의 사전적 의미는 극소수의 고객을 위해 오랜 시간 장인의 손을 거쳐 만들어진 희소성 높은 제품이다. 하지만 현재 우리나라에서 통용되는 명품이란 단어는 유명 디자이너가 디자인한 값비싼 브랜드 제품을 뜻하는 게 사실이다. 우리나라에서 '명품'으로 불리는 샤넬, 루이비통, 구찌 등 해외 유명브랜드 제품을 통칭하는 영어 단어도 'brand-name products(이름 있는 브랜드 제품)', 'designer label(디자이너 브랜드)', 'luxury products(고급 사치품)' 등으로 '명품'이라고 번역하기에는 무리가 있다. 이 때문에 언론계에서는 '명품'이라는 용어 대신 '해외 유명브랜드' 등으로 바꿔 쓰자는 자정노력도 벌어지고 있는 실정이다.

아르노가 명품 제국을 건설한 과정도 장인 정신과는 거리가 멀다.

1949년 프랑스 북부 루베시에서 태어난 그는 명문 에콜 폴리테크니크에서 공학을 전공한 뒤 1971년 아버지가 운영하는 건설회사에서 경영수업을 받았다. 사업 수완이 좋았던 그는 입사 5년 만에 아버지를 설득해 사업 일부를 4,000만 프랑에 매각하고 부동산 사업에 집중해 큰 성과를 냈다. 1981년 그는 아버지 후임으로 회사 대표직을 맡게 됐지만 프랑수아 미테랑(François Mitterrand) 대통령의 사회당 정부가 들어서자 자신의 성향과 맞지 않다는 이유로 돌연 미국으로 날아갔다.

몇 년 지나지 않아 프랑스 사회주의 정부가 경제정책 방향을 선회하자 아르노는 1984년 프랑스로 돌아왔다. 그는 이때부터 명품에 관심을 두기 시작해, 파산 위기에 놓인 크리스찬 디올의 모기업 '부삭(Boussac)'을 인수했다.

이후 크리스찬 라크르와, 셀린느 등을 인수하며 브랜드를 확장하던 아르노는 드디어 명품 브랜드의 대명사 루이비통을 손에 넣기로 한다. 대대로 가족 경영으로 이어 오던 루이비통은 1989년 기존 대주주가 치열한 법정 싸움에서 패배하면서 경영권이 아르노에게 넘어갔다.

그는 기업을 인수하면 직원들을 정리 해고해 '잔인한 경영인'이라는 악명을 얻었고, 1990년대에는 수많은 명품 브랜드를 인수하며 '기업 사냥꾼'으로 불리기도 했다. 의류, 화장품, 주류, 액세서리까지 그가 소유한 브랜드들은 종류도 다양하다. 그의 성공 방식은 프랑스적이기보다는 미국적 경영방식인 M&A였다. 이 때문에 '캐시미어 정장을 입은 늑대', '프랑스의 도널드 트럼프'라는 별명까지 얻었다.

2000년대 들어 외형 성장에 비해 수익성이 떨어지자 무차별 인수

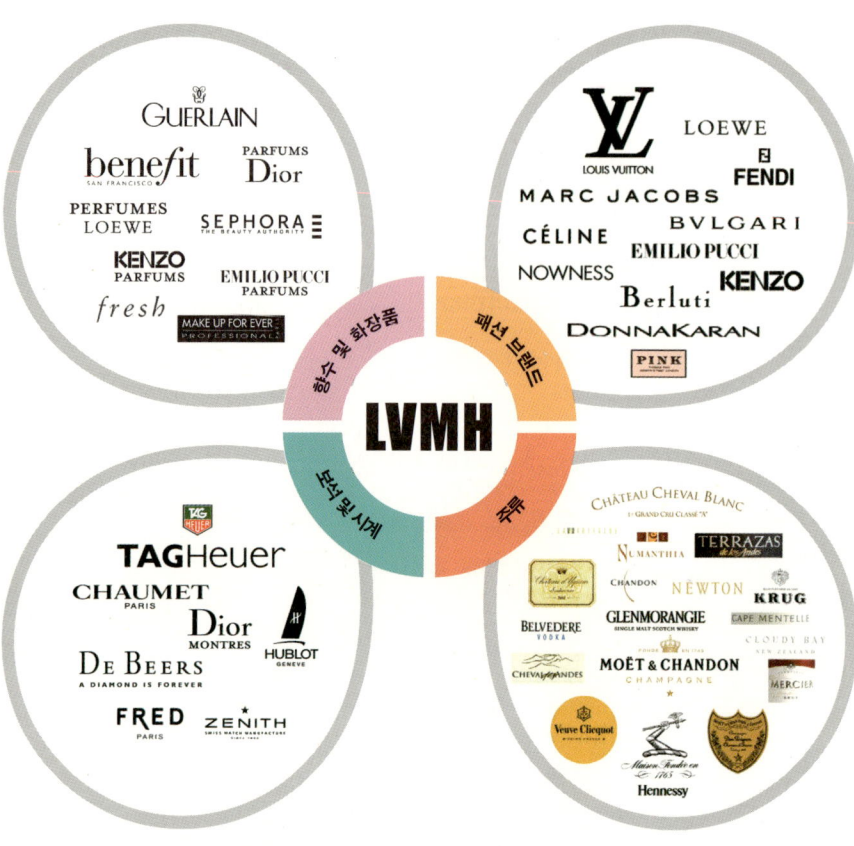

▼ LVMH 그룹은 루이비통, 마크제이콥스, 크리스찬 디올, 겐조, 펜디, 도나카란 등 60여 개 브랜드를 거느린 공룡 그룹이다.

전략은 속도를 늦췄다. 하지만 '버킨 백' 등으로 유명한 에르메스 지분을 야금야금 사들여 20% 이상 확보하면서 또다시 적대적 M&A를 시도하는 것 아니냐는 관측이 나왔다. 에르메스 측은 아르노를 "우리 정원의 침입자"로 규정하면서 2011년 말 지분 50% 이상을 보유한 지주회사를 설립하는 등 경영권 방어에 적극적이다.

신분상승 욕망을 자극해 명품 대중화

하지만 아르노가 명품 제국을 일궈낸 비결은 '브랜드 수집'뿐만은 아니다. 미국적 마케팅 기법과 참신하고 젊은 디자이너 영입 등을 통해 제국을 변신시키고, 그 규모도 엄청나게 확장시켰다.

사실 아르노 회장에게 인수되기 전에는 루이비통을 비롯한 유럽의 명품 브랜드들은 100년이 넘도록 이어진 가족 경영과 소수 상류층만을 위한 맞춤 제작 방식의 한계를 절감하고 있었다. 아르노는 이런 경영 방침을 과감히 바꿨다. 명품 브랜드를 많이 팔려면 품질보다 마케팅이 중요하다는 것을 일찍 깨달은 것이다. '명품 대중화'의 시작이다.

루이비통 브랜드의 창시자인 루이 비통(Louis Vuitton, 1821~1892년)은 1800년대 귀부인들의 필수품이었던 트렁크를 튼튼하고 편리하며 개성적으로 디자인한 장인이었다. 유명한 'L'자와 'V'자를 결합시킨 모노그램을 창안한 그의 아들 조르주 비통(Georges Vuitton)도 가업을 발전시킨 장인이었다. 하지만 지금도 명품 브랜드를 선전하는 고전적인 문구인 '장인들의 한 땀 한 땀 바느질'은 마케팅 수사로 전락한 지 오래다. 현재 루이비통 가방은 재봉틀 등 기계를 사용하고 분업화를 통해 생산된다.

유통망도 상류층 거주지의 작은 부티크에서 대형 백화점과 면세점으로 넓어졌다. 굳이 상류층이 아니어도 두툼한 지갑만 들고 오면 누구든지 명품을 살 수 있게 한 것이다. 결과는 놀라웠다. 상류층에 끼고 싶어 하는 중산층들을 대거 고객으로 영입하면서 매출이 폭발적으로 증가했다. 특히 아시아의 경제발전과 함께 일본→한국→중

▶ 루이비통 브랜드의 창업자 루이 비통. 루이비통은 창업자 가문에 대한 예우 차원에서 가죽을 재단할 때도 'L'과 'V' 자를 결합한 모노그램이 조금이라도 잘려나가는 일이 없도록 한다. 이점은 루이비통의 복제품 감별 포인트이기도 하다.

국 순으로 대중들의 명품 열기가 끓어오르면서 아시아는 최대 명품 소비 시장으로 떠올랐다.

아르노는 한편으론 명품의 대중화에 박차를 가하면서도 다른 한편에서는 상류층에 대한 환상을 심어줄 수 있는 마케팅을 전개했다. TV 등 대중매체 광고를 하지 않고 루이비통컵 요트대회나 유명인사들을 초대한 파티를 통해 론칭쇼를 하는 식으로 고객들이 스스로를 상류층으로 여길 수 있게끔 하는 것이다.

루이비통이 가지고 있던 '나이 든 세대를 위한 브랜드'라는 고루한 이미지도 탈피했다. 1963년 미국 뉴욕에서 출생한 30대의 젊은 디자이너 마크 제이콥스(Marc Jacobs)를 1997년 아트 디자이너로 영입한 것은 당시 명품 업계에 일대 파격이었다. 많은 이들의 우려에도 불구하고 제이콥스는 LV 모노그램 가방의 이미지로 고정돼 있던 루이비통 브랜드에 일대 도약을 이뤄냈다. 크리스찬 디올에 존 갈리아노(John Galliano)를, 디올 옴므에 에디 슬리먼(Hedi Slimane)을 영입하는 등 그가 직접 선택한 디자이너들은 각 브랜드의 정체성을 유지하면서도 창의성을 불어넣었다. 이 같은 안목을 바탕으로 그는 실제 디자인에도 적극적으로 의견을 내며 깊숙이 관여한다고 밝힌 적이 있다.

아르노가 명품 제국의 황제로서 세계적 갑부가 된 데는 한국 여성들의 명품 가방 사랑도 한몫 했다. 2006년 1,689억 원이었던 루이비통코리아의 매출액은 2008년 세계적인 금융위기를 겪고도 쭉쭉 늘어나 2011년 4,973억 원을 기록했다.

최근 수년 동안 명품 브랜드들은 매년 가격을 두 자릿수 퍼센트씩 올렸는데도 수요가 전혀 줄지 않고 오히려 늘어나는 기현상이 벌어지고 있다. 하지만 아르노는 엄청난 돈을 벌어가면서도 기부는 거의 하지 않아 사회적으로 지탄의 대상이 되고 있다.

남들이 다 아는 유명한 가방을 가짐으로써 심리적 만족을 꾀하는 것은, 사실 '대중화'를 추구하면서 마치 '상류층의 전유물'인양 속이는 명품 업체들의 마케팅 전략에 놀아나는 것이나 다름없다. 일본에서 명품 열기가 시들해진 것처럼 한국도 브랜드의 유명세 때문이 아니라 품질과 디자인, 취향에 따라 제품을 고르는 소비 풍조로 전환돼야 할 시기다. 비록 아르노에게는 달가운 주장이 아니겠지만 말이다.

용인(用人)의 DNA

아르노는 전통의 프랑스 브랜드 루이비통과 크리스찬 디올에 미국과 영국 출신의 젊은 디자이너를 채용하는 파격 인사를 주저하지 않았다. 마크 제이콥스와 존 갈리아노, 두 젊은 디자이너의 창의성을 수용한 브랜드는 클래식한 이미지를 벗고 젊고 혁신적인 이미지로 변신하며 명품 소비자의 폭을 넓혔다. 파격적인 인재 기용은 곧 파격적인 매출 신장으로 응답했다. 실제 크리스찬 디올은 존 갈리아노가 수석디자이너가 된 후 매출이 네 배 신장되기도 했다.

Stefan Persson

'패션의 맥도날드' H&M 회장
스테판 페르손

스웨덴 패션 브랜드 H&M은 2012년 초에도 어김없이 핫이슈를 만들었다. 시즌마다 유명인과의 콜라보레이션(협업) 작업으로 화제를 몰고 다닌 H&M이 이번에 선택한 브랜드는 마르니였다. 이탈리아 패션 브랜드 마르니는 심플하면서도 독창적인 프린트로 세계 패션계에서 사랑받는 명품 브랜드 중 하나다. H&M이 봄·여름 시즌용으로 내놓은 '마르니 at H&M' 한정판은 한국에서는 출시 당일 몇 시간만에 완판되는 등 열풍을 일으켰다.

"패션과 품질을 가장 합리적인 가격으로 제공한다"는 기치를 내건 H&M은 자라와 쌍벽을 이루는 패스트 패션의 대표주자다. H&M은 중저가 실속형 브랜드지만 경쟁업체보다 앞서가는 마케팅으로 시장을 공략해, 유행을 선도하는 패션 브랜드로 성공가도를 달려왔다. 브랜드 가치만 대략 160억 달러(인터브랜드 조사) 정도로 평가되는데, 브랜드 파워만 놓고 보면 패션 분야에선 루이비통의 아성에 맞서는 가장 강력한 도전자다.

덕분에 이 회사 오너 스테판 페르손(Stefan Persson, 1947년~) H&M 회장의 재산은 갈수록 늘어나고 있다. 페르손은 여동생(로티 탐)과 더불어 H&M의 지분을 43% 보유하고 있다. 2010년 그의 재산은 200억 달러를 넘어섰다. 글로벌 침체도 페르손의 재산 증식을 막지 못했다.「포브스」에 따르면 그의 재산은 2012년 초 기준 260억 달러로 집계되었다. 세계에서 여덟 번째, 패션 분야에서는 LVMH의 베르나르 아르노(4위)에 이어 두 번째 부자다. 또한 스웨덴에서는 이케아 창업자 잉바르 캄프라드를 제치고 최고 부호 반열에 올랐다.

"옷도 몇 번 입고 교체하는 소비재다"

H&M은 전 세계 43개국에 약 2,500개 매장을 두고 있는 글로벌 패션제국이다. 한국에는 2010년 2월 서울 명동에 1호점을 내며 진출했다. H&M의 영토 확장은 멈출 줄을 모른다. 페르손은 언론 인터뷰에서 "아직 지리적으로 기회는 많이 있다"며 글로벌 확장에 대한 의욕을 불태웠다. 2012년에는 멕시코를 필두로 남미에도 H&M의 간판을 세우기 시작했다. 여태까지 H&M의 발길이 닿지 않은 지역은 호주와 아프리카뿐이다.

페르손이 1982년 아버지 얼링 페르손(Erling Persson, 1917~2002년)의 은퇴로 최고경영자(CEO) 자리를 물려받을 당시의 상황은 지금과 달랐다. 당시 매장 수는 스웨덴 84곳을 포함해 유럽 내 135개에 불과했다. 글로벌 기업으로 거듭 태어나는 '제2의 창업'은 페르손의 업적이다.

스테판 페르손은 H&M과 평생을 같이 했다. 그가 태어난 1947년 얼링 페르손이 스톡홀름 인근의 작은 도시 바스테라스에 '헤네스 (Hennes : 스웨덴어로 '그녀'라는 의미)'라는 상호의 여성복 매장을 열었다. 이것이 오늘날 H&M의 모태다.

얼링은 원래 문구유통사업을 하던 사람이었다. 제2차 세계대전 직후 사업 아이디어를 구상하기 위해 미국을 여행하던 중 운명을 바꿀 광경을 목도하게 된다. 메이시백

▼ 1947년 얼링 페르손이 스톡홀름의 바스테라스에 연 헤네스 여성복 매장. 비싸지 않으면서 스타일 좋은 옷을 판매하는 헤네스 매장은 큰 인기를 끌었다.

화점과 같은 대형매장에서 엄청나게 많은 양의 다양한 옷이 판매되는 소비문화를 경험하면서 크나큰 충격을 받았다. 창업주 얼링 페르손은 패션에 문외한이었으나 비즈니스 감각은 첨단이었다. 헤네스 매장에는 비싸지 않으면서 스타일을 살린 여성복들이 걸리기 시작했다. 이 작은 매장에서 '많이, 싸게, 그리고 신속하게 판매하는' 패스트 패션 비즈니스모델의 초기 아이디어를 엿볼 수 있다. 헤네스의 옷은 전후 스웨덴의 경제 성장 및 남녀평등주의 분위기와 맞물려 인기를 끌었다.

창업주는 사업 확장에 신중했다. 창업한 지 5년이 지나고서야 수도 스톡홀름에 첫 매장을 냈다. 남성복과 아동복으로 제품 라인을 확대한 것도 1968년 레저용품업체 모리츠위드포스를 인수하고 '헤네스 앤 모리츠(Hennes and Mauritz, 나중에 H&M으로 변경)'로 상호를 변경하면서였다.

반면 대학을 졸업하고 1972년 입사한 스테판은 아버지의 H&M에 안주하지 않았다. 특히 가격경쟁력에만 만족하는 것을 경계했다. 품질도 중요한 경쟁력이라는 사실을 인식하고, 유행에 민감한 패션의 특성상 소비자에게 '갓 생산한' 제품을 공급하는 정책을 도입했다. 브랜드를 해외로 확장하는 일에도 적극적으로 나섰다. 1976년 H&M이 영국에 진출할 당시 그는 영국 지역책임자로서 경영 능력을 십분 발휘했다. 런던 옥스퍼드 광장에 영국 1호점을 개점하는 날, 거리에서 아바(ABBA) 앨범을 나눠주며 고객을 매장으로 안내하는 등 현장에서 직접 발로 뛰면서 영국 진출 임무를 성공적으로 완수했다.

페르손이 CEO를 맡은 뒤 H&M의 성장엔진도 본격 가동되었다. 그가 CEO로 재직한 1982~1998년 H&M은 독일, 네덜란드, 스페인

▶ 글로벌 SPA 업체 현황 (2011년 기준)
■ 연 매출 ■ 진출국 및 매장수

자라: 82개국 1,830개, 12조 9,976억 원
유니클로: 11개국 1,024개, 9조 8,700억 원
H&M: 43개국 2,472개, 21조 3,134억 원

자료 : 각 업체

등 서유럽에 이어 패션의 메카 뉴욕을 시작으로 미국 전역으로 뻗어 갔다. 1990년대 초반 드디어 매출의 70% 이상을 해외에서 벌어들이는 글로벌 브랜드로 자리 잡게된 것이다.

H&M, 자라, 유니클로처럼 제조사가 상품 기획과 디자인에서부터 생산, 유통, 가격 결정까지 전 과정을 총괄하는 것을 SPA(Specialty store retailer of Private label Apparel)라고 한다. 패스트 패션은 기획에서부터 생산, 소비까지 걸리는 시간이 짧은 SPA의 특성에 빗댄 별명이라고 할 수 있다. H&M은 글로벌 SPA 업체 중 매출과 매장 개수 면에서 압도적인 1위를 차지하고 있다.

패스트 패션의 정석을 구사

H&M은 '가격 파괴' 패션의 대표주자이면서도 유행과 스타일에

민감한 패션리더 사이에서도 '미친 존재감'을 발휘하고 있다. 그 성공 비결 중 대표적인 것이 2004년 샤넬 수석디자이너 칼 라거펠트(Karl Lagerfeld)의 독점 컬렉션을 공개하며 시작한 명품 브랜드 디자이너, 대중스타와의 콜라보레이션이다. H&M의 라거펠트 콜라보레이션은 출시 1시간 만에 준비한 물량이 동날 정도로 센세이션을 일으켰다. 이후 다른 브랜드들도 콜라보레이션을 내놓고 있지만, 콜라보레이션은 H&M의 트레이드마크가 되었다. H&M의 협업은 스텔라 매카트니, 빅터앤롤프, 마돈나, 로베르토 카발리, 카일리 미노그, 꼼데가르송, 매튜 윌리엄슨, 지미추, 소니아 리키엘, 랑방, 베르사체 그리고 축구선수 데이비드 베컴의 남성 언더웨어 라인 등으로 이어진다. 어울릴 것 같지 않은 패스트 패션과 하이 패션의 성공적인 결합 덕분에, H&M은 매 시즌 패션 업계의 많은 기대를 받고 있다.

  H&M은 디자이너 협업에 앞서 과감한 마케팅 투자로 브랜드 대중화에 성공했다. 신디 크로포드, 나오미 캠벨 같은 톱모델과 할리우드스타를 광고와 판촉이벤트에 등장시키는 등 스타마케팅을 적극 활용했다. 뉴욕 5번가에 미국 1호 매장을 오픈할 때도 엄청난 화제를 모았다. 록펠러센터 건너편의 최고입지를 차지하고 대대적인 론칭 광고를 벌이는 등 공격적인 마케팅에 나선 결과, 개점 당일 매장은 인산인해를 이루었다. 이날 명품매장에서나 연출될 법한 보안요

▼ H&M이 유명 디자이너, 명품 업체, 연예인과 손잡고 매 시즌 내놓는 콜라보레이션 상품은 줄지어 살 정도로 큰 인기를 얻고 있다. H&M은 콜라보레이션을 통해 SPA 브랜드도 패션 업계의 이슈를 만들어내는 한 축이 될 수 있음을 보여주고 있다. 사진은 호주 출신 팝스타 카일리 미노그를 모델로 내세운 비치웨어.

원이 입장을 통제하는 사태가 벌어지기도 했다.

H&M이 세련되고 값싼 신상품을 거의 매일같이 선보이는 것은 기획-생산-유통의 각 단계에서 비용 거품을 최대한 제거하는, 패스트 패션의 정석을 구사하기 때문이다. H&M은 자체 공장이나 매장 건물을 소유하지 않는다. 생산 단계에 중간상을 거치지 않는 것도 원칙이다. 디자인은 본사 디자인팀에서 하고, 생산은 방글라데시, 중국, 이집트, 파키스탄, 터키처럼 인건비가 싼 나라의 공장에 나눠 맡긴다.

H&M은 친환경 소재 사용 등 사회적 책임 경영을 강조한다. 그럼에도 불구하고 개도국의 저임금 노동 착취, 환경오염 문제와 관련해 패스트 패션에 공통적으로 쏟아지는 비판은 H&M도 피해갈 수 없었다. 실제 2010년 뉴욕 매장에서 헐값 할인판매나 재활용을 막기 위해 멀쩡한 옷들을 잘라서 못쓰게 만든 사실이 알려져, 환경단체의 공분을 산 일도 있다.

공격적 경영, 조용한 사생활

H&M은 3세 경영으로 접어들었다. 스테판 페르손이 CEO직을 내놓고 회장으로 물러난 뒤 과도기적 전문경영인 체제를 꾸려간 지 10년여, 2009년 페르손의 장남 칼-요한 페르손(Karl-Johan Persson, 1975년~)이 CEO로 승진했다. 새로운 CEO를 맞이한 H&M은 한 해 250여 개씩 매장을 늘리며 세계 시장 진출에 가속을 붙이고 있다. 또한 가구브랜드 'H&M홈'을 출시하고 '몽키', '위크데이' 등을 인수함으로써 다양한 브랜드를 확보하며 미래 성장을 위한 공세를 펼치

고 있다.

페르손은 경영에서는 공격적이고 스타마케팅에도 능숙하지만, 이와 대조적으로 사생활은 대중의 호기심을 자극하지 않으려 하는 편이다. 아들 칼-요한 페르손도 비즈니스스쿨을 다닐 때 방학이 되면 H&M 매장에서 근무하는 등 후계자답지 않은 평범한 학창시절을 보냈다. 페르손이 2009년 4,000만 달러를 들여 영국 햄프셔주의 작은 마을인 린켄홀트빌리지를 통째로 매입해 이례적으로 언론의 관심을 받은 것이 전부일 정도다.

페르손은 경영일선에서 물러난 후에도 활발한 사회활동을 벌이고 있다. 청소년 약물중독 예방사업에 대한 열정은 유명하다. 후진 기업가 양성도 관심을 쏟는 분야다. 스톡홀름경제대학과 스웨덴왕립기술대학, 카롤린스카의학연구소 등 스웨덴 명문대학들이 스톡홀름기업가정신대학(SSES)을 세우는데, 가족의 이름을 따 설립한 페르손패밀리재단이 거액(3억 5,000만 스웨덴크로나)을 쾌척했다.

부자DNA

합리성의 DNA

신세계백화점 인천점 1층에는 루이비통과 H&M 매장이 동시에 입점해 있다. 고급스러움과 합리성, 지향점이 다른 두 브랜드가 어깨를 나란히 하는 것은 전 세계적으로 드문 경우라고 한다. 가격경쟁력을 주요 전략으로 삼은 브랜드의 숙명은 '싸구려' 이미지다. 특히나 이미지를 소비하는 패션 브랜드의 소비자들에게 싸구려 이미지는 치명적이다. H&M은 명품디자이너들과의 협업, 스타마케팅 등 공격적 마케팅을 통해 H&M에서 옷을 사고 가방을 사는 일이 곧 세련되고 합리적인 소비임을 이야기하고 있다. 덕분에 소비자들은 합리성과 과시욕 사이에서 갈등할 필요 없이 즐겁게 H&M 제품을 소비할 수 있게 되었다.

山內溥

'재미'를 팔아 막대한 '재미'를 누린
야마우치 히로시

비디오게임의 대명사 닌텐도가 부진의 늪에 빠졌다. 120여 년 역사를 거치며 온갖 산전수전을 겪어왔지만, 상장 50년 만의 첫 적자는 큰 충격이었다. 닌텐도는 2011년(2011년 4월~2012년 3월) 432억 엔의 순손실을 내며, 1962년 상장한 이후 처음으로 적자를 기록했다. 불과 3년 전에는 '혁신의 아이콘'으로 극찬을 받던 회사였다.

휴대용 게임기 닌텐도 DS와 가정용 콘솔게임기 닌텐도 Wii가 굉장한 인기를 끈 덕분에 닌텐도는 2008년 사상 최대 실적(매출 1조 8,386억 엔, 영업이익 5,552억 엔)을 냈다. 한국의 이명박 대통령은 "우리는 왜 닌텐도 같은 게임기를 만들지 못하느냐"고 부러워했다.

닌텐도의 추락에 가장 뼈저리게 아파할 사람은 창업 3세 야마우치 히로시(山內溥, 1927년~) 최고상담역이다. 야마우치는 2002년 은퇴하기까지 반세기동안 경영 최일선에서 활약하며 닌텐도를 현재의 글로벌 기업으로 성장시켰다. 닌텐도 지분 10%를 갖고 있는 대주주인 만큼, 닌텐도의 시장가치에 따라 그의 재산도 오르락내리락할 수밖에 없다. 야마우치가 보유한 재산은 2008년 64억 달러로 정점을 찍었다. 스마트 시대를 거스른 닌텐도의 주가가 2008년 7만 엔대에서 2012년 초 1만 엔대로 추락함에 따라 2011년 46억 달러, 2012년 초 25억 달러로 재산이 급감했다.

■ 화투 제조회사 닌텐도

닌텐도는 화투에 뿌리를 둔 100년 기업이다. 야마우치의 외증조부 야마우치 후사지로(山內房治郎, 1859~1940년)는 1889년 교토에 수

제 화투 제조회사 닌텐도곳파이(任天堂骨牌)를 설립했다. 마땅한 오락거리가 없던 시절 '닌텐도배(杯)' 화투대회를 주최할 정도로 사업은 번창했다. 1963년 카드를 뜻하는 '곳파이(骨牌)'를 떼내고 '닌텐도'로 사명을 바꾸기 전까지, 회사는 일본 최초로 트럼프를 생산하는 등 카드 제조에만 한 우물을 팠다.

닌텐도를 오늘날 우리에게 익숙한 게임 회사의 모습으로 바꾼 사람은 야마우치 히로시였다. 1949년 스물두 살의 야마우치는 2대 사장인 외할아버지 야마우치 세키료(山內積良)가 뇌졸중으로 쓰러져 갑자기 세상을 뜨는 바람에 대학(와세다대학 법학 전공)을 중퇴하고 가업을 물려받았다. 젊고 경험은 부족했으나 경영은 야무졌다. 월트 디즈니의 라이선스를 받아 만든 디즈니만화 캐릭터 트럼프는 한 해 60만 개가 팔릴 정도로 히트를 쳤다.

하지만 야마우치는 카드만으로는 회사 성장에 한계가 있을 것으로 내다봤다. 그는 1958년 미국 여행을 다녀오면서 당시 세계 최대 카드제조사 플레잉카드를 방문했다. 그런데 세계 1위임에도 열악하기 그지없는 플레잉카드의 규모를 보고 나니, 카드 업계에는 더 이상 비전이 없다는 생각이 확고해졌다.

닌텐도가 120년 역사에서 유일한 외도를 감행한 것도 이런 배경에서였다. 1960년대 야마우치 휘하의 닌텐도는 택시, 러브호텔, 즉석쌀밥 등의 신사업에 진출하지만 모조리 실패했다. 하지만 돈을 잃은 대신 얻은 수확은 값졌다. 야마우치는 닌텐도의 본업이 '재미를 추구하는 오락'이라고 생각하고, 이후로는 본업에만 충실하기로 결심했다. 그는 2002년 닌텐도 협력업체 HAL연구소에서 영입한 이와타 사토루(岩田聰) 사장에게 CEO 자리를 내놓고 회장으로 물러나면서도,

"다른 업종에는 절대 손을 대지 말라"는 당부를 잊지 않았다.

게임 하나로 도요타를 제치다

야마우치가 차세대 사업으로 선택한 것은 완구다. 카드 사업을 하며 구축한 유통망을 활용할 수 있었기 때문이다. 닌텐도는 1966년 '울트라핸드'로 완구 시장에 성공적으로 진입했다. 울트라핸드는 도시샤공과대학을 졸업하고 공장 설비기사로 근무하던 요코이 군페이(橫井軍平, 1941~1997년)가 심심풀이로 만들어 놀던 장난감이었다. 우연히 야마우치의 눈에 띄어 상품화된 울트라핸드는 카피본이 돌 정도로 대성공을 거뒀고, 닌텐도는 도산 위기에서 기사회생했다.

요코이를 발굴한 것은 야마우치와 닌텐도에 큰 행운이었다. 닌텐도가 완구회사를 거쳐 세계적 게임회사로 변모하는 데 일등공신을 한 사람이 바로 요코이다. 울트라 시리즈와 레이저광선총을 개발해 1970년대 일본 완구 시장에 센세이션을 일으킨 데 이어, 1980년 액정디스플레이를 사용한 '게임&워치'를 개발함으로써 게임기 역사의 새로운 장을 열었다.

게임&워치는 요코이가 퇴근길 신칸센 열차에서 전자계산기를 가지고 노는 샐러리맨을 보고 아이디어를 얻었다. 이 제품은 닌텐도 게임이 공통적으로 추구하는 '혁신성'의 모델을 제시한 것으로 평가 받

▶ 1983년 발매된 패미컴은 닌텐도가 세계적인 기업으로 도약할 수 있는 발판이 되었으며, 일본을 비디오 게임 산업의 중심에 올려놓는 데 크게 기여한 제품이다.

는다. 게임&워치는 첨단 기술로 승부한 제품이 아니다. 당시 전자계산기 경쟁의 결과로 과잉 생산된 액정에다 십(十)자 키 조종버튼을 부착했을 뿐이었다.

이후 "게임은 재미가 있어야지 하이테크놀로지가 필요한 것은 아니다. 이미 널리 사용되어 장단점이 파악된 기술을 새로운 목적으로 활용함으로써 히트상품을 만들 수 있다"는 요코이의 사고방식은 닌텐도의 개발정책으로 자리 잡았다. 닌텐도는 최초로 게임소프트웨어를 교환하는 방식의 가정용 비디오 게임기 '패밀리컴퓨터(패미컴, 1983년)', 휴대용 게임기 '게임보이(1989년)' 등을 잇달아 성공시킨다.

애초에 닌텐도는 하드웨어로 큰 돈을 벌 생각은 없었다. 하드웨어를 보급하고 돈은 소프트웨어로 번다는 전략이었다. 1985년 발표한 게임소프트웨어 '슈퍼마리오 브라더스'는 게임 시장에 전무후무한 초대형 히트작으로 기록되었다. 패미컴용부터 DS, Wii 전용까지 출시된 슈퍼마리오 시리즈는 30년 가까이 많은 인기를 누리며 2억 6,000만 장의 누적 판매 기록을 세우고 있다.

하지만 승승장구하던 닌텐도도 게임 시장의 유일무이한 강호는 될 수 없었다. 1994년 소니의 플레이스테이션이 압도적인 기술력과 화려한 그래픽으로 시장을 공략하자, 역전을 당하고 말았다. 플레이스테이션(소니)과 Xbox(MS) 등의 라이벌에 밀려 한물간 줄 알았던 닌텐도는 DS(2004년)와 Wii(2006년)로 다시 한 번 저력을 과시했다. 전 세계에서 판매된 DS 게임기가 1억 5,000여 만 개, Wii는 9,500만 개에 이른다. 한 때 닌텐도의 사원 1인당 매출액은 도요타자동차의 다섯 배, 1인당 순이익은 여덟 배에 달했다. 이때가 닌텐도의 최고 전성기였다.

애플 아이폰 열풍으로 가속이 붙은 스마트 시대의 도래에 닌텐도는 굴복했다. 스마트폰에 게임 유저들을 빼앗기면서도, 스마트기기의 위력을 무시한 오만에 스스로 발등을 찍었다는 지적을 받는다.

독선적이고 괴팍한 제왕적 경영자

닌텐도의 성장과 더불어 야마우치의 제왕적 경영 스타일도 악명이 높아졌다. 야마우치에게는 '원맨 경영자'라는 수식어가 늘 따라다닌다. 닌텐도를 대표하는 소프트웨어 '슈퍼마리오', '젤다의 전설'의 아버지로서 '게임 업계의 스티븐 스필버그'로 추앙받는 미야모토 시게루(宮本茂) 닌텐도 정보개발본부장조차 "야마우치 사장이 기뻐

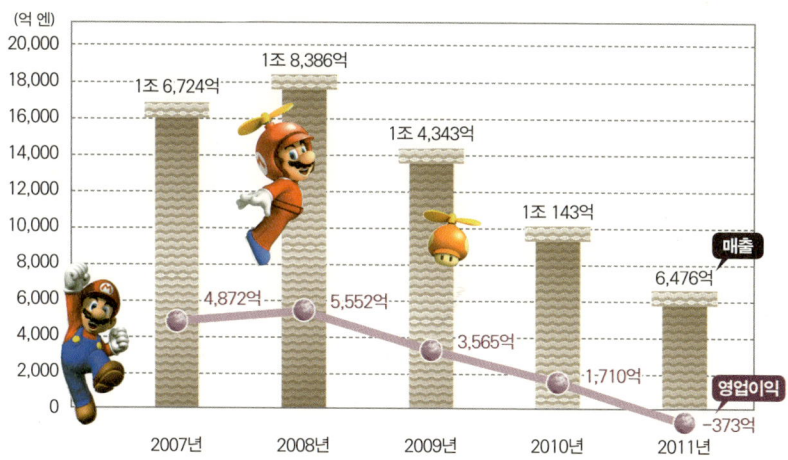

▶ 닌텐도 경영실적

2008년 정점을 찍은 닌텐도의 매출과 영업이익은 계속 하락세에 있다. 스마트폰 게임 시장을 등한시하고, 온라인 게임과의 경쟁에서 뒤처진 것이 적자 원인으로 분석된다.   자료 : 닌텐도

하는 얼굴을 보기 위해 모두 열심히 일했다"고 말했을 정도였다.

그는 젊어서부터 독선적이고 괴팍했다. 외할아버지의 급작스런 타계로 회사를 맡게 되자, 야마우치 일가 중에서는 오직 자신만이 경영에 참여해야 한다는 조건을 걸고 가업을 계승했다. 실제로도 외할아버지가 타계하자마자 사촌형을 해고해 버렸다. 그는 직원들에게도 상당히 가혹한 CEO였다. 나이 어리고 경력이 일천한 그가 사장으로 취임한 직후 직원들이 파업을 벌이자, 자신에게 반기를 든 장기근속 직원들을 해고하기도 했다.

가족들에게도 다정다감한 사람이 아니었다. 유년시절도 평탄치는 않았다. 그의 부친은 아들이 없던 야마우치 가문의 데릴사위로 들어와 가문을 이어야 했지만, 야마우치가 다섯 살 때 가족들을 버리고 떠나버렸다. 그래서 야마우치는 외가에서 자랐다. 그는 외할아버지에게는 반항적인 손자였고, 자식들(삼남매)에게는 일밖에 모르는 무서운 아버지였다. 그런 까닭에 그의 아들딸들은 회사일과 거리를 두고 싶어했다고 한다.

그러나 야마우치의 카리스마형 리더십과 직관이 없었다면 닌텐도가 교토의 향토기업에서 지금 같은 글로벌 기업으로 도약할 수 있었을지는 의문이다. 그는 회사에서 게임 출시를 결정하는 유일한 사람이었다. 또 체계적 분석보다는 자신의 직관을 더 신뢰한 것으로 알려져 있다. 야마우치가 게임을 평가하는 기준은 '저렴하고, 조작이 간편하며, 기존에 없는 것'인지, 그리고 자신의 '감'이었다. 슈퍼마리오도 출시 당시 액션(격투), 스피드(자동차경주) 일색의 게임 트렌드와 동떨어져 있어서 누구도 성공을 예상치 못했으나, 야마우치만은 달랐다. 그는 평생 한번도 비디오게임을 해본 적이 없다. 하지만 잘 팔릴 게임을 골라내는 본능적 감각은 누구보다 뛰어났던 셈이다.

완벽주의적 근성도 게임개발자들을 괴롭혔다. 닌텐도는 2008년 Wii 전용 바둑소프트웨어를 발매할 때까지 바둑게임을 내놓지 못했다. 그 이유가 아마 6단의 바둑실력을 가진 야마우치가 "게임의 CPU가 나와 겨뤄서 이길 때까지 바둑게임을 출시할 수 없다"고 했던 말이 암묵적인 규칙으로 작용했기 때문이다.

게임회사 CEO로서 그의 장점은 뛰어난 게임엔지니어를 발굴하고 그들이 역량을 펼칠 수 있도록 전폭적으로 지지했다는 사실이다. 닌텐도 게임 신화를 창조한 요코이 군페이, 미야모토 시게루 같은 게임장인이 닌텐도에서 나온 것은 결코 우연이 아니었다. "뛰어난 비디오게임을 만드는 사람은 기술자가 아니라 예술가이고, 닌텐도는 비디오게임 예술가들의 천국이어야 한다"는 생각이 그 바탕에 깔려 있었다.

부자 DNA

집념의 DNA
교토의 허름한 가내수공업 공장에서 시작한 회사가 세계 게임 시장을 제패하기까지 닌텐도는 오로지 게임 엔터테인먼트 하나에만 매달렸다. 1990년대 후반 화려한 그래픽과 고성능 하드웨어로 무장한 경쟁사의 게임기에 고전할 때도, 야마우치는 트렌드를 따르기보다는 "게임은 재미가 가장 중요하고 그래픽은 눈속임에 불과하다"는 개발전략을 고수했다. 변덕스러운 소비자들은 언제 그랬냐는 듯 다시 닌텐도에 환호했다. 트렌드를 좇기보다 한 우물을 파는 집념어린 일관된 전략을 추구하는 것, 야마우치의 성공 DNA다.

Charles Koch
David Koch

미국 보수진영의 숨은 실력자

코크 형제

2012년 미국 대통령 선거에서 반드시 버락 오바마 대통령의 재선을 막겠다고 벼르는 이들이 있다. 공공연히 "오바마는 역대 대통령 중 기업의 자유로운 운영과 발전에 가장 큰 해를 끼친 대통령"이라고 비판해 온 미국의 에너지기업 코크 인더스트리즈의 찰스 코크(Charles G. Koch, 1935년~) 회장과 데이비드 코크(David H. Koch, 1940년~) 부회장 형제다.

코크 인더스트리즈가 비상장 기업인데다 형제가 주로 정치 뒷면에서 조용히 '돈 줄' 역할만 해온 터라 한국에는 낯선 인물들이다. 하지만 2010년 미국 중간선거에서 보수 유권자 조직인 '티 파티*' 돌풍 뒤에는 코크 형제가 있었고, 2012년 대선의 향배를 가를 중요한 변수 중 하나로 꼽히는 것도 형제의 '물밑 작업'이다. 이들은 오바마의 재선을 저지하기 위해 2억 달러(약 2,200억 원) 이상을 지원할 계획인 것으로 알려졌다.

> 티 파티(Tea Party) 정부의 시장 개입을 반대하고, 감세를 옹호하는 미국 극우성향 시민들의 모임이다. 미국 사회의 이념 지형에서 가장 오른쪽에 서 있는 것으로 평가받는다. '티파티'라는 용어는 미국의 영국 식민지 시절 무리한 세금 징수에 분노한 시민들이 보스턴 항구에서 영국에서 수입된 홍차를 모두 바다에 던져버린 '보스턴 차 사건'에서 유래했다.

싫어하는 대통령을 낙선시키는 데 천문학적인 돈을 쓰는 형제의 재산은 각각 250억 달러로 세계 열두 번째, 미국 다섯 번째 부자다.

비상장 공룡 기업, 코크 인더스트리즈

코크 인더스트리즈는 석유, 화학 등 에너지 분야를 비롯해 제조업, 섬유, 금융 부문 계열사까지 거느린 대형 그룹이다. 비상장 기업이라 인지도는 낮지만 2008년 매출액만 980억 달러(110조 원)에 달하는 거물 기업이다. 미국 비상장 기업 중 곡물기업 카길(Cargill) 다음으로 규모가 크며, 상장기업까지 합치면 열여섯 번째로 큰 기업이다.

코크 인더스트리즈는 형제가 아버지 프레드 코크(Fred C. Koch, 1900~1967년)에게 물려받은 중형 석유회사에서 시작되었다. 네덜란드계 미국 이민자 가정에서 태어난 프레드는 매사추세츠공과대학(MIT)에서 화학공학을 전공했다. 그는 친구와 석유 정제 회사를 운영하며 효율적인 원유 정제법을 개발하기도 했다. 그러던 중 1940년 '록아일랜드(Rock Island Oil & Refining Company)'라는 에너지 기업을 세웠다.

이 회사를 물려받은 것은 프레드의 네 아들 중 둘째인 찰스였다. 아버지처럼 MIT에서 화학공학을 전공한 찰스는 대학 졸업 후 세계적인 경영컨설팅 기업인 '아서 리틀'에서 일하다, 1961년 아버지 회사에 입사했다. 아버지가 사망한 1967년, 당시 연간 매출액 2,000억 원 규모의 중형 기업이었던 록아일랜드의 회장이 되었고, 아버지를 기려 회사 이름을 코크 인더스트리즈로 바꿨다. 1970년 넷째 아들 데이비드도 회사에 합류했다. 형제는 10년 이상 매년 두 자리 수의 매출 및 영업이익을 기록하며 아버지의 회사를 자그마치 2,000배나 키웠다.

▶ 코크 형제는 석유 정제, 섬유, 비료, 유통 등 다양한 부문의 사업체를 거느리고 있으며 보수단체, 정책연구소 등에 거액을 지원하며 정치에도 적극적으로 개입한다. 미국 언론은 이런 형제를 종종 문어에 비유해 풍자한다.

형제가 회사를 성장시킨 비결은 공격적인 M&A다. 원래 회사는 석유 정제와 화학 중심으로 운영됐지만 오염 정화 기술, 섬유, 비료, 유통, 서비스, 소비재 등 다양한 부문으로 사업 영역을 넓혀갔다. 2004년 사들인 합성 섬유업체 인비스타와 2005년에 인수한 세계적 제지회사 조지아퍼시픽이 대표적이다. 형제는 사는 것 못지않게 매각에도 과감했다. 자신들보다 다른 사람에게 더 큰 가치가 있는 자산이라면 파는 게 낫다는 것이 이들의 또 다른 경영 원칙이다. 피자 반죽, 광물 채굴, 트럭 운송 등 형제가 이러한 원칙에 따라 포기한 사업 부문도 50개가 넘는다고 한다.

 45년간 회사를 일궈온 형제는 코크 인더스트리즈의 지분을 각각 42%씩 갖고 있다. 하지만 회사를 주식 시장에 상장할 계획은 없다. 찰스는 늘 "내가 죽기 전까지 상장은 없을 것"이라고 말한다. 비상장 기업은 단기적으로 수익이 줄더라도 장기적인 안목으로 길게 투자할 수 있지만, 상장이 되면 단기 목표 달성에 대한 압박이 심하기 때문이다.

작은 정부를 지향하는 자유시장주의 전도사

 코크 형제는 리버테리안(libertarian)이다. 우리말로 '자유주의자' 정도로 번역할 수 있다. 리버테리안은 세금, 건강보험, 재정 등의 부문에서 정부의 규제를 최소화하는 작은 정부를 지향한다. 이들이 오바마 정부 정책에 극렬히 반대하며 세금 인하와 의료보험 개혁안 폐지를 주장하는 것도 그래서다. 반면 낙태, 매춘, 마약 등에 대해서는 개인의 선택권을 중시하고 합법화를 주장하기도 한다. 한 마디로 정부의 역할은 최소화하고 개인의 경제 활동과 자유는 최대화하자는 것이 리버테리안이 주장하는 핵심 요지다.

형제는 자신들의 신념을 직접 실현하기 위해 정치 전면에 나서기도 했다. 데이비드는 1980년 '각종 연방기구 및 규제기관 폐지', '법인세, 최소임금제, 사회안전망 철폐', '매춘, 마약, 자살 합법화'를 공약으로 내걸고 자유당 부통령 후보로 출마했다. 왜 출마하게 됐느냐는 질문에 데이비드는 "리버테리안들이 말하는 것을 믿기 때문"이라고 대답할 정도로 자유주의에 대한 신념이 확고하다.

대통령 후보였던 에드 클라크(Ed Clark)와 데이비드는 전국에서 1.06%의 표를 받고 낙선했다. 하지만 형제는 "이전의 다른 리버테리안 보다 더 나은 성과인데다 1% 이상을 얻은 것은 주목할 만 한 일"이라며 매우 자랑스러워했다고 한다.

집권에는 실패했지만 형제는 자유주의적이고 보수적인 성향의 씽크탱크(연구소)를 지원하며 자유시장주의 사상을 공고히 해왔다. 찰스는 1977년 대표적인 보수주의 씽크탱크 중 하나인 케이토(Cato) 연구소를 에드워드 크레인(Edward H. Crane) 등의 리버테리안들과 공동으로 설립해 꾸준히 지원하고 있다. 1980년대부터 헤리티지재단 등의 정책연구소에 기부한 돈만 1억 달러가 넘을 정도다. 형제는 또 2004년 보수성향의 비정부기구 '번영을 위한 미국인들(AFP : Americans for Prosperity)'을 설립했다. AFP는 2010년 중간선거에서 공화당이 완승을 거둬 하원을 장악하는 데 결정적인 역할을 했다. 이 밖에도 찰스는 자유주의 성향의 학자들을 지원하고 있으며, 젊은 이들을 교육하기 위한 '찰스 코크 여름 펠로우 프로그램' 등을 운영하고 있다.

형제의 기부활동은 주로 자유시장주의적인 관점을 발전시키기 위한 연구, 정책, 교육프로그램에 초점이 맞춰져 있지만 복지, 예술, 의학 분야에 대한 기부도 활발하다. 데이비드가 링컨센터의 뉴욕스테이트극장에 2008년 1억 달러를 기부하면서 극장 이름도 '데이비드 코크 극장'으로 바뀌었다. 2012년에는 스미스소니언박물관이 새로운 공룡전시관을 짓는 데 3,500만 달러를 기부해, 102년 박물관 역사상 최고액 기부자로 기록되기도 했다. 또 1992년 전립선 암에 걸렸던 데이비드는 암 연구 등 의학 분야에도 거액을 기부해왔다.

▼ 미술관과 박물관, 공연시설에 대한 지원 이야말로 리버테리안 재벌의 전형적인 기부 방식이다. 사진은 데이비드 코크 극장의 크고 화려한 내부 전경.

이 같은 기부활동에 힘입어 찰스는 2008년 「비즈니스위크」가 뽑은 최고의 기부자 50명에 선정되기도 했다. 형제는 또 "산업을 발전시키는 한편, 자유시장주의 원리를 위해 헌신하고 기부에 대한 열정도 뛰어나다"며 2011년 「타임」의 가장 영향력 있는 인사 리스트에 포함되기도 했다.

■ 공화당에 아낌없이 돈을 대는 보수세력의 막후

정책 연구를 통해 자신들의 신념을 설득시키려 하고 사회 전 분야에 대해 활발한 기부활동을 펴는 형제의 모습은 일견 '모범적인 갑부'로 보이기도 한다. 하지만 그런 모습 뒤에는 탈세, 천문학적인 로

▶ 코크 형제는 자신의 사업에 정당성을 부여해줄 수 있는 연구 조직과 단체에 아낌없이 지원한다. 사진은 화석 연료 때문에 기후가 변한 것이 아니라고 주장하는 단체에 형제가 후원했음을 고발하는 현수막.

비와 정치 자금, 반(反) 환경적인 활동을 둘러싼 의혹도 무성하다.

2010년 미국 시사주간지 「뉴요커」에 따르면 형제가 보수주의 정치인과 조직에 비공개적으로 지원한 돈만 10억 달러(1조 1,000억 원)가 넘는다. 로비에 쓰는 돈도 만만치 않다. 2005년부터 2008년까지 화석 연료 산업에 대한 지지를 이끌어 내기 위해 쓴 로비 자금만 420억 원이다. 2010년에는 자신들이 대량으로 생산하는 포름알데히드를 발암물질로 분류하지 않도록 로비를 펴기도 했다. 국제환경보호단체 그린피스에 따르면 형제는 지구온난화 등 화석 연료에 의한 기후 변화는 잘못된 논리라고 주장하는 조직에도 550억 원을 지원했다(1997~2008년).

실제로 지구온난화 현상에 동의하지 않았던 세계적인 물리학자 리처드 뮬러(Richard Müller)는 형제로부터 거액의 지원을 받아 2년여 간 온난화를 연구하기도 했다. 하지만 연구를 끝낸 뮬러 박사가 2011년 "온난화는 사실"이라며 '양심선언'을 해 파문이 일기도 했다.

탈세 의혹도 끊이지 않는다. 2010년 미국 행정부 고위 관계자는 "법인세를 내지 않는 회사들이 많다"며 "이 중에는 거대한 회사도 있다. 코크 인더스트리즈는 수십 억 달러 규모의 기업이다"라고 말하기도 했다. 물론 코크 인더스트리즈 측은 탈세 의혹을 부인하고 있다. 회사가 비상장 사기업이기 때문에 회계 정보를 낱낱이 확인해 의혹을 입증할 방법도 없다. 천문학적인 정치와 로비 자금 역시 과연 형제의 개인 재산에서 나온 것인지 확인하기 어렵다.

공화당 정치인들에게 자금을 대며 전방위적으로 오바마 대통령을 공격하고 있는 형제의 '반(反) 오마바 전쟁'은 과연 성공할 수 있을까? '보수진영의 숨은 실력자' 코크 형제가 선거의 뒤편에서 어떤 활약을 펼칠지, 과연 이 전쟁에서 승리할지는 2012년 미국 대선을 지켜보는 또 하나의 관전 포인트가 될 것이다.

조종의 DNA

코크 형제는 사회 전반을 그들이 원하는 방향으로 바꾸기 위해 막후에서 활발히 움직이고 있다. 형제가 지원을 아끼지 않는 정책연구소, 보수성향의 단체, 과학자, 교수, 정치인들은 형제의 신념과 이익을 대변하고 있다. 이들 모두 형제의 머리와 입이 되어 보수주의를 전파하고 있는 것이다. 형제의 진두지휘에 따라 사회가 보수화될수록 이들의 부는 더욱 견고해진다. 바람에 몸을 맡기는 것이 아니라, 내게 유리한 쪽으로 바람의 방향을 바꾸려는 의지. 그리고 중개자를 통해 힘을 증폭시키는 능력. 형제가 가진 부자 DNA다.

Gina Rinehart

세계 최고 여성 갑부가 된 '철의 여인'
지나 라인하트

'철의 여인'으로 불리는 호주 광산재벌 지나 라인하트(Gina Rinehart, 1954년~) 핸콕프로스펙팅 회장이 2012년 상반기 세계 부의 피라미드를 뒤흔들었다. 라인하트가 새로운 '세계 제1의 여성 부호'로 등극한 것이다. 7년째 요지부동으로 여성 부호 1위를 지켜온 미국 월마트의 상속녀 크리스티 월튼(Christy Walton)을 밀어냈다(「비즈니스리뷰위클리(BRW)」기준).

호주 경제잡지 「BRW」의 '2012 부자 200인 순위'에 따르면 라인하트는 1년 동안 하루에 5,000만 달러씩 벌어들였다. 보유재산은 2011년 초 90억 달러에서, 2012년 초 180억 달러(「포브스」추산), 5월에는 280억 달러(「BRW」추산)로 기하급수적으로 불어났다. 그녀의 이름 앞에 붙는 수식어도 바뀌었다. '호주 제1의 부자'에서 '세계에서 가장 부자인 여성'으로…….

금융위기에 더 강했던 '철의 여인'

라인하트의 재산이 순식간에 갑절이 된 건 서호주 필바라 지역의 로이힐철광석광산 프로젝트에 포스코 컨소시엄의 투자를 유치하는 데 성공했기 때문이다. 로이힐광산은 23억 톤의 철광석이 매장되어 있는 광산으로, 2014년부터 연 5,500만 톤의 철광석을 생산하는 것을 목표로 개발 중이다. 포스코컨소시엄이 지분 30%를 36억 달러에 인수했다는 건 이 프로젝트가 100억 달러 이상의 가치를 지녔다는 의미로 해석되었다.

필바라는 호주 철광석 매장량의 80% 이상을 차지하고 있는 지역이다. 라인하트에게 화수분이나 다름없는 이곳은 아버지 랭 핸콕(Lang Hancock)이 남긴 유산이다. 라인하트가 태어나기 2년 전 핸콕은 필바라에서 세계 최대 수준의 철광석 매장지를 최초로 발견했다. "1952년 11월 아내와 함께 비행기를 타고 퍼스로 돌아오던 길에 해머즐리 산맥을 지날 때쯤 구름이 무겁게 끼고 날씨가 나빠졌다. 그래서 비행 고도를 낮춰 터너 강을 따라 가다가 불그스름한 철처럼 보이는 절벽을 발견했다. 마치 녹슨 철 같은 형상이었다." 미화하고

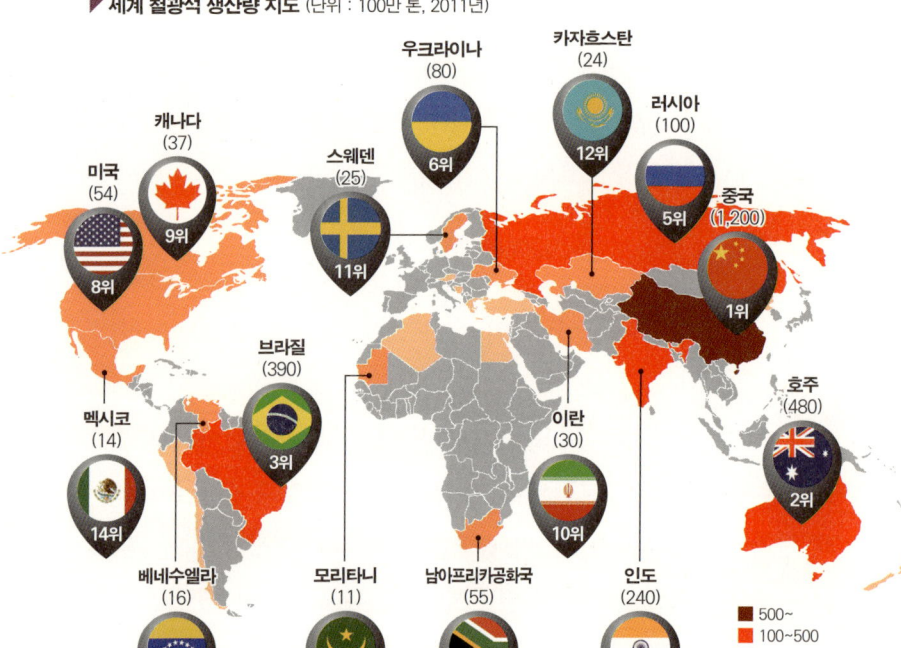

▶ 세계 철광석 생산량 지도 (단위 : 100만 톤, 2011년)

호주는 한반도의 서른다섯 배에 달하는 국토에 풍부한 광물자원을 보유하고 있다. 특히 세계 2위의 철광석 보유국(세계 매장량의 17%)이자 생산국이다. 라인하트의 광산이 있는 필바라는 호주 철광석 매장량의 80% 이상을 차지하는 지역이다.   자료 : 미국 지질 조사소

과장된 부분도 있지만, 핸콕은 철광석 매장지 발견 당시를 이렇게 회상했다.

랭 핸콕이 사망하자 회사 핸콕프로스펙팅은 법적으로 유일한 자녀로 올라와있는 라인하트가 물려받았고, 그녀는 최고경영자(CEO) 겸 회장이 되었다. 핸콕프로스펙팅이 확보하고 있는 채광권 규모는 필바라 지역에 면적 500제곱킬로미터에 이른다. 그러나 1990년대 초반 핸콕프로스펙팅은 부채가 상당했으며 경영상태도 엉망이었다. 라인하트는 로이힐(철광석), 알파(석탄) 등 신규 광산 개발을 시작하고 합작파트너를 유치해 자본을 대량 투입하면서, 핸콕프로스펙팅을 흑자경영으로 전환시키고 호주 철광석 수출의 역군으로 탈바꿈시켰다. 2012년 현재 핸콕프로스펙팅은 연간 3,000만 톤을 생산하는 호프다운 광산(리오틴토와 공동경영)을 비롯해 여섯 곳의 프로젝트를 진행하고 있다.

라인하트의 재산 증식 속도는 놀랍다. 핸콕프로스펙팅이 새 광산 프로젝트를 개발하고 생산을 확대하면 할수록, 라인하트의 재산은 하루가 다르게 급증했다. 세계 금융위기도 좋은 기회가 되었다. 세계 경제는 침체 기로에 선 반면 중국, 인도 등 신흥국의 철광석 수요는 꾸준했고 원자재 가격이 고공 행진한 덕분에 호주 광산업이 붐을 탔다. 라인하트의 재산도 2008년 24억 달러에서 2011년 90억 달러로 수직상승했다. 세계 부의 피라미드 최상층을 뒤흔들며 기염을 토하는 그녀의 행보가 주목을 받기 시작했다. 하지만 일각에서는 중국과 인도 경제가 침체된다면 라인하트의 사업은 치명상을 입을 것이라고 지적하고 있다.

적들에 둘러싸인 외로운 부자

부모 잘 만나고 시운(時運)도 잘 타고난 덕분에 많은 돈을 가졌을지 모르지만, 라인하트는 가지지 못한 것도 많다. 특히 가족애만큼은 그녀도 돈으로 채우지 못했다.

2012년 라인하트는 아들딸들과 법적 분쟁에 휘말렸다. 분쟁의 원인은 재산이다. 랭 핸콕이 외손주들 몫으로 남긴 신탁이 화근이었다. 랭 핸콕은 핸콕프로스펙팅의 지분 4분의 1을 떼서 손주들을 위한 신탁기금으로 만들고, 그들이 장성할 때까지 라인하트에게 관리를 맡겼다. 그런데 2011년 라인하트가 자녀들이 신탁을 직접 관리할 수 없도록 신탁기간을 2068년까지로 연장해 버렸다. 그러자 1남 3녀 중 막내를 제외한 나머지 자녀들이 유산을 내놓으라며 소송을 건 것이다.

라인하트의 가족 불화는 이번이 처음은 아니다. 어머니가 세상을 떠난 뒤 그녀의 반대에도 불구하고 아버지 랭 핸콕은 서른아홉 살 연하의 가정부와 재혼했다. 또 랭 핸콕이 급작스러운 심장마비로 사

▼ 「포브스」 선정 여성 억만장자 톱 5 (2012년, 단위 : 달러)

순위	이름	회사(업종)	국가	재산
1위	크리스티 월튼	월마트(유통)	미국	253억
2위	릴리앙 베탕쿠르	로레알(코스메틱)	프랑스	240억
3위	앨리스 월튼	월마트(유통)	미국	233억
4위	지나 라인하트	핸콕프로스펙팅(광업)	호주	180억
5위	이리스 폰트보나	안토파가스타(광업)	칠레	178억

망한 뒤에는 계모와 14년간 법정에서 싸웠다.

라인하트의 삶은 광산을 빼놓고는 말할 게 없을 정도로 태어난 이래 쭉 광산업 한 우물을 팠다. 어린 시절은 부모가 석면광산을 운영한 서호주 위트눔에서 보냈다. 시드니대학(경제학 전공)을 졸업하고 1973년 핸콕프로스펙팅에 입사해, 아버지 랭 핸콕을 보좌하면서 필바라의 광산업을 체득했다.

2010년 이후로는 미디어 분야에 투자를 시작하는 등 관심 영역을 확장하고 있다. 2010년 TV방송국 텐네트워크의 지분을 확보했고, 호주 유력 일간지 「시드니모닝헤럴드」 등을 보유한 미디어그룹 페어팩스미디어의 최대 개인주주가 되었다.

라인하트가 아버지로부터 물려받은 또 다른 유산은 강력하고 단호한 친기업적 태도다. 미디어 기피성향이 강한 그녀이지만 기업 활동에 가해지는 규제에 대해서는 공개적으로 반대 성명을 발표하는 것도 마다하지 않는다. 세상의 수많은 부자들이 그러하듯 재산을 지켜내려는 부의 본능은 어떤 경우에서건 매우 냉철하고 강력하게 발휘된다.

부자DNA

전문가 DNA
라인하트는 자녀들의 신탁기간을 연장한 이유를 다음과 같이 밝히고 있다. "자녀들 가운데 어느 누구도 신탁을 관리할 능력이나 기술, 지식이나 경험, 판단력, 책임감 있는 근로윤리를 가지고 있지 않다. 또한 원자재산업이나 다른 어떤 분야에서도 직업을 가진 적이 없다." 라인하트가 자녀들에게 요구하는 조건인 전문성과 경험은 그녀가 적자였던 핸콕프로스펙팅을 흑자로 돌려놓기까지 필요했던 능력과 일맥상통하지 않을까?

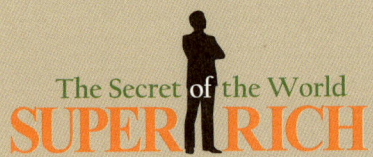

Recovery
● 아흔아홉 번의 실패를 디딤돌 삼아 쏘아올린 성공

Steven Paul Jobs

공산품을 작품의 경지에 올려놓은
'21세기 장인'

스티브 잡스

2011년 10월 7일, 한국의 조간신문 1면은 모두 한 인물의 흑백사진이 차지했다. 부고 기사를 맡은 기자들은 가능한 한 최고의 문장력을 발휘해 이 사람을 추모했다.

전날 아침, 출근 길 인터넷으로, 라디오로, 아이폰으로 그의 죽음을 접한 많은 사람들은 한번도 만나 본 적 없는 그가 이 세상을 떠났다는 사실에 큰 슬픔과 안타까움을 느꼈다.

그는 마더 테레사(Theresa)나 마하트마 간디(Mahatma Gandhi)처럼 위대한 현인의 반열에 오른 사람이 아니었다. 자신의 전 재산을 기부하기로 한 세계 제일의 부자도 아니었다. 오히려 성격적으로 결함이 매우 많은 사람이었다. 하지만 한국을 포함해 전 세계인들이 그를 마음 깊이 애도했다.

한 기업가의 죽음이 이렇게 세계를 울린 적은 이전에도 없었고 이후에도 없을 것이다. 기업가라기보다 예술가나 장인이라는 칭호가 좀 더 어울리는 삶을 살았기 때문일까. 적어도 그가 만든 제품, 아니 작품을 써본 사람들은 세상을 변화시키고자 했던 그의 강한 열망에 깊이 공감했던 것 같다.

실리콘밸리에서 태어나 성공한, 실리콘밸리 키드

스티브 잡스(Steven Paul Jobs, 1955~2011년)는 1955년 2월 샌프란시스코에서 태어났다. 생부는 시리아계 압둘파타 잔달리(Abdulfattah Jandali), 생모는 미국인 조앤 쉬블(Joanne Carole Schieble)이었다. 두 사람은 쉬블 아버지의 강한 반대로 결혼할 수 없게 되자, 아이를 폴-클라라 잡스(Paul Reinhold Jobs, Clara Jobs) 부부에게 입양보냈다. 잡스는 양부모에 대해서 "그들은 1,000% 내 부모"라고 한 반면, 친부모에 대해서는 "그들은 정자와 난자 은행일 뿐"이라고 말한 적도 있다.

어린 시절의 잡스는 사고뭉치였다. 하지만 초등학교 4학년 때 선생님은 그의 수학능력을 테스트한 뒤 고등학교 2학년 수준이라는 것을 알고 잡스가 월반할 수 있도록 도와줬다.

HP의 엔지니어 래리 랭(Larry Lang)은 어렸을 때 그를 이끌어준 멘토 중 한 명이다. 랭에게 히스키트라는 전자 장치를 소개 받은 잡스는 기계와 전자공학에 대한 관심을 키웠고, 거대한 컴퓨터도 구경할 수 있게 되었다. 열세 살 때 잡스는 실리콘밸리 창업의 원조라 할 수 있는 HP의 공동 창업자 빌 휼렛(Bill Hewlett)에게 직접 전화를 걸어 주파수 계수기를 만드는 데 필요한 부품을 지원해 달라고 했다. 휼렛은 이 맹랑한 소년에게 부품뿐만 아니라 여름방학 아르바이트 자리까지 내주었다.

잡스가 고등학교 때 만난 가장 큰 인연은 스티브 워즈니악(Steve Wozniak, 1950년~)이다. 그는 그때까지 자기보다 전자장치를 잘 조립하는 사람은 만난 적이 없었다. 두 사람은 당시를 풍미했던 히피문화에도 관심이 많았다. 다만 두 사람의 성격은 상당히 달랐다. 워즈니악은 말 그대로 '뼛속까지 순수한 엔지니어' 스타일이었다. 하지만 잡스는 기계뿐 아니라 고전 문학과 음악도 좋아하는, 예술적 감성과 영적인 탐구심이 강한 스타일이었다.

이 모든 것이 그가 자란 실리콘밸리에서 일어난 일이었다. 많은 IT 업체의 창업자들이 다른 곳에서 나서 실리콘밸리로 이주해 일을 시작했지만, 잡스는 실리콘밸리에서 인생을 시작했다.

스무 살, 애플을 만들다

　잡스의 대학 시절은 짧았지만, 스탠퍼드대학 졸업 연설 덕분에 널리 알려져 있다. 2005년 잡스는 스탠퍼드대학 졸업식에 참석해 15분가량의 짧은 연설을 한다. 이 연설이 아이폰의 대성공 후 전 세계에 다시금 알려지면서 '괴짜 기업가'였던 그의 이미지는 '21세기 철학자'로 승격되었다.

　"여러분의 시간은 한정되어 있다. 다른 사람의 삶을 살기 위해 인생을 허비하지 말라.", "항상 갈구하고, 항상 무모하라.", "만약 오늘이 내 인생의 마지막 날이라면, 내가 오늘 하려던 일을 하겠는가?", "위대한 일을 해낼 수 있는 유일한 방법은 가장 하고 싶은 일을 하는 것이다. 아직 (그런 일을) 찾지 못했다면 계속 찾아봐라." 연설을 통해 잡스가 남긴 많은 명언은 사람들에게 진한 여운을 주며 회자되었다.

　잡스는 연설에서 리드대학에 들어간 지 겨우 6개월 만에 그만 둔 이유로 "평범한 노동자였던 부모님이 힘들게 모아뒀던 돈이 모두 학비로 들어갈 정도로 학비가 비쌌지만, 6개월 후 대학생활은 그만한 가치가 없어 보였기 때문"이라고 설명했다. 자퇴 후에는 재미없던 필수과목 대신 흥미 있는 과목들을 청강했다. 그중 가장 인상 깊었던 강의 중 하나가 캘리그래피(서체 디자인)였다. 이는 10년 후 매킨토시의 유려한 서체를 만드는 데 큰 도움이 되었다.

▼ 애플 I   ▼ 애플 II   ▼ 리사

　1974년에는 게임회사 아타리에 들어갔으며, 인도로 수행 여행을 다녀오기도 했다. 아타리는 잡스에게 '브레이크아웃'이라는 벽돌깨기 게임 설계를 맡기면서, 칩을 50개 미만으로 사용하면 줄어든 칩에 비례해 보너스를 주겠다고 약속했다. 잡스는 워즈니악에게 보수를 반씩 나누는 조건으로 도움을 청했고, 워즈니악은 불과 4일 만에 45개의 칩만으로 게임을 설계해 낸다. 하지만 잡스는 5,000달러를 받은 뒤 워즈니악에게는 총 보수를 숨긴 채 겨우 350달러만을 주었다고 한다.

　1975년 워즈니악은 직접 키보드가 달린 컴퓨터의 시제품을 만들었다. 다음해 워즈니악은 이를 개량해 나무 상자에 키보드와 본체를 넣은 투박한 모양의 '애플I'을 만들어 잡스에게 보여줬다. 사람들이 진정으로 원하는 것을 직관적으로 알아내는 데 천재적인 능력이 있는 잡스는, 그것이 바로 '미래'라는 것을 알았다. 그는 자신의 자동차를 팔아 부품을 구입하고 워즈니악에게는 HP를 관두고 이것을 만들어 팔자고 제안했다.

　곧이어 두 사람은 애플컴퓨터를 창립했다. 1977년, 사실상 최초의 개인용 컴퓨터라 할 수 있는 애플II가 세상에 나왔다. 우리가 생각하는 보통 컴퓨터의 형태, 즉 모니터, 본체, 키보드, 디스크 드라이브가

달린 책상 위에 올려놓을 수 있는 컴퓨터가 세상에 나타난 것이다. 애플II는 전 세계에서 200만 대가 팔렸다. 1980년 애플은 주식 시장에 상장되었고 두 사람은 백만장자가 되었다.

 1978년에는 마우스로 구동하는 그래픽 유저 인터페이스를 갖춘 최초의 개인용 컴퓨터 '리사'를 출시했다. 당시까지만 해도 컴퓨터는 키보드를 이용해 알파벳과 숫자만 입력할 수 있었다. GUI 기술은 잡스가 제록스의 팔로 알토 연구소(PARC)에서 처음 본 것을 상용화한 것이다. 하지만 당시 제록스는 이것의 가치를 몰랐다. 마치 워즈니악이 애플I을 만들었을 때 그 가치를 바로 알아차린 것처럼, 잡스는 GUI 기술을 보자마자 이것이 패러다임을 바꿀 놀라운 기술임을 알아차렸다. 리사는 너무 비싼 가격 때문에 바로 사라졌지만, 1984년 이보다 값을 낮춘 '매킨토시'가 나오게 된다.

 매킨토시는 여러 가지 면에서 잡스를 상징하는 제품이다. 사실 애플II는 천문학적 성공을 거뒀지만 잡스의 작품이라기보다는 워즈니악의 작품이었다. 잡스는 자기만의 컴퓨터를 만들고 싶어 했고, 그 첫 작품이 리사였고 결실이 매킨토시였다.

 우선 매킨토시는 처음으로 상업적으로 성공한 '마우스+GUI' 컴퓨터였다. 모니터와 본체를 일체화해 디자인의 단순함을 구현한 점, '다르게 생각하라(Think different)'를 모토로 삼은 점, 리들리 스콧

▼ 리들리 스콧 감독이 1984년에 만든 애플 컴퓨터 광고 스틸 컷. 한 여성이 힘차게 달려와 사람들을 세뇌하고 있는 화면 속 빅 브라더(조지 오웰의 소설 『1984년』에 등장하는 독재자)를 향해 해머를 던진다. 이 광고는 애플이 당시 컴퓨터 업계를 독점하던 IBM(빅 브라더)에 대항해 신제품(매킨토시)을 출시한다는 의미로 해석되고 있다.

(Ridley Scott) 감독이 만든 기념비적 광고를 통해 '제품으로 세상을 바꾸겠다'는 철학을 전달하려 한 점 등 매킨토시는 잡스의 제품 철학을 농축시켜 보여줬다고 할 수 있다.

서른 살, 자신이 만든 회사에서 쫓겨나다

빠른 성공은 빠른 몰락을 불러왔다. 독선적 성격, IBM 호환 PC의 급속한 보급에 따른 매킨토시의 판매 부진 등으로 회사 안에서 입

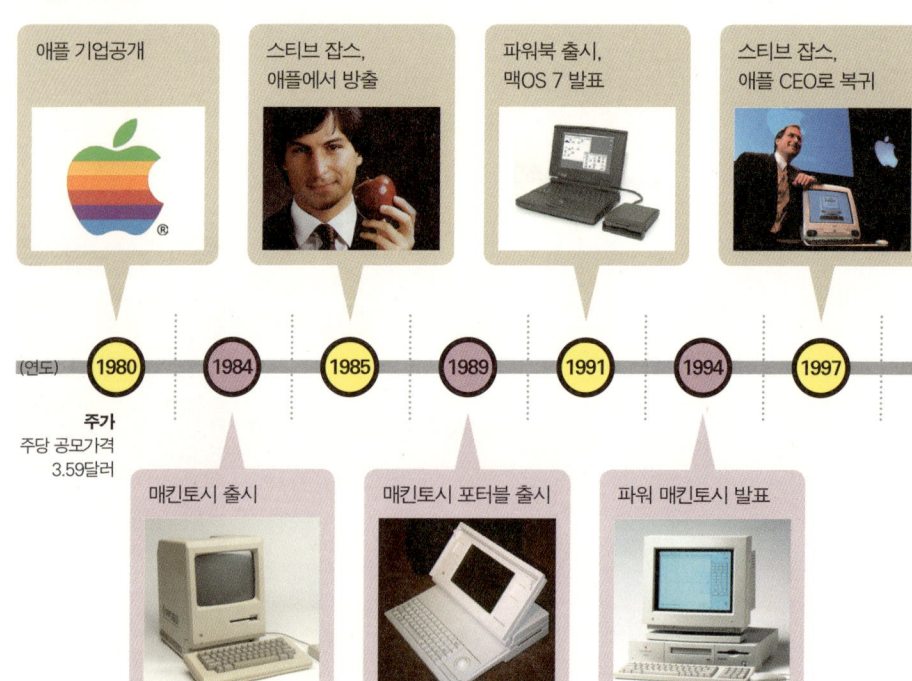

지가 좁아졌던 잡스는 서른 살이 되던 1985년, 자신이 "설탕물이나 팔 거냐"며 펩시코(펩시콜라 제조사)에서 직접 영입했던 존 스컬리(John Scully)에 의해 경영 일선에서 쫓겨났다. 스무 살에 만든 회사에서 백만장자가 되었지만 겨우 서른 살에 자신이 만든 회사에서 쫓겨난 것이다. 비참한 심정은 이루 말할 수 없었지만, 이 일이 있은 후 1997년 애플로 다시 돌아올 때까지 10여 년은 잡스의 인생에서 매우 중요한 전환점이 되었다. 잡스 역시 스탠퍼드대학 졸업식 축사에서 "당시에는 몰랐지만, 애플에서 해고당한 것이 나에게 일어날 수 있었던 최고의 사건이었다"고 말했다.

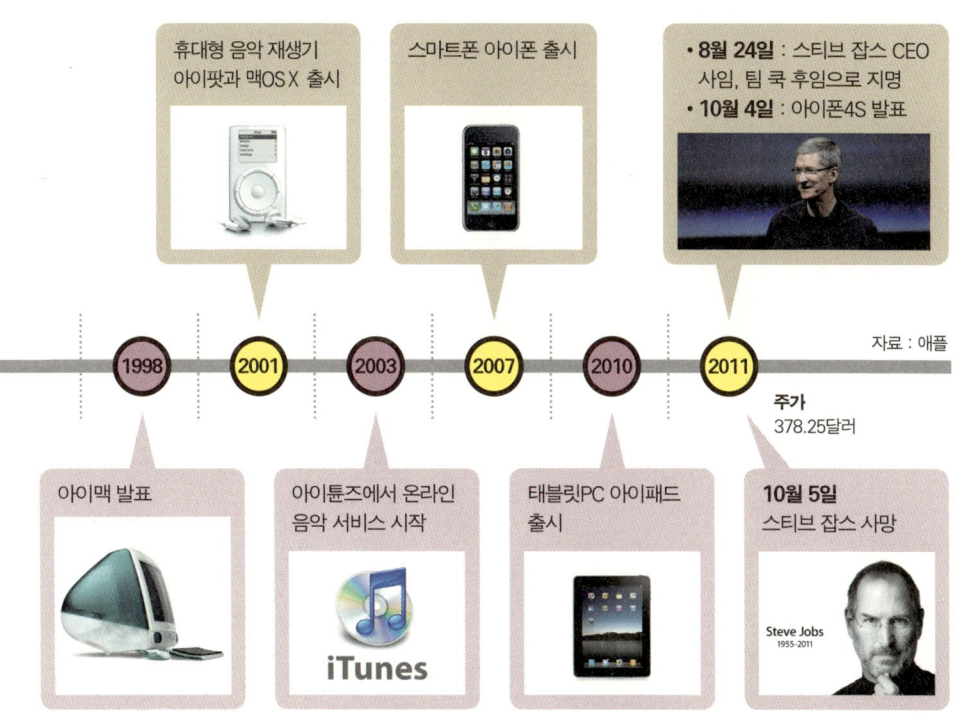

▼ 잡스와 그의 부인 로렌 파월. 파월은 잡스 사망 후 「포브스」가 발표한 억만장자 명단에 처음으로 이름을(100위) 올렸다.

잡스는 이 기간 넥스트를 창업하고 픽사를 인수하는 등 두 회사를 만들고 운영하면서 최고경영자(CEO)로서 조직을 운영하는 방법에 대해 다시 체득했고, 기술력과 창의성을 배가시켰다. 픽사는 잡스가 CEO이던 시절에는 크게 성공하지 못했으나, 나중에 〈토이스토리〉로 세계적 성공을 거둔 뒤 디즈니에 인수되면서 잡스에게 커다란 부를 안겨주었다.

1989년에는 부인 로렌 파월(Laurene Powell Jobs)을 만났다. 잡스는 로렌을 처음 보자마자 사랑을 느꼈다고 했지만, 사실 로렌이 임신을 했을 때 처음에는 이를 받아들이지 않았다고 한다. 하지만 로렌이 충격을 받고 그의 곁을 떠나자 결국 잡스는 로렌과 가정을 꾸리기로 결심하고 이후 세 자녀를 낳으며 가정적인 남자로 변모한다. 자녀들과 수영장에 같이 가고, 학교 수업도 참관했으며, 할로윈데이에는 무서운 괴물 분장도 할 정도였다. 월터 아이작슨(Walter Isaacson)을 통해 자신의 치부까지 들어내는 전기를 집필토록 한 것 역시 아이들에게 "아버지는 이런 사람이었다"는 것을 남기고 싶어서였다고 전해진다.

물론 그의 독선적인 경영 행태는 1997년 애플에 돌아와서도 계속되었다. 하지만 12년 동안의 경험 덕분에 잡스는 애플 복귀 후 아이맥, 아이팟, 아이북, 아이폰, 아이패드 등 IT 업계에 길이 남을 혁신적이고, 아름답고, 이용자를 세심하게 고려한 제품을 계속 선보일 수 있었다.

잡스가 애플 복귀 후 제일 먼저 선보인 제품은 아이맥이다. 모니터와 본체 일체형 디자인에 투명한 색상을 입혀 감성을 자극했다. 그때까지 윈도 운영체제를 장착한 수많은 IBM 호환기종의 컴퓨터들이 나왔지만 컴퓨터에 감성적 디자인을 접목시킨 제품은 거의 없었다. 아이맥은 이런 세상에 충격을 준 것이다. 덕분에 1997년 10억 달러의 적자를 냈던 애플은 다음해 4억 달러의 흑자로 전환했다.

MP3 플레이어 아이팟은 기계뿐 아니라 '생태계'를 만들면서 시장을 창출해 낸 첫 작품이다. 이전에도 다양한 MP3 플레이어들이 있었다. 그러나 그때까지 MP3 플레이어는 CD에서 추출한 MP3 음악 파일을 재생하는 단순한 기계일 뿐이었다. 하지만 잡스는 무료 음악 공유 서비스 '냅스터'로 CD 판매가 급감한 후 파일 형태의 음원 유통에 알레르기 반응을 보였던 음반 제작자들을 설득했다. 결국 음원 파일을 불법 복제가 아닌 유료로 유통시키는 아이튠즈 뮤직스토어를 만들었다. 미려하면서도 편리한 이용자 환경과 아이튠즈를 통한 편리한 음원 구매 방식이 결합해, 아이팟은 세상에 둘도 없는 MP3 플레이어가 되었다.

아이폰, 세상을 혁신하다

잡스의 명성을 전 세계에 알린 것은 뭐니뭐니해도 2007년 출시된 아이폰일 것이다. 사실 처음에는 다들 반신반의했다. 노키아, 모토로라, 삼성전자처럼 오랫동안 휴대폰을 만들어 온 강자가 있는데 과연 경험 없는 애플이 만든 제품이 전화나 제대로 걸리겠느냐는 회의적인 반응도 많았다.

'손 안의 컴퓨터'를 만들겠다는 생각도 그가 처음 한 것이 아니었다. 훨씬 오래 전부터 마이크로소프트는 PDA 등 모바일 기기용 윈도 운영체제를 만들어 왔고, 삼성전자 등도 그런 운영체제에 기반한 제품을 만들기도 했다. 물론 엄청나게 불편했다. 대화면 컴퓨터에서 마우스를 사용할 때 쓰던 방식을 좁은 화면에 그대로 구현했기 때문이다. 터치스크린 방식의 휴대폰도 있었다. 하지만 꽉 눌러야 반응했고, 대부분 스타일러스(펜)를 필요로 했다.

하지만 아이폰은 전혀 달랐다. 별도의 펜 없이도 손가락으로 살짝 만지는 것만으로 모든 조작이 가능했고, 왼쪽 오른쪽으로 스킬 때마다 화면이 사용자의 기대대로 움직였다. 아기도 사용할 수 있을 정도로 편리한 사용자 환경(UI), 수려한 디자인, 사용자의 반응속도를 정확히 고려한 설계는 이 제품이 '완벽함'이라는 목표를 향해 얼마나 오랜 시간 동안 다듬어졌는지를 알려줬다. 아이폰을 한번이라도 경험해 본 사람은 애플, 그리고 잡스의 추종자가 되었다.

아이폰은 휴대폰 시장을 뒤흔들었다. 누구도 따라올 수 없을 것 같았던 핀란드 노키아는 스마트폰 시장에 신속히 대응하지 못해 추락했다. 모토로라는 안드로이드 운영체제를 보급한 구글에 인수되어 버렸다. 반면 삼성전자는 2009년 아이폰3GS가 국내 출시되어 엄청난 반응을 일으키자 이와 거의 유사한 '갤럭시S'를 만들고, 이 경험을 토대로 훨씬 안정적이고 개량된 갤럭시S2와 갤럭시 노트 등 다양한 제품군을 내놓으면서 세계 휴대폰 시장 1위까지 차지했다.

▶ 안드로이드 운영체제를 보급한 구글은 머지않아 애플의 아이폰을 먹어치울 것이라고 장담했지만, 애플은 안드로이드를 탑재하지 않고도 여전히 건재하다.

애플의 아이폰은 휴대폰의 제조사와 소비자가 이동통신사의 횡포에서 벗어나 자신의 권리를 찾을 수 있도록 하는 역할도 했다. 이른바 '피처폰' 시대의 사람들은 무선 인터넷을 조금만 사용해도 '요금 폭탄'을 맞았고, 이동통신사가 승인한 몇 안 되는 프로그램만 사용할 수 있었다. 심지어 와이파이는 전국 각지에 구축되어 있었지만 휴대폰으로는 이용할 수 없었다. 이동통신사들이 무선인터넷 수익을 위해 제조사에게 와이파이 수신기능을 탑재하지 못하도록 했기 때문이다.

하지만 2009년 말 국내에 아이폰 3GS가 출시되면서 세상은 완전히 바뀌었다. 아이폰 출시와 동시에 다른 휴대폰에도 와이파이가 탑재되기 시작했고, 멜론이나 도시락 같은 이동통신사가 운영하는 음원사이트 외에 다른 음원사이트도 모바일에서 사용할 수 있게 되었다.

사용자들은 더 나아가 직접 콘텐츠를 만들고 이를 나눌 수 있게 되었다. 개발자들은 이동통신사에게 자기가 만든 프로그램이나 게임을 일일이 승인 받을 필요 없이 공개된 장터(앱스토어)에 직접 올려 수익을 올렸다. 사용자도 수천, 수만 개의 다양한 프로그램을 마음껏 사용할 수 있게 되었다. 팟캐스트를 통해 제도권 언론매체가 아닌 직접 만든 뉴스와 방송 프로그램을 청취하거나 만들어 올릴 수 있게 되었고, 유명한 팟캐스트는 정치와 선거에까지 영향을 미치는 권력을 누리게 되었다.

아이폰이 세상을 바꾼 것이다.

세상을 바꾼 미친 사람들

아이폰으로 대성공을 거뒀지만 잡스는 췌장암 수술 후유증으로 점차 건강이 악화되었다. 아이패드를 발표할 때 그는 평소처럼 멋진 프레젠테이션을 했지만, 눈에 띄게 수척해 보였다. 하지만 죽음을 맞기 직전까지 "세상을 변화시키는 제품을 만들겠다"는 한 가지에 집중했다. 후임인 팀 쿡(Timothy Cook) CEO가 진행한 아이폰4S 발표회를 집에서 지켜봤던 그는, 다음날 세상을 떠났다.

1997년 잡스가 복귀한 다음해, 애플은 '미친 사람들(crazy ones)'이란 TV광고를 내보낸다. 이 광고는 아인슈타인(Albert Einstein), 마틴 루터 킹(Martin Luther King Jr.), 존 레넌(John Lennon) 등 세상을 바꾼 사람들의 영상을 보여주며 다음과 같은 구절을 낭독한다.

"여기 미친 사람들이 있다. 부적응자. 반항아. 문제아들. 정해진 틀에 맞지 않는 사람들. 사물을 다르게 보는 사람들. 그들은 규칙을 좋아하지 않는다. 그리고 그들은 현재에 안주하는 것을 좋아하지 않는다.

▶ 1997년 잡스가 애플에 복귀하면서 시작한 TV광고 '미친 사람들' 시리즈.

우리는 그들의 이야기를 인용하거나, 그들을 부정하거나, 찬양하거나, 비난할 수 있다. 하지만 단 하나, 우리가 할 수 없는 것은 그들을 무시하는 것이다. 그들은 세상을 바꾸기 때문이다. 그들은 인류를 진보시킨다. 어떤 사람들은 그들을 미쳤다고 하지만 우리는 그들에게서 천재성을 본다. 자기들이 세상을 바꿀 수 있다고 생각할 정도로 미친 사람들이야 말로 세상을 바꾸는 사람들이기 때문이다."

그리고 '다르게 생각하라'라는 매킨토시의 슬로건과 함께 광고가 끝난다. 사실 실제 방송에는 나가지 않았지만 잡스가 직접 이 내레이션을 녹음한 영상이 잡스 별세 후 공개되었다. 지나칠 정도로 자의식이 강했던 잡스야말로 자신의 창조물로 세상을 바꾸길 원했던 미친 사람이었다.

부자 DNA

강박의 DNA

오라클의 CEO이자 잡스의 오랜 이웃인 래리 엘리슨(Larry Ellison)은 잡스에 대해 이렇게 회고했다. "잡스는 하나에, 그리고 디테일에 몰두했다. 그는 모든 것을 통제하길 원했다.", "완벽해질 때까지 멈출 줄을 몰랐다. 그러다 완벽하게 문제를 해결해 안도의 한숨을 내쉬고 나면, 다음 문제를 해결하기 위해 전진했다. 잡스는 끊임없이 다음 문제를 찾아 해결하는 그런 사람이었다."

장인들에게 찾아볼 수 있는 완벽을 향한 일종의 강박증이 잡스에게도 엿보인다. 그가 완벽을 기하는 이유 또한 제품을 팔아 많은 돈을 버는 것이 아닌 최고의 제품을 만드는데 있었다고 하니, 그에게 '21세기의 장인'이라는 칭호를 붙여 줘도 아깝지 않을 것 같다.

Quandt Family

파산 위기의 BMW를 구한
크반트 가문

귄터 크반트
Gunther Quandt
(1881~1945년)

1세대

2세대

헤르베르트 크반트
Herbert Quandt
(1910~1982년)

요한나 크반트
Johanna Quandt
(1926년~)

3세대

주자네 클라텐
Susanne Klatten
(1962년~)

슈테판 크반트
Stefan Quandt
(1966년~)

글로벌 자동차회사 BMW(Bayerische Motoren Werke AG)도 100년 가까운 역사를 써오는 동안 생과 사의 갈림길에 선 적이 있다. 제2차 세계대전 패전의 멍에를 쓴 독일 경제가 바닥을 치고 새로운 도약을 준비하던 1959년, BMW는 심각한 재정난으로 쓰러지기 일보 직전이었다. 이대로 파산하던지 아니면 다임러벤츠에 M&A되어 일개 하청공장으로 전락해서라도 명맥을 이어갈지를 두고 양자택일의 갈림길에 선 상황이었다. 이런 절체절명의 위기에서 구원투수로 등장한 이가 독일 유수의 실업가 헤르베르트 크반트였다. 크반트 일가는 이후 BMW 최대주주의 지위를 지키며, BMW를 세계 최고의 자동차회사로 성장시켰다.

BMW를 벼랑 끝에서 구해낸 헤르베르트 크반트

BMW는 1917년 항공기 엔진 제조회사로 출발했다. 전시에는 항공기 엔진 사업 덕분에 잘 나갔지만, 1950년대 들어 자동차부문 사업이 기울면서 회사 경영진마저 포기할 정도로 약골이 되어버렸다. 결국 채권단과 대주주들이 다임러벤츠에 경영권을 매각하기로 결정했다. 1959년 12월 9일 이사회의 승인이 떨어지기 직전, 반전이 일어났다.

돌연 대주주 중 한 명이 매각을 반대하는 쪽으로 입장을 급선회한 것이다. 헤르베르트도 애초에는 매각을 지지했다. 그의 집안이 BMW뿐 아니라 다임러벤츠의 대주주이기도 했기 때문이다. 굳이 병약한 BMW를 구하려 노력하기보다 독일 최대 자동차회사 다임

▶ BMW는 1917년 항공기 엔진 제조 회사로 출발했다. BMW 로고는 항공기의 프로펠러를, 바탕에 깔려 있는 흰색과 파란색은 바이에른의 상징인 알프스 만년설과 맑은 하늘을 뜻한다. 네 개의 칸은 각각 항공기, 오토바이, 자동차, 배의 엔진을 상징한다.

러벤츠의 몸집을 키우는 것은 어느 누가 보다라도 훨씬 안전하고 편한 길이었다.

그러나 막판에 와서 그의 시야에 회사의 또 다른 주인인 노동자들과 소액주주들이 들어왔다. BMW의 기술력과 성장 가능성, 그리고 대주주들과는 달리 '바이에른 주의 자존심' BMW를 잃을 수 없다며 노력하는 임직원 및 소액주주들의 열정에 헤르베르트의 마음이 돌아선 것이다. 헤르베르트는 백기사를 자처했다. 사재를 털어 보유하고 있던 BMW 지분을 30%에서 50%까지 늘려 경영권을 확보함으로써, BMW의 독자생존을 선택했다. 전 재산을 건 도박이었지만, 결과는 성공이었다. 2년 뒤인 1961년 BMW는 스포티한 중대형 모델 뉴클래스 시리즈를 성공적으로 론칭하면서, 회생의 발판을 마련했다.

BMW 뉴클래스가 성공한 것은 자동차 시장의 틈새를 개척하고자 한 전략이 맞아떨어졌기 때문이었다. 대중적인 보급형과 최고성능의 슈퍼카 사이의 고급 중대형차 모델을 제시함으로써, BMW는 '중산층을 위한 프리미엄 자동차'라는 이미지를 갖게 되었다.

탈중심화의 경영철학, BMW와 가문을 최고 반열에 올려놓다

헤르베르트의 크반트 일가는 20세기 들어 독일 재계의 명문가로 급부상했다. 네덜란드 이민자 후손인 그의 할아버지 에밀 크반트

(Emil Quandt, 1849~1914년)가 부유한 방직업자의 사위가 됨으로써 부의 초석을 쌓았고, 아버지 귄터 크반트는 제1·2차 세계대전 때 군수품을 납품해 큰돈을 벌었다. 귄터는 1930년대 말 배터리업체 AFA(VARTA의 전신)를 비롯해 많은 회사를 인수하면서 재벌그룹을 구축했다. 자손들에게 물려준 사업체 수가 국내외에 약 200개에 달했다.

헤르베르트의 유년 시절은 행복과는 다소 거리가 멀었다. 여덟 살에 전 세계를 휩쓴 스페인독감에 어머니를 여의었고, 망막 질환에 걸려 시력을 거의 잃어버린 탓에 학교에도 가지 못하고 홈스쿨링으로 만족해야 했다. 하지만 운 좋게도 크반트 일가가 소유한 국내외의 사업체에서 현장교육(OJT) 형식으로 탄탄한 경영수업을 받으며, 20대 청년 시절부터 타고난 사업가로서의 수완도 발휘했다. 미국 필라델피아의 배터리회사에서 인턴으로 근무하면서 75달러를 주고 산 시보레쿠페를 6개월간 탄 뒤 110달러에 처분하고 귀국한 일화는 유명하다.

BMW의 구원투수를 자처한 것이야 말로 헤르베르트의 사업가적 감각과 능력을 십분 발휘한 시험대였다. 거의 파산 지경의 BMW가 반세기가 지난 오늘날 세계 최고의 자동차메이커로 자리매김하는

▼ 1929년 출시된 BMW 최초의 자동차 'DIXI DA2'와 BMW의 전성기를 이끈 '뉴클래스 시리즈 3', 그리고 BMW의 미래형 친환경 모델 'H2R'.

데는 크반트 가문의 경영철학도 큰 역할을 했다. 오너임에도 불구하고 회사 경영과는 일정한 거리를 두는 크반트 가문의 경영방식은, '탈중심화'를 중시하는 헤르베르트의 경영철학에 뿌리를 둔다. 의사결정에 있어서 전문경영진에 최대한 힘을 실어주고 노동자들에게 경영참여의 기회를 주는 스타일이다.

크반트 가문의 '탈중심화' 철학이 빛을 발한 건 1970~1993년 BMW 최고경영자(CEO)를 지내며 성장가도로 이끈 에버하르트 폰 퀸하임(Eberhard von Kuenheim) 덕분이기도 하다. 유능한 전문경영인을 가리는 선구안 역시 헤르베르트의 성공 비결인 셈이다. 퀸하임이 CEO로 있는 동안 BMW는 매출이 열여덟 배 증가했다. BMW의 주력제품인 3·5·7시리즈는 헤르베르트의 오너십과 퀸하임의 경영능력이 시너지를 발하던 1970년대에 탄생했다.

헤르베르트의 유산, 조용히 BMW를 지배하다

1982년 헤르베르트가 세상을 떠난 뒤, BMW의 경영권은 그의 세 번째 부인 요한나 크반트와 두 자녀 주자네 클라텐, 슈테판 크반트가 승계했다. 이로써 크반트 일가는 반세기에 걸쳐 BMW 최대주주로서의 지위를 지키고 있다. 크반트 일가는 세계에서 손꼽히는 부자 가족이기도 하다. 세 명 모두 「포브스」가 선정하

▼ BMW 오토바이에 올라탄 헤르베르트. 그의 뒤로 아내 요한나가 보인다.

는 세계 100대 부호 리스트에 해마다 빠지지 않고 이름을 올린다.

헤르베르트는 세 차례 결혼에서 모두 여섯 명의 자녀를 뒀다. 만에 하나 가족 간 분쟁으로 회사가 산산조각 나는 사태를 방지하기 위해, 계열 분리 형태의 상속을 통해 요한나와 그 아들과 딸에게 BMW를 물려줬다. 이들의 보유 지분율은 각각 16.7%, 12.6%, 17.4%씩, 합치면 46.7%에 달한다. 이들은 언론에 사생활 노출을 피하는 등 대체로 조용하고 평범하게 살아가는 편이고 BMW의 일상적 경영에는 별로 관여하지 않는 편이다. 하지만 중요한 의사 결정에는 대주주의 역할을 다부지게 해낸다. 1990년대 BMW가 영국 로버자동차를 인수하고 나서 로버 회생에 전력을 쏟은 나머지 고전을 면치 못하자, 1999년 크반트 일가가 베른트 피셰츠리더(Bernd Pischetsrieder) 당시 회장을 문책해 경질하고 로버 매각을 결정한 것이 대표적이다.

요한나는 시력이 약한 헤르베르트의 비서로 일하다가 결혼에까지 이르렀는데, 사실상 그의 손발이나 다름 없었다. 비서로 일하는 동안 매일같이 남편을 위해 그에게 유용하다고 판단되는 자료를 읽어주는 일을 했다. 덕분에 그녀 역시 충분한 경영 마인드를 갖출 수 있었다. 헤르베르트의 사후 BMW 대주주가 된 요한나는 1997년까지 감독이사회에 참여하기도 했다.

그녀의 자녀 슈테판과 주자네도 1997년부터 BMW 감독이사회에 참여하고 있다.

▶ 자동차 4기통 엔진을 형상화한 건축 디자인이 인상적인 독일 뮌헨 BMW 본사 전경. '4실린더 빌딩'이라는 애칭이 붙어 있다.

▶ 2011년 크반트 일가는 제2차 세계대전 당시 나치에 대한 협력 행위를 공개하고 강제노동자들을 기리기 위한 기념관을 세우겠다고 밝혔다. 사진은 히틀러에게 새로 개발된 기술을 설명하는 귄터 크반트.

언젠가는 슈테판 크반트가 감독이사회 의장직에 오를 거라는 관측이 지배적이다. 슈테판은 BMW 지분과 델톤 그룹 등 아버지로부터 물려받은 유산을 토대로 2012년 「포브스」추산 112억 달러대 자산가로 올라섰다.

이들 중 가장 부자는 주자네다. 그녀는 BMW 지분 이외에도 화학업체 알타나의 지분 50.1%도 상속했다. 그리고 알타나를 독일 30위권 기업으로 키워냈다. 2008년에는 섹스스캔들로 곤욕을 치르기도 했다. 주자네가 BMW에 견습생으로 근무할 때 크반트 일가의 상속녀라는 사실을 감추기 위해 칸트라는 가명을 썼는데, 심지어 남편인 동료 엔지니어 얀 클라텐(Jan Klatten)과 만날 때조차도 자신이 누군지를 감춘 것은 유명한 일화로 전해진다.

그러나 크반트 가문에도 씻을 수 없는 오점이 있다. 제2차 세계대전 당시 귄터와 헤르베르트 크반트 부자가 아돌프 히틀러의 나치 독일에 적극 협력하며 아우슈비츠 등 수용소에서 차출한 5만 명의 강제노동자들을 착취했다는 과거사가 따라다니기 때문이다. 크반트 일가는 '라인 강의 기적'으로 상징되는 독일 경제 재건 신화의 대표 주자이면서 동시에 그들이 쌓아 올린 부의 기원을 두고 비판을 받아야 했다.

2011년 크반트 일가는 과거사에 대한 오랜 침묵을 깨고 스스로 나치에 대한 협력 사실을 인정하는 보고서를 내놓았다. 다른 독일 기업들이 10여 년 전 과거사 청산에 나선 것에 비하면 BMW는 많이 늦은 편이었다. 부의 축배를 누리는 것은 달콤하지만 부끄러운 역사를 반성하는 것은 쉽지 않기 때문일 것이다.

부자DNA

탈중심화의 DNA

기업의 역사가 오래 된 서양의 경우 오너들이 '소유는 하되 경영에는 참여하지 않는다'는 원칙을 큰 줄기로 삼는다. 크반트가의 헤르베르트 역시 경영에 직접 참여하지 않고 전문 경영인의 의사 결정에 최대한 힘을 실어줬다. 그 결과 헤르베르트의 자금 투입으로 힘겹게 살아남은 BMW는 1960년대 이래 흑자 행진을 이어가고 있다. 헤르베르트의 탈중심화 경영철학은 사후 대주주가 된 아내와 자녀들을 통해서도 영속되고 있다.

宗慶後

중국 '국민음료회사' 와하하 그룹 회장

쭝칭허우

娃哈哈

Wahaha

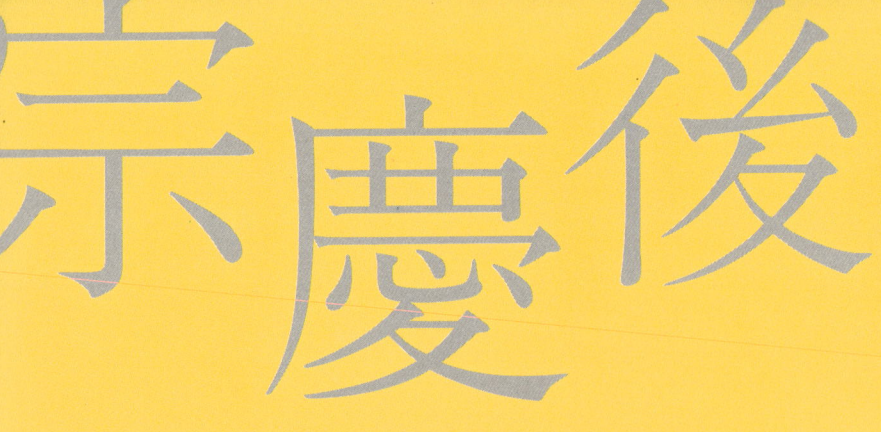

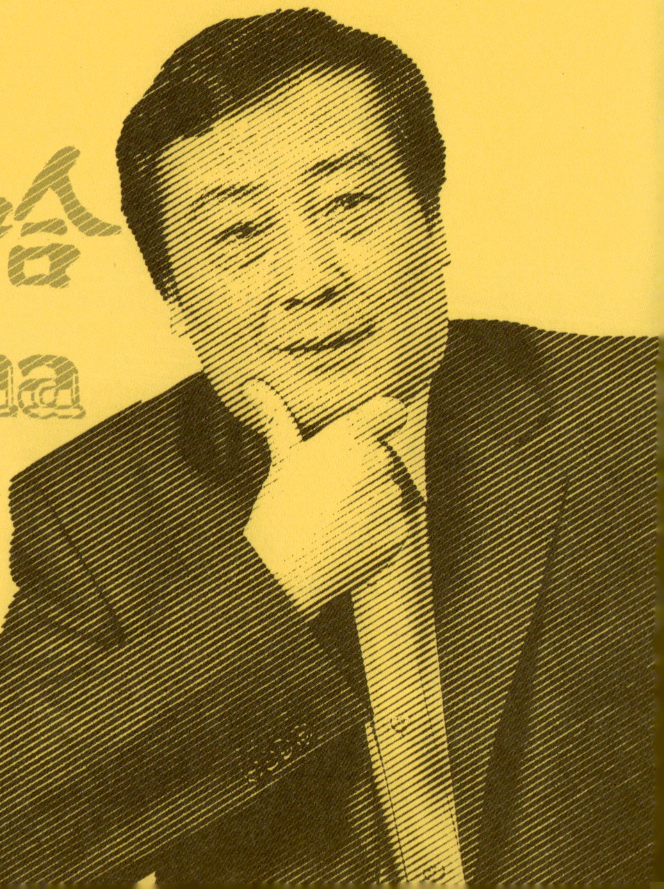

"반걸음만 앞서나가라(領先半步)."

중국에서 돈 많기로 둘째 가라면 서러울 쭝칭허우(宗慶後, 1945년~) 와하하(娃哈哈) 그룹 회장의 돈 버는 노하우다. 쭝칭허우는 「포브스」나 중국판 포브스로 불리는 「후룬(胡潤) 리포트」가 작성하는 부호리스트에서 중국 내 수위를 다투는 갑부다.

와하하는 13억 인구의 거대 소비 시장 중국에서 연 매출 550억 위안(2010년 기준)을 올리는, 명실상부한 국민브랜드다. 생수, 유제품, 차음료, 탄산음료, 과일주스, 건강식품, 통조림 등 여덟 개 사업군 100여 종의 제품을 취급한다. 원래 출발은 구멍가게 수준이었다. 삼륜차에 빙과를 싣고 다니며 어린 학생들을 상대로 푼돈벌이를 하던 게 시작이었다. 그런 쭝칭허우가 억만장자로 변신한 것은 모두가 꿈꾸지만 쉽게 도달할 수 없는 인생역전이다.

영선반보(領先半步)의 성공전략

1987년 만 마흔두 살의 쭝칭허우는 퇴직교사 두 명과 함께 은행에서 14만 위안을 대출받아 아이스크림과 학용품 등을 판매하는 학교 매점을 열었다. 성공의 사다리를 올라탄 건 어린이 건강음료가 빅 히트를 치면서였다. 쭝은 1989년 항저우에 음료 공장을 세우고 어린이 건강음료 시장을 노크했다. 중국에는 이미 약 40곳의 건강음료 업체가 난립해 있었고, 그의 구상에 회의적인 의견도 많았다. 산아제한 정책으로 인해 어린이 관련 시장이 위축될 것이라는 전망이 지배적이었다.

▶ 와하하 그룹의 생수 제품들. 와하하 그룹은 1990년대 후반 중국의 급속한 산업화로 수질 오염에 대한 우려가 커지자 서북부 지역의 청정수로 생수를 만들어 대성공을 거뒀다.

하지만 쭝은 낙관했다. 사전 준비가 철저하다고 믿었기 때문이다. 학생들을 상대로 실시한 사전조사에서 간식을 먹느라 밥을 잘 먹지 않는 도시 어린이들이 많아졌다는 점을 파악하고, 저장(浙江)대의 대에 의뢰해 중국 한방약재를 주재료로 하는 어린이용 건강음료 연구개발에 착수했다. 그는 부모들이 '하나밖에 없는' 자녀들을 위해 아낌없이 돈을 쓸 것으로도 내다봤다. "건강음료를 생산하는 업체들은 많으나, 어린이용 건강음료를 내놓은 업체는 단 하나도 없다"는 점도 성공을 점치는 이유였다. 어린이 웃음소리를 뜻하는 '와하하(娃哈哈)'로 회사 이름을 지은 것도 이런 이유에서였다.

그의 예상대로 목표 시장을 특화한 '어린이 밥맛 살리는 영양액'은 빅히트를 쳤다. 매출은 출시 첫해 488만 위안에서, 이듬해에는 2,712만 위안으로 급증했다. 3년째에는 1억 위안을 돌파했다.

돈을 좀 벌자 쭝은 사세 확장에 나섰다. 이번에는 행운이 따라주지 않았다. 자신의 공장보다 직원 수가 스무 배 많은 통조림 공장을 항저우시로부터 인수한 뒤 1992~1994년까지 알코올음료, 건강식품 등 제품 다각화를 시도하지만, 모조리 실패했다.

그러다가 또 한번 쭝의 예리한 사업적 안테나에 대박 아이템이 포착되었다. 1990년대 들어 중국에서 환경오염 문제가 사회적 이슈로 불거지고 마시는 물에 대한 불안이 커지면서 생수를 찾는 사람들이 많아지기 시작했다. 이때 와하하 그룹이 생수 시장에 진출한 것이다. 와하하 그룹은 1990년대 중반부터 중국 서북부 청정지역에서 생수를 생산해, 중국 최초의 스타마케팅을 곁들여 생수 시장을 석권했다.

"남들 뒤를 쫓아가서는 사업에서 성공할 수 없지만, 그렇다고 너무 앞서 나가도 소비자로부터 외면당할 수 있다. 경쟁자보다 반걸음만 앞서나가면 성공할 가능성이 높다"는 게 쭝의 지론이다.

시장을 내다보는 쭝의 안목과 함께 와하하 그룹이 경쟁사로부터 부러움을 사는 강점이 하나 더 있다. 벽촌이든 어디든 중국 전역을 파고든 전국적 공급망이다. 와하하는 각 성(省)의 자회사가 1급 도매상에 제품을 직접 공급하고, 다시 '1급 도매상→2급 도매상→소매상'의 수직구조로 중국 전역에 100만 개의 판매네트워크를 촘촘하게 짰다. 이는 대도시와 농촌 간에, 또 도시끼리도 규모에 따라 경제 발전의 격차가 많이 나고 시골 지역은 접근성이 떨어지는 중국적 특수성을 감안한 사업전략이다. 그리고 도매상으로부터 미리 보증금을 받은 뒤 은행금리보다 높게 이자를 쳐서 상품을 공급하고 연말에는 판매수익의 일부를 나눠주는 방식으로 도매상들의 판매성과에 대해 충분히 보상했다. 도매상들이 와하하 그룹 제품을 하나라도 더 팔려고 노력할 수밖에 없는 여건을 만들어준 것이다. 덕분에 와하하 그룹은 판매수익의 60%를 농촌 지역에서 창출할 만큼 2, 3선 도시 및 농촌에서 절대 우위를 지켰다.

▼ 와하하 그룹은 중국 영토 어느 곳의 시골 상점에도 1주일 내에 제품을 공급하는 유통망을 갖추고 있다.

메이드 인 차이나 프리미엄

와하하 그룹이 크게 주목을 받은 것은 1998년 글로벌 브랜드가치 1위의 코카콜라에 도전장을 던졌을 때다. 바로 '페이창(非常)콜라'를 출시했을 때의 얘기다. 다국적기업 코카콜라나 펩시는 대도시 중심의 마케팅을 펼쳤지만, 와하하 그룹은 정면 공격을 피해 시골부터 공략했다. 중국 구석구석까지 거미줄처럼 짜놓은 공급망의 이점을 살려 '농촌부터 파고들어 도시를 포위한다'는 이른바 마오쩌둥(毛澤東)의 혁명전략을 콜라 마케팅에 활용했다. 중국인 입맛에 맞춘 토종(내셔널)브랜드라는 점도 강조했다. 지금도 대도시에서는 페이창콜라가 코카콜라의 아성을 무너뜨리기에 역부족이다. 그러나 콜라가 무엇인지 모르던 중국 시골 사람들이 '콜라=페이창콜라'라고 생각하게 된 건 그리 오래된 일이 아니다. 페이창콜라는 출시 후 3년 만에 판매량이 코카콜라의 30%선에 도달할 정도로 선전하면서 펩시에 이어 중국 콜라 시장 3위를 굳혔다.

개혁개방 이후 중국 내수 시장을 선점하기 위해 몰려든 글로벌 기업들과 무한경쟁을 펼치는 경영환경 속에서 쭝은 와하하가 갖는 토종브랜드와 토종기업으로서의 프리미엄을 종종 활용했다. 일명 '애국심 마케팅'을 적극 구사한 것이다.

와하하 그룹이 지금 같은 수준의 국민브랜드로 도약기까지는 프랑스 식품기업 다농 그

▶ 페이창콜라는 가격을 낮게 책정하고 중국인 고유 입맛에 맞춰 농촌시장을 파고들었다.

룹이 지대한 공을 세웠다고도 할 수 있다. 와하하와 다농은 1996년 제휴한 이래 2007년 상표권 분쟁이 터지기까지 11년간 합작회사를 서른아홉 개나 세울 정도로, 공고한 파트너십을 과시했다. 지분구조 상으로는 다농이 대주주지만, 경영 상의 전권은 쭝이 가지는 관계였다. 한때 와하하와 다농은 '중국-외국 기업'간에 합작 모범사례로 꼽혔다. 하지만 결별하고 나니, 결과적으론 다농이 자본과 기술을 투자해서 와하하의 생산능력을 확대해준 모양새가 되었다.

겉으로 드러난 것과 달리 실상에서는 쭝이 다농의 경영권 간섭 시도를 탐탁지 않게 생각했다고 한다. 쭝이 합작사 제품에만 와하하 브랜드를 사용하기로 한 계약을 무시하면서 양사의 갈등이 수면 위로 떠오르고 합작이 청산되었다. 이때 쭝은 중국기업을 손에 넣으려는 외국계 골리앗 다농에 맞서 싸우며 토종기업을 지키는 모습으로 이미지메이킹함으로써 여론의 동정표를 얻었다.

행복하지 않은 갑부

돈과 권력, 무엇 하나 부족한 게 없어 보이는데도, 쭝은 "나는 우리 회사 직원들보다도 행복하지 못하다"고 말한다. 2012년 「포브스」조사에서 쭝의 보유재산은 65억 달러로 평가되었고, 2002년 이후에는 중국의 국회의원 격인 전국인민대표회의 대의원으로도 활동하고 있다. 그러나 그는 돈을 쓸 줄 모른다. 옷차림은 검소하고, 술도 좋아하지 않고, 도박이나 골프에는 더더욱 취미가 없다. 끼니는 회사 직원식당에서 해결한다. 돈이 많아도 정작 쓸 시간이 없고, 돈을 쓴다 해도 다비도프담배와 용정차(녹차의 한 종류) 사는 게 전부라고 한다. 그러니 쭝은 하루 용돈으로 20달러 정도면 충분하다고 한다.

회사를 세우며 성공의 길로 들어서기 전, 그의 삶은 가난하고 고단했다. 저장성에서 태어난 쭝은 중학교를 마친 뒤 염전 소금 채취 인부로 사회생활을 시작했다. 그리고 마오쩌둥의 '상산하향(上山下鄕 : 문화대혁명 당시 청년들을 농촌으로 내려 보내 재교육을 시킨 대중문화운동) 운동'을 좇아 15년간 시골농장을 전전했다. 1979년 초등학교 교사로 일했던 어머니가 은퇴하던 해에 고향으로 돌아왔지만, 정규 학력이 낮아 항저우의 한 초등학교에 허드렛일을 잡은 것으로 만족해야 했다.

쭝은 지금도 짠돌이 경영에 워커홀릭으로 유명하다. 와하하 본사 사옥은 20년 전부터 써온 항저우 6층짜리 낡은 건물 그대로다. "본사 건물과 사무실 고치는 데 쓸 돈이 있으면, 차라리 공장을 짓겠다"고 한다. 생활에서나 회사에서나 근검절약하는 건 똑같다.

독재 경영 스타일도 그만의 특징이다. 소소한 비품 영수증까지 직접 챙긴다고 알려질 정도다. 이사진, 부회장단 없이 사실상 독자적으로 모든 의사결정을 내린다. 쭝이 곧 회사 자체로 여겨질 만큼의 강력한 리더십은 와하하의 성장동력이 되었으나, 2인자를 두지 않는 독선적 경영 방식은 적들의 비판을 피해갈 수 없었다.

기업가로서 도덕성과 투명성은 더욱 검증받아야 할 부분이다. 골리앗 다농에 대적한 다윗으로 동포들의 지지를 받던 쭝은, 훗날 그와 아내가 미국 영주권자이고 외동딸은 미국 시민권자라는 사실이 밝혀지면서 엄청난 역풍을 맞기도 했다.

글로벌 기업이 장악하고 있는 시장에서 애국심을 자극하는 마케팅 전략은 종종 후발주자들을 부전승으로 결승 무대에까지 올려놓는다. 쭝은 그렇게 얻은 기회를 놓치지 않았다. '국민음료회사' 와하하 그룹의 수장 쭝이 그의 성공을 지지했던 13억 중국인들에게 무엇을 돌려줄지 자못 궁금해진다.

부자DNA

가부장적 DNA

와하하 그룹의 모든 결정은 쭝칭허우가 내린다. 경영방식이 독선적이라는 비난에는 "기업 경영의 권한은 내가 쥐는 게 당연하며, 작은 권한은 나누어 주면 된다"고 반박한다. 반면 와하하 그룹은 도매상에게도 판매수익의 일부를 나누어주고, 마흔다섯 살 이상의 직원은 절대 정리해고하지 않는다. 그리고 1년에 한 번씩 모든 직원이 여행을 다녀올 수 있도록 3,000위안씩 여행비를 지원해준다. 권력을 나누어주지는 않지만, 자신을 중심으로 전 직원이 똘똘 뭉쳐 불도저처럼 밀어붙일 수 있는 여건을 만드는 가부장적 DNA가 그와 국민음료회사 와하하 그룹을 만들었다.

Stanley Ho

마카오를 먹여 살린 '카지노 제왕'
스탠리 호

'도박의 도시' 마카오는 미국발 금융위기 이후 세계적 불황 속에서도 번창했다. 2007년 미국 라스베이거스를 추월하며 '세계 최대 카지노 도시'라는 수식어를 빼앗은 이래, 마카오 도박산업은 불황을 잊었다. 글로벌 컨설팅그룹 프라이스워터하우스쿠퍼스에 따르면 마카오의 도박산업 매출액은 2011년 전년 대비 30% 가까이 성장해 약 283억 달러(추정치)에 달한다고 한다. 이는 라스베이거스의 세 배 규모다.

이와 대조적으로 지난 반세기 마카오 도박산업의 황제로 군림했던 '카지노 제왕' 스탠리 호(Stanley Ho, 何鴻燊, 1921년~)는 허무하고 쓸쓸한 말년을 보내고 있다. 건강을 잃고 자신의 재산을 차지하려고 핏줄들끼리 벌이는 이전투구를 지켜봐야 했다. 2011년 3월 가족들에게 재산을 분배하고서야 간신히 골육상쟁을 봉합했으나, 20억 달러(「포브스」 추산) 자산가였던 그는 '억만장자'라는 타이틀을 잃었다. 그 대신에 딸 팬시 호(Pansy Ho, 2012년 기준 「포브스」 추산 보유자산 규모 35억 달러)와 아내 안젤라 렁(Angela Leong, 2012년 기준 보유자산 17억 달러)이 억만장자 반열에 올랐다.

독점으로 일군 카지노 왕국

마카오는 카지노 덕에 먹고 사는 도시다. 도박산업이 GDP의 절반을 차지한다. 그런 마카오의 도박산업을 지배한 사람이 스탠리 호다. 리스보아를 필두로 2009년 개장한 종합리조트 시티오브드림까지, 마카오에서 운영 중인 30여 곳의 카지노 가운데 3분의 2가 스탠리 호 및 그의 가족과 관련이 있다. 스탠리 호 패밀리의 카지노 매출은 마카오 전체 카지노 수입의 60% 가량을 차지하는 것으로 파악된다. 스탠리 호가 세운 마카오 최대 카지노업체 SJM이 직접 운영하는 카지노만 스무 곳이다.

이 거대한 카지노 왕국을 세우기까지는 '독점'이란 방패가 있었다. 2002년 마카오가 외국 자본에 문호를 개방하면서 라스베이거스의 샌즈 그룹과 윈리조트 등이 진출하기 전까지, 스탠리 호는 40년 간 마카오 카지노 산업을 독점했다. '홍콩의 붉은 재벌' 고(故) 헨리 폭(Henry Fok) 등과 손잡고 1962년 당시 포르투갈령 마카오의 카지노 독점 면허를 따냈고, 1970년 마카오를 대표하는 매머드급 카지노 리스보아를 개장했다.

사업은 번창했고, 스탠리 호는 카지노 및 호텔을 비롯해서 부동산, 은행, 교통 등 다양한 영역으로 사업을 확장했다. 마카오와 홍콩 간 여객을 실어 나르는 고속페리를 운영하는 순탁홀딩스를 세웠고, 마카오국제공항과 에어마카오의 지분도 사들

▶ 사진 속 우뚝 솟은 건물이 카지노 리스보아다. 이 건물에는 탐욕으로 가득 찬 이들의 돈을 한 푼이라도 더 뺏어보겠다는 스탠리 호의 의도가 숨어 있다. 풍수지리학을 신봉하는 스탠리 호는 사자의 기에 눌려 사람들이 돈을 딸 수 없도록 일부러 '사자 혈'에 해당하는 곳을 골라 카지노를 지었다고 한다.

였다. 또 홍콩과 중국 본토를 왕래하는 버스 서비스도 운영하고 있다. 마카오를 방문하는 관광객 수는 한 해 2,000만 명(2010년 2,496만 명)이 넘는다. 그들은 마카오를 향해 출발하는 순간부터 스탠리 호의 영토에 발을 들여놓는 셈이다. 평양에 북한 유일의 카지노를 개설한 인물도 스탠리 호다.

마카오 경제를 스탠리 호가 먹여 살린다고 해도 과언이 아닐 지경이다. 한창때에는 마카오 세금의 60%를 냈고, 마카오 주민 세 명 중 한 명은 직·간접으로 스탠리 호가 만든 일자리에서 일한다는 얘기가 나올 정도였다.

처세 달인의 생존법

스탠리 호의 사업에도 위기의 순간은 있었다. 1999년 마카오 주권이 중국으로 반환되고 카지노 독점 면허가 2001년 만료되자, 그의 사업이 기울 것이라고 점치는 사람들도 많았다. 그러나 예상은 보기 좋게 빗나갔다. 마카오는 중국에서 유일하게 합법적으로 도박을 할 수 있는 도시인데다가, 2003년 중국 본토 사람들의 개인 관광이 허용되면서 도박을 좋아하는 중국 관광객들이 몰려들었다. 스탠리 호가 샌즈 그룹과 윈리조트 등 라스베이거스 라이벌의 강력한 공세에도 건재할 수 있었던 이유도 중국 본토 카지노 원정대에 그의 명성이 자자하기 때문으로 풀이되고 있다.

이른바 '콴시(關係 : 관계와 소속감, 출신을 중시하는 중국인의 성향)'도 스탠리 호가 사업가로서 성공하는 데 빠질 수 없는 능력이다. 그는 제2차 세계대전 중에 중국 공산당과 일본 모두에 협력했다. 일본군이 주최한 행사에 참석하면서, 동시에 중국공산당에 자금을 댐으로써 전쟁이 끝난 후에도 건재할 수 있는 면죄부를 얻었다. 이후에도 중국인민정치협상회의(정협) 전국위원회 위원을 지내는 등 정치권과 긴밀한 연줄을 유지해왔다. 아편전쟁 당시 영·프연합군에 의해 유출된 국보급 문화재 청동12지신상 중 말머리상이 2007년 소더비 경매에 나오자, 추정가의 여섯 배인 880만 달러에 낙찰 받아 중국 정부에 헌납한 것도 많은 화제를 모았다. 또한 폭력조직 삼합회(三合會)와의 연루설도 끊이지 않았다.

분쟁의 씨앗, 많은 부인과 많은 자녀

스탠리 호는 1921년 홍콩에서 태어났다. 홍콩 유력 명문 호통 가의 자손으로, 영화배우 브루스 리(Bruce Lee)와는 육촌 벌이다. 유복한 생활은 오래가지 못했다. 열세 살 때 아버지가 주식 투자로 재산을 날리고 형 두 명은 스스로 목숨을 끊었다. 곧이어 아버지가 가족을 버렸고, 어린 스탠리 호는 어머니와 두 누이를 부양해야 했다.

홍콩대학에 진학한 스탠리 호는 원래 성적이 좋은 편은 아니었다. 하지만 집안이 몰락하면서 자신처럼 맨주먹밖에 없는 사람이 성공하려면 공부밖에 방법이 없다는 생각으로 학업에 열중한 끝에 장학생이 되었다. 그러나 제2차 세계대전이 터지고 일본군이 홍콩을 점령하자, 1942년 학업을 중단하고 마카오로 피난을 갔다.

스탠리 호에게 마카오는 기회의 땅이 되었다. 일본계 무역회사에 취직한 그는 뛰어난 사업 수완과 4개 국어(중국어, 영어, 포르투갈어, 일본어)를 구사하는 외국어 실력이 빛을 발하며, 1년 만에 경영진(파트너)으로 승진했다. 그는 전쟁통에 사치품 밀수로 사업 밑천을 마련했다.

▌스탠리 호 패밀리

스탠리 호는 공식적으로 네 명의 부인과 열일곱 명의 자녀를 뒀지만, 비공식적으로는 그 숫자가 두 배 이상이라고 한다.

승승장구하던 스탠리 호의 말로가 비참해진 것은 네 명의 아내 사이에서 열일곱 명의 자녀를 둔 복잡한 가정사 때문이다. 그가 2009년 뇌수술을 받고 경영 일선에서 물러날 때부터 상속 재산 및 후계 구도를 둘러싼 분란은 충분히 예견되었던 일이었다.

두 번째 부인 루시나 램(Lucina Laam)과 사이에서 태어난 5남매 중 장녀 팬시(Pansy Ho)와 아들 로렌스(Lawrence Ho)는 외국 자본과 합작을 통해 이미 마카오 카지노 업계의 거물로 장성했다. 팬시 호는 순탁홀딩스 경영을 책임지며 MGM미라지와 손잡고 MGM그랜드를 운영하고, 로렌스 호는 호주 재벌 제임스 패커(James Packer)와 합작으로 세운 멜코크라운의 시티오브드림을 경영한다. 카지노 독점 체제가 깨진 후에도 신규 면허를 받을 수 있는 해외 업체와 합작하는 방식으로, 스탠리 호 일가는 마카오 카지노 업계에서 영향력을 유지했다.

후계 구도에서 이들에 대적할 만한 인물은 마흔 살 연하의 네 번째 부인 안젤라 렁(Angela Leong)이다. 안젤라 렁은 광저우 출신의 댄서였는데, 1988년 댄스 애호가인 스탠리 호와 파티에서 만나 연인이 되면서 다섯 명의 자녀를 낳았다. 안젤라 렁은 회사 경영에 참여하는 것은 물론 마카오 입법회(국회) 의원으로 선출되는 등 활발한 사회 활동을 벌여왔다.

2011년 벌어진 재산분쟁도 스탠리 호의 후계자로 꼽힌 팬시 호와 안젤라 렁의 전쟁으로 보는 시각이 많다. SJM의 최대주주이자 지주회사인 STDM(마카오관광오락공사)에 대해 스탠리 호가 개인적으로 보유한 지분(31.7%)이 두 번째 부인 루시나 램과 세 번째 부인 이나 챈 측에 증여되었다고 알려진 것이 사태의 발단이었다. 사태가 법정 분쟁으로 확산되자, 스탠리 호는 16억 달러에 달하는 보유지분을 모든 가족들(첫 번째 부인과 장남은 사망)에게 나눠주었다. 최대 수혜자는 안젤라 렁이었다. 그녀는 STDM의 지분 6%를 추가로 확보하며 총 11%를 보유해, 2012년 「포브스」가 선정하는 억만장자 리스트에 처음으로 등장하게 되었다.

전시(戰時)에서도 그와 그의 부를 지킨 콴시가 가족들에게는 전혀 먹히지 않는 모양이다. 분쟁의 씨앗은 모두 그에게서 비롯되었으니 누구를 탓하겠는가.

부자DNA

처세의 DNA
유교 문화가 뿌리 깊은 중국에서 콴시, 즉 인맥을 활용해 이익을 얻는 기술은 사업가에게 중요한 전략 중 하나일 수 있다. 특히 국가를 먹여 살리는 산업을 40년간 독점하면서 축재한 사람에게는 더욱 그러했을 것이다. 스탠리 호는 일본군과 중국공산당이라는 상반된 두 개의 줄을 양손에 하나씩 쥐고 밀고 당길 줄 아는 노련한 처세가였다. 덕분에 그는 변혁의 순간에도 흔들림 없이 부를 지킬 수 있었다.

孫正義

'비전의 힘'을 믿는 승부사
손정의

"5년 후 매출은 100억(엔), 10년 뒤 500억(엔)을 돌파할 것입니다. 궁극적으로는 1조, 2조 단위로 끌어올리고자 합니다."

1981년 일본 큐슈 후쿠오카의 허름한 목조건물 사무실. 스물네 살 청년이 사과궤짝을 연단 삼아 직원들 앞에 섰다. 직원이라고 해봤자 아르바이트생을 합쳐 고작 세 명뿐이었다. 젊은 사장의 맹랑한 연설을 듣고 있자니 직원들도 기가 막혔던지 이내 회사를 떠나 버렸다.

빌 게이츠가 인정한 '승부사(risk taker)', 손정의(孫正義, 일본명 손 마사요시, 1957년~) 소프트뱅크 회장이 창업할 당시의 일화다. 출발은 초라했으나 젊은 사장의 야망은 컸다. 그때 손정의의 연설은 '허풍'으로 여겨진 게 당연했지만, 30년이 지난 2011년 3월말 소프트뱅크는 자회사 117개, 투자회사 73개, 순매출 2조 7,000억 엔의 거함이 되었다. 허풍을 실현시킨 것이다.

손정의는 일본 내 손꼽히는 갑부이기도 하다. 그의 재산 목록 1호는 소프트뱅크의 지분 21%다. 「포브스」에 따르면 2012년 초 그의 재산은 72억 달러로 평가되었다. 유니클로의 야나이 다다시(柳井正)에 이어 일본 두 번째 부자다. 세계적으로 영향력 있는 인물에도 60위로 이름을 올렸다.

꿈조차 마음껏 꿀 수 없던 자이니치

어릴 적 야스모토 마사요시(安本正義)라는 일본식 이름으로 불린 손정의에게 있어 '자이니치(재일조선인)'라는 뿌리는 드러내고 싶지 않은 콤플렉스였다. 그는 1957년 8월 일본 큐슈 사가 현의 한인 밀집지역 무허가 판자촌에서 태어났다. 대구가 고향인 할아버지 손종경은 열여덟 살에 탄광 노동자로 일본으로 건너갔다. 아버지 손삼헌도 중학생 때부터 돈벌이에 나서야 할 만큼 가정 형편은 팍팍했다.

그러나 어린 손정의가 마음껏 꿈을 펼치기에 가난보다 더 큰 걸림돌이 있었다. 일본 사회에서 차별 받는 재일 한인 3세라는 사실이다. 그가 어릴 적 초등학교 선생님이 되고 싶다는 꿈을 포기한 것도 한국 국적 때문이었다. 실의에 찬 손정의는 귀화시켜 달라고 부모를 졸랐지만, 그의 아버지는 "초등학교 선생님도 훌륭한 직업이지만, 너는 다른 쪽에 소질이 있는 것 같구나"라고 다독였다.

손정의의 부모는 교육열이 매우 높았다. 또 가난을 떨치기 위해 닥치는 대로 일했다. 부친은 밀조주를 만들어 팔 정도로 안 해본 일이 없었고, 파친코 사업 등으로 돈을 벌기도 했다. 손정의가 중학교에 입학하자 가족들은 대도시 후쿠오카로 이사해 그를 명문고 진학률이 높기로 유명한 조난중학교에 전학시켰다.

부모의 기대에 부응해 명문 구루메대학 부설고등학교에 입학한 손정의는 일찌감치 인생의 승부수를 던진다. 1학년 때 버클리대학으로 4주간 어학연수를 다녀온 그는, 돌연 미국 유학을 결심했다. 자유분방하고 개방적인 미국 사회에 매료되었기 때문이었다. 인생의 롤모델 사카모토 료마*도 이때 만났다. 에도 막부 말기의 풍운아 사카모토 료마를 주인공으로 한 시바 료타로(司馬遼太朗)의 장편소설 『료마가 간다(竜馬がゆく)』를 정독하며, 영웅 료마처럼 큰 포부를 펼치기 위해 비즈니스의

사카모토 료마(坂本龍馬) 1835년 일본 시코쿠의 최하급 무사 집안에서 태어나 서구식 해군 양성과 무역, 근대정부 수립에 앞장선 인물이다. 서른한 살에 암살당한 그의 드라마틱한 인생이 소설 『료마가 간다』를 통해 알려지면서 일본의 국민 영웅으로 자리매김했다.

세계에 승부를 걸기로 결심했다.

 미국 유학을 다녀와서 '야스모토'라는 일본식 성 대신에 한국식 성 '손'씨를 고수했던 손정의는 1990년 일본에 귀화했다. 귀화 이유를 "한국 국적으로는 여권 발급이 번거롭기 때문"이라고 설명했다. 국적은 바꿨지만 한국식 이름은 지켰다. 일본 정부가 '손 씨 성을 가진 일본인이 없다'는 이유로 귀화하려면 성부터 바꾸라고 요구했으나, 미국 유학 때 만나 결혼한 일본인 부인 오노 마사미(大野優美)를 먼저 손 씨로 개명시키면서까지 한국식 성을 지켰다.

승부사의 '인생 50년 계획'

 그가 미국에서 고교 과정을 3주 만에 마친 이야기도 유명하다. 6개월 어학코스를 거쳐 샌프란시스코 교외의 세라몬테고 10학년(고교 1학년)으로 편입한 그는, 월반을 거듭하더니 3주 만에 고교 졸업 검정고시에 도전했다. 막상 검정고시 기회가 주어지자, 크나큰 문제를 깨닫게 된다. 시험문제를 풀기에 그의 영어 실력이 한참 부족하다는 점이었다. 하지만 손정의는 시험감독관에게 "영어 실력을 보는 게 아니지 않냐"며 일영사전 사용과 시험시간 연장 허락을 받아냈다.

 홀리네임스칼리지를 다니다가 1977년 버클리대학교 경제학부 3학년에 편입한 때가 만 열아홉이다. 이때 청년 손정의는 '인생 50년 계획'을 세웠다. "20대에 사업을 일으키고 이름을 떨친다. 30대에 적어도 1,000억 엔의 자금을 모은다. 40대에는 일생일대의 승부를 건다. 즉, 큰 사업을 일으킨다. 50대에 사업에서 큰 성공을 이룬다.

60대에 후계자에게 사업을 물려준다." 놀랍게도 이후의 그의 삶은 이 계획에서 한 치의 오차 없이 진행되어 왔다.

버클리대학 재학 시절 손정의는 우연히 과학잡지 『파퓰러 일렉트로닉스』에서 본 인텔 마이크로프로세서 확대 사진에 마음을 빼앗겨 IT 세계에 입문하게 된다. 이때 고안한 전자음성번역기를 샤프에 팔고 받은 1억 엔을 종자돈으로 해서, 소프트웨어회사 유니손월드를 설립했다. 그리고 당시 일본에서 선풍적 인기를 끈 '인베이더' 오락기를 미국에 수입해 6개월 만에 1억 엔 넘는 이익을 내기도 했다.

대학 졸업과 동시에 일본으로 돌아온 손정의는 1981년 9월, 자본금 1,000만 엔으로 소프트뱅크를 세웠다. 때마침 전자오락과 PC 붐이 일면서 회사는 파죽지세로 성장했다. 1년 만에 사원 30명에 매출 20억 엔, 창업 2년 후인 1983년에는 사원 125명에 매출 45억 엔의

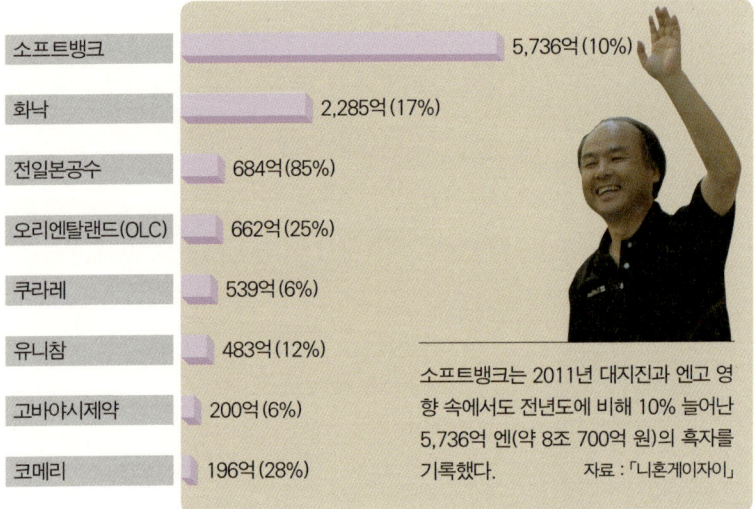

▼ 2011년 일본 경상손익 흑자 주요 기업 (2012년 3월 기준 / 단위 : 엔, 괄호 안은 증감률)

기업	경상이익
소프트뱅크	5,736억 (10%)
화낙	2,285억 (17%)
전일본공수	684억 (85%)
오리엔탈랜드(OLC)	662억 (25%)
쿠라레	539억 (6%)
유니참	483억 (12%)
고바야시제약	200억 (6%)
코메리	196억 (28%)

소프트뱅크는 2011년 대지진과 엔고 영향 속에서도 전년도에 비해 10% 늘어난 5,736억 엔(약 8조 700억 원)의 흑자를 기록했다. 자료 : 「니혼게이자이」

회사로 성장했다.

보수적인 일본 재계가 손정의에게 보내는 평가는 호의적이지만은 않다. M&A를 통해 끊임없이 사업을 확장하는 그를 두고 '사업다운 사업은 하지 않으면서 기업사냥을 하는 도박꾼', '거품을 일으키는 사나이'라고 비난했다. 무리한 사업 확장에 소프트뱅크의 몰락을 점치는 사람들까지 나왔다.

실제 그는 1990년대 중반부터 M&A를 통해 사세를 급성장시켰다. 1994년 기업공개를 하며 모집한 자금이 M&A에 필요한 실탄이 되었다. 세계 최대 컴퓨터전시회사인 컴덱스의 운영권을 인수했고, 창립 1년에 불과한 신생기업 야후의 최대 주주가 되었다. 세계 최대 컴퓨터출판사 지프데이비스 출판 부문도 인수했다. 기업공개를 한지 불과 1년 반 만에 당시 소프트뱅크 매출의 다섯 배 규모(31억 달러)의 글로벌 빅딜을 성사시켰다.

밑바닥까지 추락한 적도 있다. 1983년 만성간염 진단을 받고 원격경영을 하며 3년간 투병생활을 끝내고 돌아온 회사는 10억 엔 빚더미에 올라있었다. 2000년 닷컴버블 붕괴 때 소프트뱅크의 주가도 100분의 1로 꺼졌다.

하지만 몇 차례 고비를 넘기며 소프트뱅크는 번창했다. 2000년대 들어서 소프트뱅크는 PC소프트웨어와 출판에서 통신으로 승부처를 옮겼다. 2001년 개시한 일본 최초의 초고속인터넷사업 야후BB

▼ 아이폰 3GS 발표회에서의 손정의. 손정의는 2005년 스티브 잡스에게 아이팟에 전화 기능을 추가한 제품을 만들 것을 제안하며, 그런 제품이 나온다면 일본에서 자신이 판매할 수 있게 해달라고 부탁했다. 잡스는 "그 전에 휴대폰 사업 라이선스부터 따두라"고 화답했다. 2007년 아이폰이 세상에 나오자, 손정의는 일본 내 아이폰 3GS 판매 독점권을 갖는다.

는 '파라솔부대'로 불리는 공격적인 판촉 활동으로 1년 만에 100만, 2년 만에 300만 가입자를 확보했다. 2006년에는 만년 꼴찌 통신 업체 보다폰재팬(현 소프트뱅크모바일)을 일본 M&A 사상 최대금액(2조 엔)을 주고 사들이며 이동통신 시장에 진출했다. 이후 일본 최대이동사 NTT도코모를 제치고 아이폰 출시 경쟁에서 선점하며 이동통신 시장에도 성공적으로 안착했다.

허풍이라 비웃음 사던 꿈을 현실로

인생 50년 계획에 따르면 손정의는 후계구도를 그리는 단계에 서 있다. 창업 30주년인 2010년 6월 발표한 '신(新) 30년 비전'은 더욱 원대한 포부를 담았다. 30년 후 시가총액 200조 엔, 계열사 5,000개를 거느리는 세계 톱 10 기업이 되겠다는 구상이다. 현재 시가총액보다 100배나 큰 기업집단을 만든다는 것이다. '손정의 2.0(후계자)'을 키우기 위해 소프트뱅크 아카데미아도 개교했다.

정체되어 있는 듯한 일본 사회에서 그의 행보와 언행은 파격적으로 여겨질 수밖에 없다. 그를 고까운 시선으로 대하는 이들도 적지 않다. 2011년 동일본대지진 이후 이재민 지원 성금으로 100억 엔을 기부한 것조차도 장삿속으로 치부하는 사람도 있다. 손정의는 트위터 등을 통해 원자력발전에 의존적인 일본의 에너지정책을 비판하는 발언도 서슴지 않아, 일본 최대 경제단체 게이단렌(經團連)과 정면으로 충돌하기도 했다. 다른 한편으론 150만 명 넘는 트위터 팔로어를 몰고 다니는 걸 보면, 그의 생각에 동조하는 사람들도 상당한 것 같다.

　손정의의 신 30년 비전 역시 30년 전 비웃음을 사면서도 당당하게 선언했던 창업포부 만큼이나, 아니 그 이상으로 거창하다. 그래서 한바탕 꿈으로 끝날지 아니면 새로운 소프트뱅크 성공 신화가 전개될지 가늠조차 어렵다. 그러나 '인터넷이 마음의 고향이라고 말하는 사나이' 손정의가 인생을 걸고 있는 '디지털 정보혁명'은 계속 진행 중이다.

돌파력의 DNA

교사의 꿈도 허락되지 않던 재일일본인 손정의가 현실에 안주했다면 일본 사회에서 영원히 비주류로 살아갈 수밖에 없었을 것이다. '거품을 만들어내는 사나이'라는 일본인들의 비아냥을 뒤로하고, 소프트뱅크는 2011년 가장 많은 순이익을 기록한다. 일영사전 사용을 허락해줄 수 없다던 감독관에게 더듬거리는 영어로 "내게는 그런 배려를 받을 권리가 있다"고 설득한 소년의 돌파력이야말로 허풍쟁이가 아닌 꿈 꾼대로 이루는 남자가 가진 가장 큰 자산이다.

Liliane Bettencourt

프랑스 정계를 뒤흔든
'세기의 상속녀'

릴리안 베탕쿠르

프랑스 사회가 우연히 발견된 녹취록 하나 때문에 2년 가까이 스캔들로 들썩였다. 니콜라 사르코지(Nicolas Sarkozy) 프랑스 전 대통령이 오랜 세월 한 갑부로부터 거액의 불법 정치자금을 받았다는 것이다. 이 의혹은 사르코지 전 대통령이 2012년 5월 대선에서 패배하는 데도 적지 않은 영향을 끼쳤다. 돈을 준 갑부는 세계 최대의 화장품 회사 로레알의 상속녀 릴리안 베탕쿠르(Liliane Bettencourt, 1922년~)다. 이름하여 '베탕쿠르 스캔들'이다.

2012년 「포브스」 집계에 따르면 베탕쿠르는 재산이 240억 달러(약 28조 원)에 달하는 세계 열다섯 번째 갑부다. 여성으로는 월마트 창업주인 샘 월튼(Samuel Moore Walton)의 며느리 크리스티 월튼(Christy Walton, 253억 달러)에 이은 세계 두 번째 갑부다. 이 갑부 할머니에게 무슨 일이 있었던 것일까?

아흔의 노파가 정계에 몰고 온 회오리바람

사건은 2007년 베탕쿠르와 그의 외동딸 프랑수아즈 베탕쿠르 메이어(Françoise Bettencourt Meyers)의 재산 분쟁에서 시작되었다. 베탕쿠르는 20여 년간 '절친'으로 지낸 사진작가 프랑수아 마리 바니에(François Marie Banier)에게 1990년대 중반부터 고가 예술품, 생명보험증서, 부동산, 현금 등 10억 유로(약 1조 5,000억 원)에 달하는 선물을 줬다. 게다가 그를 자신의 재산 일부(8%)에 대한 상속인으로 지정했다. 그러자 딸은 "바니에가 고령으로 분별력이 흐려진 어머니를 이용해 재산을 가로챘다"며 바니에를 사기혐의로 고소했고, 이에 베탕쿠르는 "딸이 어머니의 재산을 장악하려 한다"며 맞섰다.

이 과정에서 딸은 베탕쿠르와 회계 담당자의 대화가 녹취된 테이프를 2010년 6월 수사팀에 제출했다. 여기에는 바니에와 관련된 내용 외에 베탕쿠르가 정치인들에게 돈을 건넸다는 내용도 들어 있었다. 이어 12년간 베탕쿠르의 회계사로 일했던 인물의 증언까지 나오면서 프랑스 정계가 발칵 뒤집혔다.

증언 등에 따르면, 사르코지 전 대통령이 파리 외곽의 부촌(富村) 뇌이 쉬르 센 시장으로 당선된 1983년부터 그 지역에 살던 베탕쿠르에게 정기적으로 돈 봉투를 받았으며, 2007년 대선 때도 15만 유로(약 2억 3,000만 원)를 받았다. 뿐만 아니라 에릭 뵈르트(Éric Woerth) 노동부 장관은 베탕쿠르의 탈세를 도와준 혐의를 받았다. 결국 뵈르트 장관은 자신의 부인까지 베탕쿠르의 스위스 비밀계좌를 관리하며 탈세를 도와준 것으로 드러나 2010년 사임했고, 사르코지 전 대통령은 2012년 5월 대선에 패배한 데 이어 불법 정치자금 수수 혐의로 검찰 조사까지 받을 예정이다.

▶ 남편 앙드레 베탕쿠르 생전에 가족의 단란한 모습. 베탕쿠르는 딸과 재산을 둘러싼 법정 분쟁으로 피곤한 말년을 보내고 있다. 딸은 법원에 어머니를 금치산자로 선고하도록 요구했고, 어머니는 "무덤 속에 들어가서도 딸에게 저주를 퍼붓겠다"며 독설을 퍼부었다.

'피보다 돈', 모녀의 살벌한 전쟁

2007년 시작된 모녀간 재산 분쟁은 급기야 베탕쿠르가 딸을 고소하는데까지 이른다. 딸 프랑수아즈가 자신의 정신 상태를 문제 삼으며 법원에 후견인 지정을 요청한 것은 '정신적인 폭력'이라며 2010년 8월 딸을 고소한 것이다. 그러나 4개월 뒤 두 사람은 "마침내 가족의 평안을 되찾게 되었다"며 극적으로 화해했다. 베탕쿠르가 바니에를 상속인 명단에서 삭제하고 바니에와 결별하면서, 3년간 계속된 분쟁이 일단락된 것이다.

하지만 평화는 6개월 만에 깨졌다. 프랑수아즈는 베탕쿠르가 도박 사업에 1억 4,000만 유로를 투자한 것을 문제 삼아 다시 후견인 지정을 신청했고, 베탕쿠르는 "만일 법원이 딸의 신청을 받아들이면 외국으로 나가겠다"며 펄펄 뛰었다.

2011년 10월, 법원은 결국 딸의 손을 들어줬다. 법원은 베탕쿠르가 알츠하이머 질환이 상당히 진행되어 치매 증상이 나타난다는 전문의의 보고서를 받아들여 베탕쿠르의 건강과 생활을 책임질 후견인으로 장손인 장 빅토르 메이어(Jean Victor Meyers), 부동산과 자산을 관리할 후견인으로는 프랑수아즈와 손자 두 명을 지정했다. 베탕크루의 변호사는 "베탕쿠르는 딸과 '핵 전쟁'을 할 준비가 되어 있다"며 항소할 계획임을 밝혔다.

그러나 결국 베탕쿠르는 2012년 2월 로레알의 이사회를 떠났고, 후견인인 손자 장이 새 이사로 선임되었다. 베탕쿠르는 또 사르코지에게 불법 정치자금을 건네고 스위스 비밀계좌를 통해 탈세를 했다는 혐의 때문에 2012년 3월에 자택수사를 당하기도 했다. 딸과 전쟁을 치르는 동안 뿌려진 불씨들이 아직도 다 진화되지 않은 상태다.

경영에 관여하지 않는 조용한 오너

"난 소중하니까요!"라는 광고 문구로도 잘 알려진 '로레알 왕국'의 역사는 103년 전으로 거슬러 올라간다. 창업주는 화학자로 1909년 무자극성 염색약을 개발한 외젠 슈엘러(Eugène Schueller, 1881~1957년)다. 베탕쿠르는 그의 외동딸이다.

파리에서 태어나 다섯 살 때 어머니를 여읜 베탕쿠르는 아버지와 유대가 유난히 끈끈했다고 한다. 열다섯 살 때 아버지 회사에 견습직원으로 들어갔던 그는 스물여덟에 1960~1970년대 내각장관을 지내기도 했던 정치인 앙드레 베탕쿠르(André Bettencourt, 1919~2007년)와 결혼해 지금은 '원수'가 된 외동딸 프랑수아즈를 낳는다. 1957년 아버지가 사망하자 210억 달러(약 27조 원)의 유산을 상속받으면서 세계적인 갑부로 등극해, 현재 로레알 지분 31%를 소유한 최대주주가 된다.

오늘날 500여 개의 화장품과 미용 브랜드를 거느리고 150여 개국에 진출한 로레알은 슈엘러가 낮에는 미용사들에게 염색약을 팔고, 밤에는 실험실로 썼던 작은 가게에서 출발했다. 그렇다면 로레알이 랑콤, 비오템, 바디샵, 메이블린, 슈에무라, 키엘 등 내로라하는 세계적 브랜드를 거느린 세계 1위 화장품 업체로 성장할 수 있었던 비결은 무엇일까?

전문가들은 연구개발을 가장 중요한 요인으로 꼽는다. 로레알은 뉴욕, 파리, 도쿄 등 대륙별로 중요한 도시에 연구개발센터를 세워 인종별 피부와 모발, 현지 기후와 미용 습관 등을 오랫동안 연구해 그들에게 맞는 화장품을 개발해왔다. 1964년 인수한 랑콤이 오늘날 세계적인 명품화장품으로 자리를 잡게 된 것도 탄탄한 연구개발 덕분이다. 로레알은 2012년 현재 전 세계 19개의 연구센터와 16개 평가센터를 운영하고 있으며, 60개국 출신 3,600여 명의 직원들이 30개 전문 분야에 대한 연구를 진행 중이다. 또 매년 매출의 3% 이상은 반드시 연구개발에 사용하고 있다.

효율적인 브랜드 포트폴리오도 성공 비결로 꼽힌다. 로레알의 사업부는 시판, 헤어살롱, 백화점, 병원·약국 네 개로 구성되어 있다. 각 브랜드 별로 유통경로와 가격을 다르게 해 브랜드끼리 경쟁을 막고 전 계층의 사람들이 로레알을 사도록 만든다. 예컨대 시판사업부가 화장품전문점과 대형할인점에서 메이블린, 로레알파리 등 대중적인 브랜드를 판다면, 백화점사업부는 랑콤, 비오템, 키엘, 슈에무라 등 고급 브랜드를 판매하는 식이다.

로레알의 비약적인 성공은 프랑수아 달, 샤를 즈비악, 오웬 존스 전 회장 등 전문경영인들이 전면에 나서 이끌었다. 베탕쿠르는 아버지 사망 후부터 경영은 전적으로 전문경영인에게 맡기고 이사회에만 참여했다. 하지만 베탕쿠르는 아버지의 창업정신인 '연구와 혁신'이 계속 이어지도록 애써왔다. 또 로레알의 기업 이미지를 바꾸기 위해 '뒤에서' 많은 노력을 기울인 것으로 알려졌다.

사실 베탕쿠르의 아버지 슈엘러는 1930년대에

▼ 500여 개의 브랜드를 거느리고 있는 세계 최대 화장품 그룹 로레알의 역사는 염색약에서 시작되었다.

프랑스의 파스시트 그룹 '라 카굴(La Cagoule)'을 재정적으로 지원했으며, 남편 앙드레도 이 모임에서 활동했다. 두 사람은 제2차 세계대전 때도 나치에 협력한 것으로 알려져 종전 후 국민의 반감을 살 수밖에 없었다. 이에 베탕쿠르는 각종 사회사업을 벌이며 기업의 이미지 쇄신을 꾀했다. 1987년 남편, 딸과 함께 '베탕쿠르-슈엘러 재단'을 설립해 과학 교육과 연구사업 등을 지원해 온 것이 대표적이다. 이 재단에서는 해마다 유럽 최고의 바이오 의학 연구자에게 '릴리안 베탕쿠르 생명과학상'을 주는 등 오랫동안 과학 분야를 지원해 오고 있다.

하지만 로레알은 동물을 이용한 성능실험, 광고 모델 선발에서의 인종 차별, 과장 광고 논란 등으로 여러 번 구설에 오르기도 했다. 그러나 베탕쿠르는 이런 논란에 대해서 한번도 입을 열지 않을 정도로 '조용한 오너'였다. 그가 언론 노출을 피하는 것은 부끄러움을 많이 타는 성격 때문이라는 의견도 있고, 나치와 연관된 가족사 때문이라는 설명도 있다.

▶ 아티스트 필립 마키윅스(Filip Markiewicz)가 베탕쿠르를 모델로 만든 초대형 지폐. 애초 베탕쿠르를 조롱할 목적으로 제작한 작품은 아니었지만, 그녀가 정치와 금융 스캔들에 연루된 현시점에서는 다양한 해석을 가능케 하는 작품이다.

그럼에도 프랑스 여성들의 사랑을 받아왔던 로레알과 베탕쿠르였다. 하지만 베탕쿠르의 조용했던 삶은 2007년 딸과의 전쟁으로 만천하에 드러나게 되었다. '고고한 로레알 여왕'의 진흙탕 싸움이 전 세계에 공개되고 탈세와 불법정치자금 전달 혐의로 자택수사까지 받은 데 대해 스스로 느끼는 부끄러움과 충격이 적지 않았을 것이다. 하지만 무엇보다 돈 때문에 가족과 영영 원수가 되어 버린 것, 이것이 돈 많은 자들이 겪게 되는 최악의 시나리오일 것이다.

방관의 DNA

한국은 여전히 전문경영인의 입지가 약하다. 많은 오너들이 경영을 장악하고 있다. 또한 선대로부터 물려받았거나 자신이 평생을 바쳐 일군 기업을 자녀에게 물려주고자, 불법 증여 등의 편법도 마다하지 않는다.

아버지에게 로레알을 물려받으며 세기의 상속녀로 등극한 베탕쿠르는 한국의 재벌 2, 3세와 달리 경영에 욕심을 내지 않았다. 경영은 전문경영인에게 전적으로 맡기고, 자신은 오너로서 아버지의 창업정신 계승과 기업 이미지 혁신을 위해 막후에서 노력했다. 그녀의 현명한 거리두기 덕분에, 로레알의 역사가 곧 화장품의 역사일 수 있었다.

Al Waleed Bin Talal

'아라비아의 워런 버핏'
알 왈리드 빈 탈랄

2011년 12월 '소셜네트워크서비스(SNS) 혁명'의 선두주자 트위터가 대형 투자 유치로 화제를 모았다. 투자자는 '아라비아의 워런 버핏' 알 왈리드 빈 탈랄(Al Waleed Bin Talal, 1955년~) 사우디아라비아 왕자다. 시장에서는 3억 달러를 투자한 알 왈리드가 트위터 지분을 최소 3% 이상 확보한 것으로 보고 있다. 이 거래는 여러모로 세상 사람들의 이목을 끌었다.

첫째 세계적 투자가가 SNS에 관심을 가졌다는 점이다. 둘째 비상장회사인 트위터의 시장가치를 추정해 볼 수 있다는 점에서였다. 이런 방식으로 평가한 트위터의 기업 가치는 대략 100억 달러였다.

'투자의 귀재' 워런 버핏의 이름에서 딴 별칭으로 통할 만큼, 알 왈리드는 세계적으로 손꼽히는 투자자다. 실제 알 왈리드는 시티은행 등 대형 투자를 통해 200억 달러 안팎의 거부를 쌓아 올렸다.

「포브스」는 2012년 그의 재산 규모를 180억 달러, 세계 스물두 번째 부호로 평가했다. 글로벌 금융 시장 상황이 좋지 않을 때는 재산 가치가 하락하기도 했지만, 그가 중동 최고의 부호라는 사실은 변치 않는다.

가치투자를 즐기는 투자계의 큰손

알 왈리드가 글로벌 투자 시장에서 주목을 받기 시작한 건 1990년대 들어서였다. 이전까지는 부동산 투자로 큰돈을 번 아랍 왕족 정도로 여겨졌다. 글로벌 무대 데뷔전이나 다름없는 미국 시티은행(현 시티 그룹) 투자 건부터 그의 등장은 화려했다. 「타임」은 그에게 '아라비아의 워런 버핏'이란 별명을 붙여주었다.

  1990년대 초 시티은행은 부실대출 등으로 인한 경영난을 겪으며 파산 위기에 몰린 상태였다. 당연히 주가도 바닥을 쳤는데 알 왈리드는 이때 시티은행 주식을 사들였다. 다행히 경기가 호전되면서 시티은행 경영도 급속도로 정상화했고, 주가도 금방 회복되었다. 알 왈리드는 1990~1991년 시티 그룹 지분 확보에 약 13억 달러를 투자했는데, 2008년 세계 금융위기 직전 그의 지분 가치는 100억 달러에 달했다. 현재도 그는 시티 그룹의 주요한 개인투자자이다.

  시티은행 투자에서 엿볼 수 있듯이 알 왈리드는 일시적으로 자금 위기에 빠진 우량기업에 투자함으로써 투자의 귀재다운 면모를

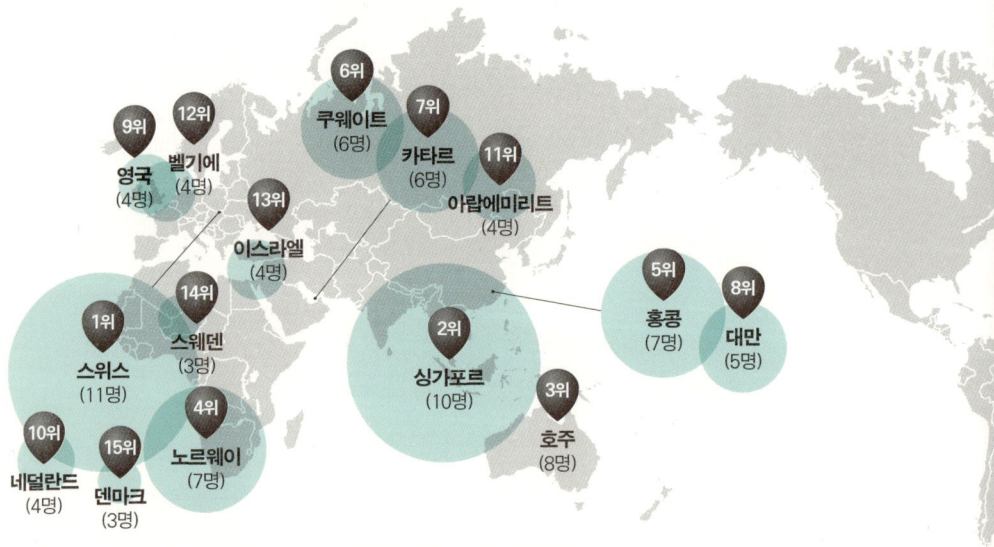

▶ 인구 10만 명당 억만장자가 가장 많은 나라

세계적인 경영컨설팅사 보스턴컨설팅그룹의 조사에 따르면 인구 10만 명당 억만장자가 가장 많은 나라에 쿠웨이트, 카타르, 아랍에미리트 등 '아랍의 봄'이 비켜간 중동 산유국이 다수 포함되어 있다. (억만장자의 기준은 개인 금융자산이 1억 달러 이상인 사람)

자료 : 보스턴컨설팅그룹(BCG), 「Global Wealth 2012」

과시해 왔다. 아시아 외환위기 직후에는 대우와 현대차에 1억 5,000만 달러를 투자했다가 3년 만에 회수하기도 했다.

그는 자신의 투자회사 킹덤홀딩컴퍼니를 통해 투자원칙을 공개하고 있는데, 그의 장기투자 원칙은 명료하다. 알 왈리드는 우선 경영실적이 뛰어나고 시장을 선도하는 최고의 브랜드를 선호한다. 자산에 비해 시장에서 저평가되었다고 판단하는 기업도 좋아하는 편이다. 분야별로는 부동산, 호텔, 금융, 미디어 등을 성장성이 높은 섹터로 꼽으며, 투자를 집중하고 있다.

▶ 알 왈리드는 사우디아라비아 제2의 상업도시 제다에 세계 최고층 건물이 될 킹덤타워를 건설한다. 사진은 킹덤타워 조감도.

시티은행에 이어 투자목록에 오른 기업들은 아메리카온라인(AOL), 애플, MCI, 모토로라, 뉴스코퍼레이션 등의 기술주였다. 2000년 닷컴버블 붕괴 당시 알 왈리드 역시 고배를 마실 수밖에 없었다. 2000년대 들어서는 호텔 등 부동산 분야로 투자의 무게중심을 옮겨, 포시즌과 런던 샤보이, 모나코 몬테카를로그랜드, 페어몬트 등의 유명한 호텔의 주요지분을 손에 넣고 있다. 그런데 2011년 '전략적 투자'라는 명분하에 SNS업체 트위터의 지분을 확보함으로써, 트위터의 미래에 대한 기대를 높였다.

세계 최고층 빌딩 건설 경쟁에도 뛰어들었다. 원래는 '1마일(1,609미터) 타워'를 꿈꾸었으나 계획을 수정해서 고향인 사우디아라비아의 제다에 1,000미터 높이의 킹덤타워 건설 프로젝트를 추진 중이다. 2016년께 완공을 목표로 하는 이 건물은 2012년 현재 세계 최고층 건물인 두바이 부르즈칼리파(828미터)보다 170여 미터나 높다.

정치에 침묵할 수밖에 없는 로열 패밀리

석유 덕분에 풍요를 누리고 있는 아랍권 산유국에서 오일머니로 거부를 축적한 이들은 대부분 왕족이다. 알 왈리드는 그들 중에서 '얼굴이 드러난' 부자 왕족이다. 그가 글로벌 금융 시장에 혜성처럼 등장하자, 시티 그룹과 같은 대형 투자가 성사된 배후에 사우디아라비아 왕가의 막대한 자본이 뒷받침되었을 것이라는 추측이 제기되기도 했다.

알 왈리드는 사우디아라비아 왕족이다. 사우디아라비아를 통일하고 건국한 압둘 아지즈 알 사우드(Abdul Aziz Al Saud)가 할아버지이고, 레바논의 초대 수상을 지낸 리아드 알 솔흐(Riad Al Solh)가 외할아버지다. 압둘라 빈 압둘 아지즈(Abdullah Bin Abdul Aziz) 국왕은 그의 삼촌이다.

알 왈리드는 왕가 혈통이라는 점 때문에 오히려 정치와 담을 쌓을 수밖에 없었다. 사우디아라비아 정치에서 차지하고 있는 입지도 거의 없다. 그의 아버지 탈랄(Talal Bin Abdul Aziz Al Saud)은 1950년대 이복형 사우드 국왕의 통치 하에 민주화를 요구하다 망명을 떠났고,

이후 정치와는 거리를 뒀다.

알 왈리드가 실력을 발휘한 분야는 정치가 아니라 경제였다. 1979년 미국 멘로대학을 졸업하고 사우디아라비아에 귀국하자마자 투자회사를 설립했다. 당연히 가문의 지원을 받아 편하게 출발했을 것 같지만, 실제 상황은 그렇지 못했다. 부친에게 빌린 1만 5,000달러와 주택담보 대출 등으로 구한 15만 달러를 종자돈으로 홀로서기를 했다. 맨 처음 수주한 계약은 한국건설업체 대리인 자격으로 진행한 800만 달러 규모의 사우디아라비아 육군사관학교 독신자숙소 건설프로젝트였다. 초창기에는 여느 사우디아라비아 왕족들처럼 주로 부동산 투자로 돈을 벌었으나, 나중에는 은행 M&A에 뛰어드는 등 미국식 사업 감각을 발휘하기 시작했다.

투자도 기부도 통 크게

알 왈리드는 돈을 버는 재능 못지않게 씀씀이도 넉넉하다. 과시적 면모도 있다 싶을 정도로 통 큰 기부로 화제를 모으고, 호화로운 라이프 스타일도 세계 최정상급이다.

알 왈리드는 특히 미국, 유럽 등 서구세계와 중동 이슬람 간에 가교를 놓기 위한 교육과 연구 지원에 큰 관심을 보이고 있다. 2005년 프랑스 루브르박물관 이슬람미술전시관 설립에 2,000만 달러를 기부했고, 미국 하버드대학에 이슬람학 후원을 목적으로 2,000만 달러의 기부금을 내놓았다. 2001년 9·11테러 당시 뉴욕시에 1,000만 달러의 구호자금 기부를 제안한 것도 화제몰이를 했다. 하지만 그의 제안은 당시 뉴욕시장 루돌프 줄리아니(Rudolph William Louis Giuliani III)가 거절했다. 2002년에는 팔레스타인 난민을 위해 사우디아라비아 정부가 주도한 자선 모금방송에서 2,700만 달러를 내놓기도 했다.

투자 기업들 만큼이나 소유하고 있는 사치품들도 세계 정상급이다. 2009년 기네스북에 세계 최대 개인제트기 보유자로 이름을 올렸는데, 세계 최대 여객기 에어버스 A380을 포함해 네 대의 전용 항공기를 소유하고 있다. 롤스로이스, 람보르기니, 페라리 등 값비싼 명차를 200대 이상 가지고 있는 자동차광으로도 유명하다.

알 왈리드는 2011년 중동에 민주화 바람이 일면서 「뉴욕타임스」에 아랍의 정치 및 사회개혁을 촉구하는 칼럼을 기고하는 등 이례적으로 정치적 침묵을 깨는 듯한 행보를 보이기 시작했다. "아랍 세계의 변화를 전하겠다"며 24시간 뉴스채널 출범도 선언했다. 그는 아내와 딸의 얼굴을 가리지 않고 동반 외출하거나 사우디아라비아의 여성운전 금지에 반대하는 등 개방적인 사고방식의 소유자였다. 최근에는 아랍의 정치와 사회개혁에 관해 보다 적극적이고 공개적으로 발언하는 등 달라진 모습을 보이고 있다.

아랍 민주화 운동을 증폭시킨 트위터에 보수적인 왕실 사람이 투자한 것을 두고 일각에서는 정치적 목적의 투자로 해석하기도 한다. 알 왈리드는 아랍의 많

▼ 2011년 12월 알 왈리드 사우디아라비아 왕자는 트위터에 3억 달러를 투자했다.

은 왕족과 국가 원수를 제치고 가장 영향력 있는 아랍인에 8년 연속 선정되기도 했다(「아라비안 비즈니스」 선정). 아랍 제1의 부호인 알 왈리드가 보호색을 벗고 자신의 색을 본격적으로 드러낸다면 아랍 사회가 어떻게 반응할지 귀추가 주목된다.

부자 DNA

코스모폴리탄 DNA

알 왈리드의 뛰어난 투자 감각은 다양한 국제적 경험을 통해 형성되었다. 사우디아라비아 제다에서 태어났으나, 어린 시절을 레바논 외가에서 보내고 대학 교육은 미국에서 받았다. 덕분에 베두인 유목민 특유의 주의 깊은 성향과 흥정 및 계산에 강한 레바논인의 혈통, 여기에 미국적 사고방식이 더해지면서 비상한 투자 감각을 키울 수 있었다.

'미디어 황제'라고 하면 대부분의 사람들은 루퍼트 머독(Rupert Murdoch)을 떠올린다. 머독은 폭스 텔레비전과 20세기폭스 영화사, 「월스트리트저널」, AOL 등 신문과 방송, 인터넷을 포함해 거의 전 분야 미디어를 갖고 있는 자타공인 미디어 황제다. 하지만 공정보도를 중시하기보다는 자신의 우파적 성향을 미디어를 통해 직접적으로 드러내는 편이어서 비판을 받기도 한다.

그런데 사람들이 의외로 잘 모르는 사실이 하나 있다. 많은 미디어 기업을 소유하고 있으며 세상에서 재산이 가장 많은 부자는 머독이 아니라 마이클 블룸버그(Michael Rubens Bloomberg, 1942년~)라는 사실이다. 2012년 「포브스」가 선정한 세계 억만장자 순위에서 머독은 83억 달러의 재산으로 106위에 머물렀지만, 블룸버그는 220억 달러로 20위에 올랐다. 미국에서는 10위권 내 갑부다.

「포브스」는 세계 억만장자 순위와 별도로 '세계에서 가장 영향력 있는 억만장자'를 선정한다. 마이클 블룸버그는 그 단골 주인공이다. 시시각각 세계 곳곳에서 이뤄지는 금융 거래를 분석해 정보를 제공하는 단말기를 판매하고 통신사와 TV 등의 매체를 소유한 블룸버그사의 창립자다. 그는 회사 지분 88%를 소유하고 있다. 그러나 블룸버그는 세계의 중심 '뉴욕'을 이끄는 시장으로 더 잘 알려져 있다. 또 매번 대선 때마다 유력한 후보로 떠오르기도 한다. 이 점이 「포브스」가 그를 세계에서 가장 영향력 있는 억만장자로 선정한 이유다. 이탈리아의 실비오 베를루스코니(Silvio Berlusconi) 총리가 사임한 현재, 아마도 그는 선진국에서 '막대한 부'와 '정치적 권력'을 동시에 소유한 유일한 인물일 것이다.

해고의 충격을 뒤로하고 미디어 황제가 되다

블룸버그는 1942년 미국 매사추세츠 보스턴에서 태어났다. 그의 할아버지는 러시아에서 이민 온 유대인이었고, 아버지는 회계사였다. 존스홉킨스대학 전자공학과를 졸업하고 하버드대학에서 MBA 학위를 받은 그는 1966년 살로먼브러더스에 주식 트레이더로 입사했다. 일찌감치 두각을 나타낸 블룸버그는 초고속 승진을 거듭해 1979년에는 파트너 지위에까지 올라섰다. 하지만 1981년 회사는 다른 회사에 인수되면서 구조조정을 했고, 퇴직금 1,000만 달러를 주고 그를 해고했다(블룸버그의 퇴직금 액수에 일반인들은 입이 쩍 벌어지겠지

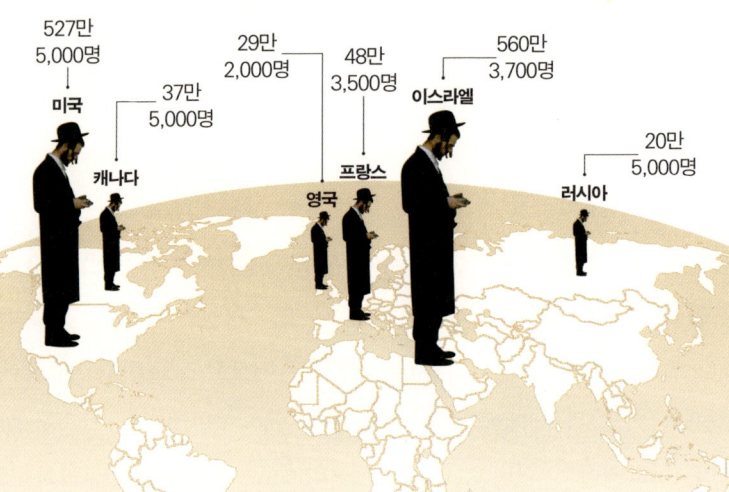

▌세계 주요국에 살고 있는 유대인들

527만 5,000명 - 미국
37만 5,000명 - 캐나다
29만 2,000명 - 영국
48만 3,500명 - 프랑스
560만 3,700명 - 이스라엘
20만 5,000명 - 러시아

전체 유대인의 절반 가까이가 미국에 살고 있다. 유대인이 가장 많이 살고 있는 도시는 뉴욕이다. 유대인은 미국 정부와 의회, 재계를 주름잡고 있다. 미국 연방상원 의원의 10%는 유대계 의원이며, 월가를 움직이는 대형 금융기관의 설립자도 대부분 유대인이다. NBC, ABC, CBS 같은 방송사와 「월스트리트저널」, 「뉴욕타임스」도 유대계 자본으로 움직이고 있다.

자료 : 세계 유대인 인구 통계

만, 월가의 수장들에게는 그다지 놀라운 금액이 아니다).

잘 나가던 직장에서 하루아침에 해고를 당했지만 블룸버그는 좌절하지 않았다. 오히려 충격적 해고를 창업의 기회로 삼았다. 퇴직금으로 금융회사에 꼭 필요한 다양한 금융정보를 컴퓨터에서 전송받아 제공하는 단말기를 만들어 판매하기로 한 것이다. 혁신적인 발상인 만큼 회사 명칭도 '이노베이티브 마켓 시스템'이라고 정했다. 원래 공학도였던 그는 살로먼브러더스를 떠나기 전에 2년 동안 전산시스템 업무를 담당했던 경험을 바탕으로 단말기를 개발했다. 이듬해 세계적인 증권회사 메릴린치가 스물두 대의 '마켓 마스터' 단말기를 설치하고 3,000만 달러를 투자해 이노베이티브 마켓 시스템의 지분 30%를 보유한 주주가 되었다. 2008년 미국발 금융위기 때 메릴린치가 마켓 마스터 지분을 블룸버그에게 되팔긴 했지만, 두 회사의 인연은 꽤 오랫동안 이어졌다.

몇 주 전 주가를 알려면 그 날짜 「월스트리트저널」을 뒤져봐야만 했을 정도로 낙후되어 있던 당시 증권 업계에 마켓 마스터 단말기는 획기적이었다. 손으로 일일이 계산했던 채권 수익률 등을 단말기는 척척 계산해 날마다 보내주었다. 1986년 블룸버그는 회사 이름을 블룸버그사(Bloomberg LP)로 바꾸었고, 이듬해 단말기 판매대수는 5,000대를 돌파한다. 블룸버그사는 이후 단말기 외에도 증권사들이 필요로 하는 서비스를 하나하나 추가해 갔다. 매매플랫폼, 메시징 서비스, 그리고 블룸버그 통신. 지금은 케이블TV와 라디오 채널, 잡지까지 거의 모든 매체로 금융정보를 전하고 있다. 2009년 현재 전 세계에 설치된 블룸버그사의 단말기는 25만 대에 이른다. 국내 금융회사들도 대부분 블룸버그사의 단말기를 활용하고 있다.

뉴욕시장으로 제2의 인생 시작

2001년 블룸버그는 기업가가 아닌 정치가로 새 인생을 시작한다. 골수 민주당원이었던 그는 루돌프 줄리아니(Rudolph William Louis Giuliani) 전 시장이 건강상의 이유로 사임하자 당적을 바꾸고 공화당의 뉴욕시장 후보로 선출되었다. 그는 유권자들에게 "민간 로비단체에 휘둘리지 않으려면 정치인이 돈이 많아야 한다"며 "부자가 시장이 되어야 한다"고 주장했다. 그는 선거비용을 사재로 부담하겠다고 약속하고 무려 7,300만 달러를 쏟아 부었다. 대신 그는 "시장 연봉은 1달러로 하겠다"는 공약을 제시했다.

2002년 시장으로 취임한 후에는 기업을 경영하면서 얻은 노하우를 행정에 활용했다. 우선 욕은 먹더라도 재정부터 다졌다. 당시 뉴욕시의 재정적자는 60억 달러에 이르렀고, 2001년 발생한 9·11 테러로 뉴욕시의 관광수입도 최악이었다. 하지만 그는 과감하게 재산세를 18.5% 인상했다. 지지율이 30%까지 급락했지만 시 재정은 흑자로 돌아섰고, 관광객을 다시 모으기 위해 뉴욕시 홍보와 마케팅을 강화하는 재원을 마련했다. 취임 이듬해부터는 2,500만 달러를 들여 24시간 민원전화를 받아 신속하게 처리하는 '311 콜센터'를 갖췄다. 2003년 개통된 이 콜센터는 2011년까지 5,000만 건의 민원 전화를 받았다. 예산 발표는 직접 챙겼다. 테러 직후 암울하기만 했던 뉴욕은 점차 생기가 돌았고, 관광객이 폭발적으로 늘어났다. 2005년 블룸버그는 압도적인 표차로 재선에 성공했다.

2008년 대선을 앞두고 그는 공화당에서 탈당해 무소속이 되었다. 사실 그의 성향은 보수적인 공화당과는 맞지 않았다. 이 때문에 유력한 대선후보로 거론되기도 했지만 출마하지는 않았다. 대신 그는 시장의 연임까지만 허용하는 뉴욕시 조례를 고쳐 3선에 도전했다.

2009년 선거는 여러 면에서 4년 전과는 달랐다. 금융위기로 월가가 초토화되면서 뉴욕시도 세수가 급감했고 블룸버그의 인기도 떨어졌다. 민주당 후보인 윌리엄 톰프슨(William C. Thompson) 전 뉴욕시 감사원장은 소상인과 소수계의 큰 지지를 받았다. 블룸버그는 무려 1억 달러를 퍼부으며 '돈 선거'를 치른 끝에 가까스로 3선에 성공했다.

사회 개혁도 '돈'과 '권력'으로

블룸버그는 당적을 민주당에서 공화당, 무소속으로 바꾼 데서 드러나듯, 보수나 진보, 민주당원이나 공화당원 등 어느 한쪽으로 규정하기 어려운 인물이다. 억만장자이지만 '사회 변화'에 진지한 관심을 가지고 있는 그는, 시장이라는 직위에서 나오는 권력과 막대한 돈의 힘으로 자신이 원하는 방향으로 변화를 이끌어내려고 한다. 알코올과의 싸움도 시작했으며, 기후변화 등 환경문제에도 관심이 많다.

가장 열정을 보이는 것은 금연 운동이다. 세계에서 다섯 번째로 기부를 많이 하는 '기부왕'인 그는 2007~2012년까지 자신의 사재 6억 달러를 세계 곳곳에서 금연운동에 사용하도록 기부했다. 뉴욕 시장으로도 적극적 금연 정책을 폈다. 2003년에는 엄청난 반대를 무릅쓰고 식당과 술집에서 전면 금연을 실시했다. 2011년에는 공원, 해변 등 야외 공공장소에서의 흡연을 금지한 데 이어, 2012년에는

▼ 블룸버그는 '비만과의 전쟁'을 위해 식당이나 극장, 경기장, 가판대 등에서 라지 사이즈의 탄산음료나 청량음료 판매를 전면 금지하는 방안을 추진 중이다.

집안에서의 흡연마저 규제하기 시작했다. 공동주택의 경우 집주인이 집안에서 흡연을 해도 되는지 여부를 거주자들에게 사전에 통보하도록 하고, 비흡연 주택에서 담배를 피우면 건물주에게 벌금을 부과하는 내용의 법안을 시의회에 제출한 것이다. 담배 가격도 세금 7달러를 붙인 12.5달러로 정해 미국에서 가장 비싸게 매겼다. 이렇게 밀어붙인 금연 정책은 상당한 효과를 거둬, 2002년 22.5%였던 뉴욕의 흡연율이 10년 만에 14.0%까지 떨어졌다.

담배뿐 아니라 그는 비만, 알코올, 청량음료, 공해 등 '건강의 적'들과 전투를 벌여 왔다. 대중교통을 정비하고 뉴욕시의 모든 택시를 하이브리드로 바꾸는 등의 노력을 통해 탄소 배출도 줄이고 공기 오염도 줄였다. 이 같은 노력 덕분인지 현재 마흔 살 뉴요커의 기대수명은 2000년에 비해 2.5년 늘었다.

소신을 갖고 타협하지 않는 정신은 총기 규제 정책에서도 드러난다. 민주당이나 공화당은 총기 소유의 부작용을 잘 알면서도 막강한 이익단체인 전미총기협회(NRA)와 총포상의 로비에 밀려 규제법을 제정하지 못하고 있다. 그러나 그는 뉴욕의 강력사건을 줄이려면 총기 규제가 필수적이라고 생각했다. 이에 따라 '불법총기에 대처하는 시장들'이라는 단체를 자발적으로 구성했다. 열다섯 명으로 시작된 이 모임은 1년도 채 지나지 않아 회원이 225명으로 늘어났다.

이처럼 사회 문제에 관심이 많다 보니 그가 대권에 도전할 것이라는 소문도 끊임없이 나왔다. 하지만 유대인, 이혼남, 무소속이라는 점 때문에 사실 대선에 도전하더라도 그가 선출될 가능성은 매우 낮다. 2012년 대선에도 그의 역할은 버락 오바마 대통령의 재선을 응원하는 정도에서 그칠 것으로 예상된다.

블룸버그가 예순 살에 뉴욕시장에 도전하는 까닭은 정치가 세상을 바꾸는 가장 효율적인 수단이라고 판단했기 때문이다. 권력을 돈을 더 많이 벌기 위한 수단으로, 또는 지금껏 쌓아올린 재산을 지키기 위한 보호막으로 여기는 부자들이 즐비한 세상에 그의 마지막 행보가 무엇일지 기대된다.

돈을 제대로 쓸 줄 아는 DNA

블룸버그는 뉴욕시 재정 적자를 매우기 위해 가장 먼저 재산세 인상을 단행했다. 자신 역시 재산세 인상으로 타격을 받을 부자이면서 말이다. 또한 사재를 털어 금연 운동에도 앞장서고 있다. 돈은 좋은 쪽으로든 나쁜 쪽으로든 쉽고 빠르게 사람과 세상을 바꾼다. 정치는 그런 돈의 힘을 더 극대화시킬 수 있다. 블룸버그는 그런 돈을 제대로 쓸 줄 아는 인물이다.

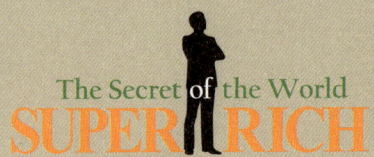

Survival
● 더 큰 꿈을 꾸기 위한 초석

Roman Abramovich

정치 권력을 등에 업고 성장한 신흥부자

로만 아브라모비치

존 테리(John Terry), 프랭크 램퍼드(Frank Lampard), 페르난도 토레스(Fernando Torres), 플로랑 말루다(Florent Malouda)······. 세계적인 축구스타들이 즐비하게 있는 팀. 한국 기업 삼성이 스폰서로 있는 팀. 잉글랜드 프리미어 리그의 프로축구팀 첼시다.

첼시는 2000년대 초반까지만 해도 지금의 모습이 아니었다. 성적은 리그 중상위권에 8,000만 파운드(약 1,478억 원)의 부채를 안고 있는 팀이었다. 하지만 2003년 한 젊은 러시아 갑부가 인수하면서부터 상황이 바뀌었다. 그는 천문학적인 돈을 쏟아 부어 최고의 선수들을 영입했고, 팀은 2년 만에 잉글랜드 프리미어리그 정상에 올랐다. 2012년에는 처음으로 유럽 챔피언스리그 우승컵까지 거머쥐었다.

축구의 종주국 영국에서 '자본의 힘'을 유감없이 발휘하고 있는 첼시의 구단주이자 러시아 석유 재벌 로만 아브라모비치(Roman Abramovich, 1966년~) 이야기다. 2012년 「포브스」 집계에 따르면 그의 재산은 121억 달러(약 14조 원)로 러시아에서 아홉 번째, 세계에서 예순여덟 번째 갑부다.

노점상에서 러시아 최고 부자로

고아에 무일푼이었던 아브라모비치가 1990년대 중반 러시아의 개혁과 개방을 거치면서 최고 갑부로 떠오른 것은 한 편의 역전드라마에 가깝다.

러시아 남부 사라토프의 유대인 가정에서 태어난 아브라모비치는 네 살 때 고아가 되어 삼촌 손에서 자랐다. 자서전에는 2001년 모스크바 국립법률아카데미를 졸업했다고 되어있지만, 일부에서는 그가 이 대학에서 쫓겨났다고 주장하는 등 그의 학력에 관해서는 의견이 분분하다.

끼니 때울 돈이 없을 정도로 가난했던 아브라모비치는 스물한 살에 첫 번째 부인 올가와 결혼해, 처가에서 받은 몇 푼의 장사밑천으로 거리에서 향수와 치약 등을 팔며 돈을 모으기 시작했다. 이듬해 세운 인형 공장은 대박을 터뜨렸다. 1990년대 초반까지 돼지 농장, 석유 중개업, 재생 타이어 사업에 이르기까지 20개가 넘는 회사를 차렸다 닫는 등 다양한 사업에 손을 댔다.

그를 세계적 갑부로 만든 것은 1995년 러시아의 국영기업 민영화였다. 1996년 대통령 선거를 앞두고 심각한 재정 위기에 처했던 러시아 정부는 굵직한 국영기업을 경쟁을 통해 임대해 재정을 확충하는 '론스포셰어(Loans for share)' 정책을 폈다. 경매 방식이었지만 실제로는 보리스 옐친(Boris Yeltsin) 당시 대통령과 가까운 사람들이 국영기업을 하나씩 나눠 맡았고, 임대 방식이었지만 기업 운영권은 다시 국가로 환수되지 않았다. 그야말로 헐값에 국영기업을 파는 형식이었다.

아브라모비치는 동료 사업가였던 보리스 베레조프스키(Boris Berezovsky)와 각각 1억 달러씩 투자해 국영석유회사 시브네프트를 인수했다. 시가가 당시 기준으로 27억 달러 상당이고, 매년 30억 달러어치의 기름을 생산하던 알짜 국영기업을 '헐값'에 사들인 것이다. 이후 알루미늄 산업까지 장악하는 데 성공하며 그는 단숨에 러시아 최대 재벌 반열에 올랐다.

성공을 위해서는 은인도 배신

무명의 아브라모비치가 옐친 대통령의 측근만 누렸던 공기업 헐값 매수의 특혜를 받을 수 있었던 비결은 무엇일까? 사업을 하다 알게 된 베레조프스키 덕분이었다. 옐친 대통령의 최측근 모임인 '패밀리'의 일원이었던 베레조프스키는 아브라모비치를 옐친 대통령에게 소개시켜줬고 그도 곧 패밀리의 멤버가 되었다. 그 후 1995년 국영기업 민영화 때 베레조프스키와 함께 시브네프트를 사들이며 러시아의 대표적인 신흥재벌, 올리가르히*가 된 것이다.

하지만 2012년 현재 아브라모비치는 자신이 신흥재벌이 되도록 해준 '은인'인 베레조프스키와 법정 소송을 벌이고 있다. 올리가르히의 수장 베레조프스키는 옐친 대통령 시절 석유, 자동차, 방송 등 각종 국영기업을 장악해 정계와 재계를 주물렀다. 2000년 대통령에 오른 블라디미르 푸틴(Vladimir Putin)이 개혁 정책을 펴며 올리가르히 척결에 나서자 자신이 운영하는 TV 등을 동원해 푸틴 비판에 앞장섰다. 그러다 결국 이듬해 자신의 재산을 싼값에 팔고 영국으로 망명하고 말았다. 베레조프스키는 그 후 "당시 아브라모비치가 시브네프트의 주식을 싼값에 넘기지 않으면 푸틴 대통령에게 청탁해 주식을 빼앗겠다고 위협했다"며 아브라모비치를 상대로 소송을 제기했다.

올리가르히(oligarchi) 본래 소수가 권력을 독점한 과두 정치를 뜻하는 말이었으나, 근래에는 러시아 경제를 움직이는 실세들인 신흥재벌을 일컬어 올리가르히라고 부른다. 이들은 대부분 1990년 소련 붕괴 이후 국영기업이 민영화되는 과정에서 탄생했다. 시장 논리보다는 권력과 밀착을 통해 부를 쌓았다.

사실 아브라모비치가 연루된 것으로 알려진 범죄는 한 둘이 아니다. 1992년 석유 중개업을 할 당시 대량의 디젤유를 훔친 혐의로 체

▼ 한때 함께 회사를 운영할 정도로 가까웠던 베레조프스키(오른쪽)와 아브라모비치(왼쪽)는 영국 법정에서 재산 싸움을 벌이고 있다. 「파이낸셜타임스」는 신구 올리가르히의 분쟁을 두고 "아브라모비치가 자신의 스승인 베레조프스키를 그가 부를 쌓은 수법 그대로 뒤통수 친 것은 아이러니"라고 비꼬았다.

포되어 감옥에 수감되기도 하고, 각종 이권 수주과정에서 정부관료에게 수십억 달러의 뇌물을 뿌린 것으로 알려져 있다. 알루미늄 산업 지배권을 두고 벌어진 치열한 싸움으로 대기업 간부, 언론인, 공무원 등 관련자 100여 명이 살해된 것으로 알려진 '알루미늄 전쟁'의 최후 승자 역시 아브라모비치였다. 하지만 수많은 혐의에도 불구하고 옐친 대통령이 그가 기소되는 것을 계속 막아준 것으로 알려졌다. 옐친 대통령은 2007년 사망하고 베레조프스키와도 사이가 틀어졌다. 하지만 그는 러시아 '최고 실세' 푸틴 대통령과 아버지와 아들 사이에 비유될 만큼 각별한 사이로 알려져 있다.

아낌없이 돈을 쓴 두 곳

투명하지 못했던 부의 축적 과정 탓에 아브라모비치는 지금도 갖가지 의혹과 비난에 시달린다. 그럼에도 불구하고 그를 언제나 '구원자'로 칭송하는 곳이 있다. 2000~2008년 그가 주지사를 지낸 러시아 시베리아의 자치구 추코트카다.

그는 찢어지게 가난했던 이 지역에 집, 학교, 병원 등 인프라를 재건하고 기업투자를 유치하는 등 지역 살리기에 발 벗고 나섰다. 지역 개선 사업에 쓴 자신의 돈만 해도 13억 달러(약 1조 5,000억 원)에 달한다. 주지사를 그만둘 당시 그는 "너무 비싸서" 다시는 주지사를 하지 않겠다고 선언할 정도였다. 어쨌든 그의 노력에 2000년 165달러였던 이 지역 평균 월급은 2006년 826달러로 올랐고, 러시아 내에서도 출산율이 가장 높은 도시 중 하나로 꼽히고 있다.

축구광인 그가 가장 많은 돈을 쏟아 부은 곳은 역시 프로축구팀 첼시다. 2003년 팀 인수 이후 선수 영입 등으로 9년 동안 그가 쓴 돈은 무려 10억 파운드(약 1조 8,000억 원)다. 그는 선수뿐 아니라 천문학적인 위약금을 물어가면서 유능한 감독도 영입했다. 하지만 그만큼 성과에 대한 기대가 커 9년간 감독을 일곱 명이나 바꿨다. 1년 이상 지휘봉을 잡은 감독은 조제 무리뉴(Jose Mourinho)와 카를로 안첼로티(Carlo Ancelotti) 단 두 명뿐이다. 첼시가 '감독의 무덤'이라 불리는 이유다. 러시아 주지사로 재직할 때도 그는 늘 영국에 머물면서 첼시의 모든 경기를 관람했고, 팀이 패할 때는 눈물까지 흘리는 등 그의 축구 사랑은 유명하다.

일각에서는 아브라모비치가 첼시를 인수한 것에는 축구에 대한 사랑 외에도 몇 가지 목적이 있다고 본다. 신흥재벌들이 '벼락부자' 이미지를 종식시키고 예술계로 손을 뻗칠 때, 아브라모비치는 그 대상을 축구로 정

▼ 2012년 5월 독일 뮌헨 알리안츠아레나에서 열린 2011~2012 시즌 유럽챔피언스리그 결승전에서 첼시가 처음으로 우승을 차지했다. 아브라모비치는 우승컵을 손에 넣기 위해 9년간 10억 파운드를 썼다.

했다는 것이다. 실제로 그가 사비를 털어 첼시를 명문구단으로 키우는 과정에서 그를 바라보는 대중의 눈길이 따뜻해졌다. 또 신흥재벌들을 향해 있던 푸틴의 칼날을 피하고자 자신을 축구에나 빠져있는 야심 없는 졸부로 이미지 메이킹했다는 설도 있다. 사실이든 아니든 아브라모비치는 두 가지 목적을 모두 이룬 듯 보인다.

삶에서 '검소'라는 단어를 지워버린 갑부

젊은 갑부답게 여성 편력도 화려하다. 아브라모비치는 조강지처 올가(Olga Yurevna lysova)와 1990년 이혼하고, 스튜어디스 출신의 이리나(Irina Vyacheslavovna Malandina)와 결혼해 다섯 아이를 두지만 역시 2007년 이혼했다. 당시 아브라모비치가 부담한 이혼 위자료만 3억 달러다.

이 후 러시아의 또 다른 석유재벌인 알렉산드로 주코프(Alexander Radkin Zhukov)의 딸인 다리아 주코바(Dasha Zhukova)와 연인으로 지냈으며, 주코바는 2009년 그의 아들을 낳기도 했다. 같은 해 영화 〈해리포터〉에서 헤르미온느 역을 맡아 세계적인 스타가 된 영국 배우 엠마 왓슨(Emma Watson, 당시 열아홉 살)과 열애설이 터져 화제를 불

▶ 아브라모비치가 소유하고 있는 대형 요트 중 한 척. 언론은 이 요트를 '아브라모비치의 해군'이라고 부른다.

러 일으키기도 했다.

씀씀이도 그답다. 언론이 '아브라모비치의 해군'이라 부르는 대형 요트가 다섯 대, 전용 비행기와 헬리콥터는 물론 리무진도 예순 대 넘게 가지고 있다. 그를 경호하는 경호원만 해도 마흔 명에 달해 '사설 군대'라 불리기도 한다.

빈털터리 고아에서 최고의 갑부가 된 아브라모비치. 깨끗하지 못한 방식으로 부를 축적해 사치스러운 삶을 살면서도 주지사 시절에는 약자들을 위해 아낌없이 사재를 쏟아 붓는 양면적인 모습을 보여주었다. 하지만 그가 앞으로 약자들을 돕는데 발 벗고 나서고, 축구 발전에 아무리 많은 공헌을 한다 해도 정경유착을 통한 불법적인 부 축적과 그 과정에서 희생된 사람들에 대한 기록만은 결코 깨끗이 지워지지 않을 것이다.

부자DNA

비굴함의 DNA

아브라모비치의 처세술은 푸틴이 정권을 잡은 후 빛을 발했다. 시브네프트를 유코스와 합병해 최대 석유기업으로 만든 후 국영 에너지기업 가즈프롬에 매각하고, 알루미늄 회사와 자동차 공장도 외국에 팔았다. '크렘린의 꼭두각시'라는 비난에도 권력과 맞서는 일은 절대 하지 않는다. 정경유착으로 성장한 만큼 공권력의 위력을 누구보다 잘 알고 있었을 것이다. 그 결과 베레조프스키 같은 신흥부자들이 재산을 잃고 도주하거나 수감될 때에도 그는 살아남았다. 화려한 여성 편력과 축구에 미친 졸부로 언론에 비춰지는 것 역시 그가 바라던 바일지도 모른다.

Lakshmi Mittal

전 세계 철강회사를 먹어치우는
'철강 공룡'

락시미 미탈

앤드루 카네기는 그에게 붙은 '철강왕'이라는 칭호를 20세기가 끝나면서 다른 이에게 넘겨야 했다. 21세기 새롭게 철강왕의 칭호를 물려받은 이는 인도 출신 락시미 미탈(Lakshmi Mittal, 1950년~)이다. 세계 1위 철강회사 아르셀로 미탈의 회장인 그의 재산은 약 207억 달러(2012년)에 이른다. 아시아와 유럽, 북미와 중남미에 걸쳐 있는 그의 철강 제국은 '해가 지지 않는 나라'라 할 만하다.

씀씀이는 크지만 기부에는 인색한 철강왕

미탈은 인간적 측면에서 전임 철강왕과는 전혀 다르다. 카네기가 엄청난 부를 지니고서도 검소한 생활을 했고 말년에는 자선사업에 투신했던 것에 비해, 미탈은 영국의 초호화 저택을 사들여 '타지마할'이라 이름을 붙이는 등 호사스런 삶으로 일관하고 있다. 미탈은 2004년 1억 2,000만 달러(당시 기준 약 1,400억 원)라는 거금을 들여 이 집을 구입했다. 영국의 평균적인 주택 55배 크기인 이 저택은 바닥과 기둥이 대리석이고 터키식 목욕탕과 보석으로 장식된 수영장이 있다고 한다.

반면 미탈은 기부에 인색하다. "왜 기부를 하지 않느냐?"는 기자의 질문에 "인류애를 생각하기에는 아직 젊다"고 말한 적도 있다. 인도가 올림픽에서 금메달을 따도록 하기 위해 꿈나무들을 지원한 것과 인도에 정보기술대학을 설립한 것 등 그의 기부는 손가락으로 꼽을 수 있을 정도로 드물다.

카네기는 부의 상속을 혐오했으나 미탈은 와튼스쿨을 졸업한 아

▶ 인도 사람들은 세상에 두 개의 타지마할이 있다고 말한다. 하나는 인도 아그라에 있는 타지마할(위)이고, 다른 하나는 영국 런던에 있는 락시미 미탈의 저택(아래)이다. '락시미'는 힌두교에서 부를 관장하는 여신의 이름이다.

들 아디트야(Aditya Mittal)에게 그룹에서 가장 중요한 업무인 M&A를 맡겼다. 아르셀로 인수 역시 아디트야의 조언을 받은 것이다. 아디트야의 아내인 메가 미탈(Megha Mittal)도 세계적인 명품 의류 브랜드인 독일의 에스카다를 인수했다.

1998년 아들 아디트야의 결혼식을 인도 콜카타(캘커타)에서 무려 나흘 동안 치른 미탈은 딸 바니샤의 결혼식은 더욱 호화롭게 치렀다. 약혼식은 프랑스 베르사유 궁전, 결혼식은 보르 비콩트 성에서 무려 5,500만 달러를 들여 치렀다. 한 인도 잡지는 '아빠, 에펠탑을 사주세요'란 제목으로 이 결혼식을 비꼬기도 했다.

하지만 미탈과 카네기는 CEO로서 중요한 공통점이 발견된다. 무수한 M&A를 통해 작은 회사를 세계 최대 철강회사로 키워냈다는 사실이다. 미탈은 제철소를 세운 적이 한번도 없다. "제철소를 세우는 데 드는 2~3년의 시간이 너무 아깝다"고 말했을 정도다. M&A를 성공시키기 위해 정부 관리에게 뒷돈을 주는 등 모든 수단을 썼다는 점도 비슷하다.

M&A 만으로 철강 제국을 세우다

　미탈은 1950년 인도 뉴델리에서 300킬로미터 떨어진 작은 마을인 사둘푸르에서 태어났다. 어린 시절 미탈은 전기와 마실 물도 충분치 않은 가난한 삶을 살아야 했다. 그러나 상인 카스트 출신의 아버지는 가난을 극복하려는 의지가 강했다. 그는 소형 전기로를 가동하는 작은 철강 공장 이스팟을 세웠다. 1969년 콜카타의 명문 세인트 사비어대학 경영학과를 졸업한 미탈은 아버지의 철강회사에 취직한다. 작은 회사였지만 철강의 제조와 유통 과정 등을 배울 수 있었다.

　3년 후 인도 정부가 철강산업을 국유화하기로 하자, 아버지는 사업환경을 조사하라며 스물두 살의 아들을 인도네시아에 보낸다. 미탈은 당시 일본 가전업체들이 인도네시아에 대규모 투자하는 것을 보고 투자 가능성이 있다고 판단해, 1976년 아버지와 함께 인도네시아에서 부도난 철강회사를 인수해 경영한다. 그러다 원료 공급처였던 트리니다드토바고의 국영 철강회사 이스콧이 경영난을 겪자 1989년 이를 인수했다. 미탈은 하루 100만 달러씩 적자를 내던 이스콧을 1년 만에 흑자로 돌려놓았다.

　첫 번째 M&A가 성공한 후 미탈은 이스팟의 해외사업부를 물려받아 회장으로 취임한다. 1992년 멕시코 국영 철강회사인 시발사를 사들였고, 1995년에는 카자흐스탄의 국영 철강회사 카르메트를 인수했다. 옛 소비에트연방(소련) 최대 제철소였던 이 회사는 소련 해체 후 수요가 급감하자 경영이 악화됐으나, 미탈은 중국의 철강 수요가 늘어날 것이라는 점에 주목해 카르메탈을 인수한 뒤 정상화시켰다. 1997년에는 상장을 통해 대규모 자본을 확보했다.

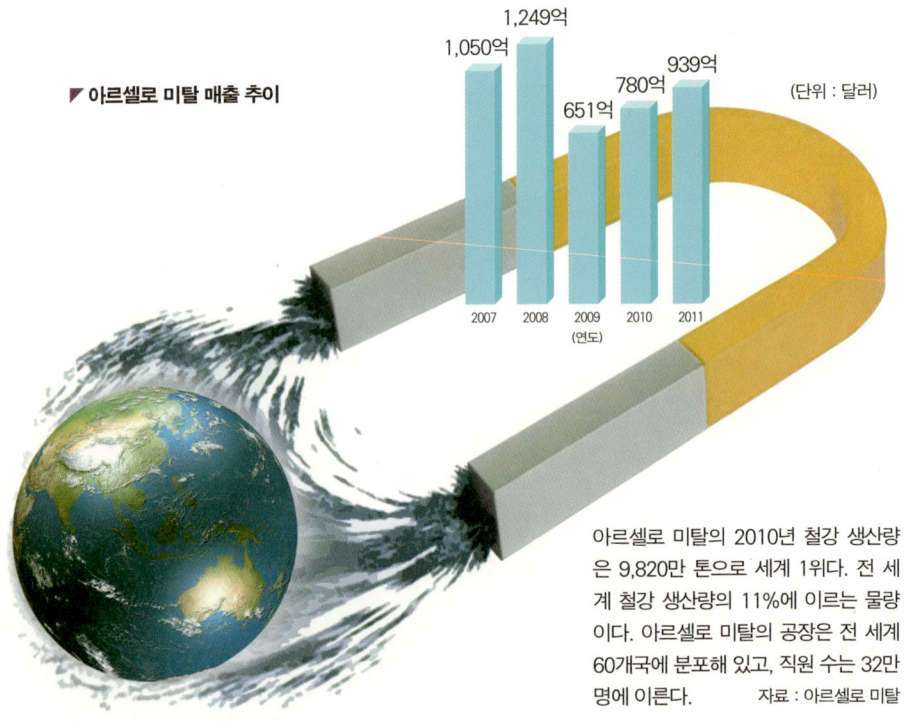

▼ 아르셀로 미탈 매출 추이 (단위 : 달러)

아르셀로 미탈의 2010년 철강 생산량은 9,820만 톤으로 세계 1위다. 전 세계 철강 생산량의 11%에 이르는 물량이다. 아르셀로 미탈의 공장은 전 세계 60개국에 분포해 있고, 직원 수는 32만 명에 이른다. 자료 : 아르셀로 미탈

 미탈은 주로 동유럽의 쓰러져가는 국영 철강회사를 인수한 뒤 감원과 노후 시설 교체 등을 통해 흑자 회사로 돌려놓았다. 루마니아, 체코, 남아프리카공화국, 폴란드 등의 철강회사들이 착착 그의 손에 들어왔다.

기업 윤리? 개나 줘버려!

 하지만 이렇게 동유럽의 국영 철강회사를 인수하는 과정은 깨끗하지 못했다. 2002년 영국에서 벌어진 '미탈 스캔들'은 그가 어떻게 헐값에 국영 철강회사들을 인수했는지가 여실히 드러난 사건 중

하나였다. 당시 웨일즈당인 플라이드의 의원 아담 프라이스(Adam Price)는 토니 블레어(Tony Blair) 영국 총리가 루마니아 정부에 미탈의 LNM 철강회사를 지원하는 내용의 편지를 보낸 것을 입수해 공개했다. 블레어의 편지는 루마니아가 국영 철강회사를 민영화하고 미탈에게 넘기면 루마니아가 EU에 들어가는 데 도움이 될 것이라는 점을 암시했다. 또 미탈을 '친구(a friend)'라 묘사한 단락도 있었는데, 블레어가 서명하기 직전에 지웠다는 사실도 밝혀졌다.

미탈은 바로 전년도에 영국 노동당에 12만 5,000파운드를 기부했기 때문에 블레어 총리는 정치자금 때문에 미탈을 도왔다고 비난을 받았다. 블레어는 편지에 대해 "한 영국기업의 성공을 축하하는 내용"이라고 해명했지만 구차했다. 영국 언론은 LNM이 영국이 아닌 네덜란드의 조세회피처에 등록된 회사였고, 영국에서 고용한 임직원 수도 전체 임직원의 1%에도 못 미친다며 비판했다.

동유럽에서 인수한 회사 내에서 발생한 광산 노동자들에 대한 가혹한 착취도 도마 위에 올랐다. 2004년 12월 23명의 광산 노동자들이 가스 폭발로 카자흐스탄의 미탈 소유 광산에서 숨졌다. 미탈이 운영한 카자흐스탄에 있는 석탄 광산 다수는 대부분 안전 상태가 최악이었던 것으로 드러났다. 2004~2007년 사이 무려 아흔 명의 석탄 광부들이 사고로 숨졌다. 마흔한 명의 광부가 사망한 2006년 폭발 당시 생존자의 증언에 따르면, 가스 기둥이 솟아오르는데도 광산 관리자들이 그날의 생산 목표를 맞춰야 한다며 노동자들에게 일할 것을 강요했다고 한다. 광부에서 노조 활동가로 돌아선 파벨 슈킨은 "미탈 치하의 삶과 비교하면 소련 시절이 훨씬 먹고 살기 좋다는 데 모든 광부들이 동의한다"고 말하기도 했다.

I'm Still Hungry

여러 가지 구설수와 비판에도 불구하고 끊임없이 M&A를 거듭하던 미탈은 2004년 미국 최대의 철강기업 인터내셔널스틸그룹(ISG)을 인수해 세계 1위의 '미탈스틸'을 탄생시킨다. 이어 캐나다, 우크라이나, 중국의 철강회사들을 연달아 인수한 후 2006년 드디어 세계 2위 아르셀로에 도전장을 내밀었다. 유럽 각국 정상들까지 반대했지만 물러서지 않았다. 그는 각지를 돌며 자신이 M&A를 하는 이유는 욕심 때문이 아니라 '규모의 경제'로 원료 가격 협상력을 높이기 위해서라고 역설했다. 인수가격도 주주들의 예상을 뛰어넘는 수준으로 제시해 결국 5개월 만에 M&A에 성공했다.

가장 긴장한 것은 신일본제철(신일철)이었다. 고급 철강을 생산할 수 있는 기술을 가진 신일철은 기술력이 낮은 아스셀로 미탈의 다음 목표가 되기에 충분했다. 신일철은 포스코 등과 연합 전선을 펴 대비했고, 결국 아르셀로 미탈은 신일철과 포스코 등에 적대적 M&A를 시도하는 대신 기술제휴를 맺었다.

▼ 2012년 '런던 올림픽'을 기념해 영국 런던의 올림픽 주경기장 옆에 설치된 115미터 규모의 철탑. 이 철탑의 이름은 건축 비용(약 420억 원)의 대부분을 부담한 아르셀로 미탈의 이름을 딴 '아르셀로 미탈 오빗 타워'다.

하지만 미탈의 M&A 행보는 앞으로도 계속될 것으로 보인다. 원료 가격 협상에서 우위를 점하기 위해서다. 아르셀로 미탈의 철강 생산량은 세계 최대이지만, 원료인 철광석을 공급하는 3대 업체인 발레, 리우 틴투, BHP빌린튼의 협상력이 워낙 강하기 때문이다.

목적을 달성하기 위해서는 수단과 방법을 가리지 않는 미탈의 다음 먹잇감은 어디일까? 미탈은 1976년 창업 이후 쇠를 녹이는 고로 하나 직접 만들지 않고 세계 1위의 철강회사를 이끌고 있다. 미탈의 행보를 보고 있자면 '기업가란 기술혁신을 통해 생산방식과 상품을 개발하는 창조적 파괴에 앞장서는 사람'이라는 슘페터(Joseph Alois Schumpeter)의 정의가 공허하게 느껴진다.

부자DNA

탐욕의 DNA

미탈이 가난한 아버지에게서 물려받은 부에 대한 강한 열망은 그에게 천문학적인 재산을 안겨주었다. 그의 탐욕 앞에 모든 것은 도구에 지나지 않는다. 경영난을 겪는 세계 여러 나라의 철강회사나, 은밀한 딜을 제안하는 정치인이나, 그의 광산에서 일하는 노동자들이나, 부자들의 사회적 책임을 요구하는 여론이나……

목표를 이루기 위해 모든 것을 수단화하는 그의 탐욕은 세계 철강시장을 쥐락펴락하는 '철강 공룡'을 낳았다. 그런 그도 2012년 들어 유럽 재정위기에 핵심 철강자산을 팔아치우고 있다고 한다. 전 세계 철강회사들을 빨아들이듯 쌓아 올린 그의 부는 거대했을망정 견고하지는 못했던 모양이다.

Carl Celian Icahn

기업사냥꾼 VS. 행동주의 투자자

칼 아이칸

"월 스트리트에서 친구를 원한다면 차라리 개나 한 마리 사라!"

2006년 한국의 KT&G의 경영권을 위협하며 인삼공사 매각과 자산 처분 등을 요구한 'KT&G 습격사건'으로 국내에도 잘 알려진 기업사냥꾼 칼 아이칸(Carl Celian Icahn, 1936년~)이 자주 쓰는 말이다. 농담처럼 들리기도 하지만 '아무도 믿을 수 없다'는 월가 그리고 아이칸 자신의 냉혹함을 상징적으로 보여주는 말이다.

2009년 말에는 절친한 친구로 알려졌던 미국 부동산 재벌 도널드 트럼프(Donald Trump)와 대결을 벌여 '돈 앞에서는 친구도 없다'는 그의 철학을 몸소 보여주기도 했다. 트럼프는 자신이 추진하던 애틀랜틱시티 카지노 인수에 아이칸이 뛰어들어 방해하자 "부인과 이혼할 때 내게 상담까지 했던 아이칸에게 실망했다"고 비난했다. 그러자 아이칸은 이렇게 되받아 쳤다. "우리는 친구가 아니다. 그래서 나는 트럼프 딸의 결혼식에 초대받지 못했을 때도 놀라지 않았다."

아이칸이 지난 40여 년 동안 이런 '냉혹함'으로 모은 돈은 무려 140억 달러나 된다. 「포브스」가 2012년 선정한 세계 쉰 번째 갑부의 자본수집 이력 역시 퍽 다채롭기 그지없다.

한 번 물면 놓지 않는 상어

유대인인 아이칸은 미국 뉴욕의 중산층 가정에서 자랐다. 아버지(변호사)와 어머니(교사)는 부의 축적에 관심이 없었지만 당시 성공한 비즈니스맨이었던 삼촌의 영향을 많이 받은 것으로 알려졌다. 그는 프린스턴대학 철학과를 졸업한 후 뉴욕대학 의과대학을 중퇴하

▶ 줄리아 로버츠를 일약 세계적인 스타로 만든 로맨틱 코미디 〈프리티 우먼〉. 영화 개봉 당시 남자 주인공 에드워드(리처드 기어 분)의 모델이 칼 아이칸이라는 소문이 있었다. 영화 속에서 에드워드는 선량한 기업을 인수해 조각조각 해체한 후 되팔아 이익을 실현하는 악덕 기업사냥꾼으로 그려진다.

고, 1961년 월가에 취업했다. 증권사 견습생이었던 아이칸은 1968년 빌린 돈 40만 달러로 자신의 증권사를 차렸고, 이후 정크본드(신용등급이 낮은 기업이 발행하는 고위험·고수익 채권) 투자로 억만장자가 된다.

아이칸이 세상에 이름을 알린 건 1985년 항공사 트랜스월드에어라인(TWA)을 인수하면서부터다. 아이칸은 TWA 노조와의 임금 협상에서 합의가 임박할 때마다 협약 내용이나 숫자를 자기에게 유리하게 바꿔 다시 협상 테이블에 앉곤 했다. 협박도 서슴지 않았다. 노조를 가혹하게 다루기로 유명한 텍사스 항공의 프랭크 로렌조(Frank Lorenzo)에게 회사를 팔아버리겠다고 한 것이다. 아이칸은 그런 식으로 원하는 것을 하나씩 관철시켰다.

그가 지금까지 인수했거나 인수 혹은 경영권 참여를 시도한 기업은 모두 20여 개에 이른다. RJR나비스코, USX, 텍사코를 비롯해 GM, 타임워너, 야후 등 내로라하는 글로벌 기업들이 그의 레이더에 포착됐었다. 2008년 야후의 창업자 제리 양을 CEO 자리에서 끌어내린 것도 아이칸이었다.

특히 80년 넘는 역사를 자랑하는 굴지의 휴대폰 제조 업체 모토로라가 2011년 구글에 인수되는 것을 막후에서 지휘한 것 역시 아이칸이다. 그는 2008년 2월 주당 15.58달러에 모토로라의 주식을 매입한 후, 세계 금융위기로 주가가 주당 3달러 대로 곤두박질 쳤을 때도 계속 지분을 늘렸다. 이렇게 이사회 의석을 두 자리 확보한 그는 모토로라 경영진을 압박해 휴대폰 부문은 모토로라 모빌리티, 나머지 사업 부문은 모토로라 솔루션스로 분리했다. 그리고 2011년 8월 결국 모토로라 모빌리티가 구글에 인수되도록 했다. 3년여 동안 모토로라를 집요하게 공격한 아이칸이 이 인수로 번 돈은 우리 돈으로 환산하면 무려 2조 원에 달했다.

아이칸은 주로 가치가 현저히 낮게 매겨져 있거나 경영권 분쟁 등 여러 문제로 어려움을 겪고 있는 기업에 눈독을 들인다. 이런 기업

▌ 아이칸은 기업이 조금이라도 틈이 보이면 닥치는 대로 공략했고 한번 눈독을 들이면 끝장을 봤다. 그래서 '상어'라는 별명을 얻었다.

의 주식을 다량 확보해 이사회에 진출해 경영권을 쥐면 자신이 원하는 대로 기업을 움직여 주가를 올린다. 그리고 주가 상승으로 엄청난 시세차익을 얻으면 그 기업을 떠난다. 아이칸은 조금이라도 틈이 보이면 닥치는 대로 공략했고 한 번 눈독을 들이면 끝장을 봤다. '상어'라는 별명을 얻은 이유다.

그리고 시장은 이런 아이칸의 스타일을 알기에 그가 특정 기업의 주식을 매수하기 시작하면 그 기업의 주가도 급등하기 시작한다. 아이칸의 개입으로 기업의 주가가 오를 것이라 기대하며 그를 따라 투자하는 투자자들이 그만큼 많은 것이다.

아이칸은 독특한 협상 스타일로도 유명하다. 매수 협상 전날에는 충분한 수면을 취하고 당일에는 낮잠까지 자는 것으로 알려졌다. TWA 인수 때도 밤 아홉 시에 협상을 시작하기로 했는데 열한 시가 되어서 협상장에 나타났다. 집에서 잠을 자고 말끔히 샤워까지 하고 온 아이칸은 기다리다 이미 녹초가 된 사람들을 상대로 협상을 완고하게 끌고 가 원하는 것을 하나씩 얻어냈다고 한다.

극단을 오가는 평가

하지만 정작 아이칸은 '기업사냥꾼'이라는 자신에 대한 주위의 평판에 동의하지 않는다. 그는 자신이 '행동주의 투자자'로 불리기를 원한다. 행동주의 투자자란 이사회 장악 등을 통해 경영에 개입해 적극적으로 이익을 추구하는 주주를 말한다. 아이칸은 늘 CEO들의 무능함과 높은 연봉을 강하게 비판한다. 그리고 경영권 참여와 인수를 통해 저평가된 기업의 가치를 끌어 올리는 것이 자신의 역할이라고 주장한다. 실제로 일부 언론과 소액주주들은 아이칸이 기업의 투명성과 주주가치를 높이는 데 일조한다고 평가하기도 한다.

그러나 아이칸을 바라보는 시선은 대체로 차갑다. 그는 이사회 의석을 확보한 후 배당이나 주식 재매각, 합병, 부실사업부문 매각 등으로 기업 가치를 단기간에 끌어 올리지만, 차익 실현 후에는 매정하게 떠나기 때문이다. 즉 기업 자체의 가치를 올리기 보다는 주식의 가치만 올려 자신의 이윤만 챙긴다는 비판이다.

포이즌필(poison pill : 적대적 M&A를 막기 위해 기존 주주에게 시가보다 훨씬 낮은 가격으로 지분 매입권리를 주는 제도)을 개발한 기업법 전문 변호사 마틴 립튼(Martin Lipton)은 "기업들이 장기적 성장 대신 단기 성과를 내도록 압력을 가하는 대표적 인물이 아이칸"이라고 비판했다. 아이칸은 한국에서도 KT&G 경영참여를 선언한 지 10개월 만에 1,500억 원 가량의 차익을 내고 지분을 모두 팔아 '먹튀' 논란을 일으킨 바 있다.

그의 경영진 교체가 항상 성공적인 것도 아니었다. TWA는 아이칸이 인수한 후 부채가 세 배나 급증했고, 비디오 대여 체인업체 블록버스터는 주가가 반 토막 나기도 했다. 2005년에는 한 카지노 호텔 소액주주들이 아이칸 때문에 재산 손실을 입었다며 그를 고소하기도 했다.

"탐욕은 선(善)"이라 말하는 궤변

아이칸은 "탐욕은 선"이라고 말한다. 그런데 그런 탐욕적인 이미지와는 어울리지 않게 꾸준히 기부를 실천해 온 기부왕이기도 하다. 워런 버핏 버크셔 해서웨이 회장과 마이크로소프트 창업자 빌 게이츠가 부자들에게 "재산의 절반 이상을 기부하자"며 주도하고 있는 '기부서약' 캠페인에 2011년 아이칸도 동참했다.

뉴욕시의 종합경기장 '아이칸 스타디움'은 그가 1,000만 달러를 기부해 지은 경기장으로 개인이 뉴욕의 공원 시설에 기부한 것 중 최고액이다. 프린스턴대학에 자신의 이름을 딴 실험실이 있을 정도로 모교에도 상당액을 기부했고, 미혼모와 노숙인을 위한 보호시설도 그의 기부를 받아 운영 중이다. 2001년에는 스타라이트 어린이재단으로부터 '올해의 수호천사'에 선정되는 등 기부 관련 상도 여러 개 받았다.

여든을 앞두고 있는 이 노장은 언제쯤 은퇴 할까? 아이칸의 아들 브레트(Brett Icahn)가 후계자로 거론되기도 하지만 아이칸이 스스로 은퇴 계획을 밝힌 적은 한 번도 없다. 일흔다섯 살이 되던 2011년 "활동을 점차 축소시킬 것"이라고 말한 게 전부다.

그리고 2011년 11월부터는 세계 45위의 철강 업체인 커머셜메탈즈의 인수를 추진하고 있

▼ 미국 뉴욕에 위치한 아이칸 스타디움. 개인이 뉴욕의 공원 시설에 기부한 것 중 최고액인 1,000만 달러를 들여 건설되었다.

다. 커머셜메탈즈 측이 인수 가격이 낮다며 인수를 거절하자 아이칸은 적대적 인수 의사를 밝히며 끈질기게 매달리고 있다. 그의 사냥은 아직도 끝나지 않았다.

부자 DNA

승부사 DNA

아이칸은 협상에서 매우 끈질긴 것으로 명성이 자자하다. 협상에서 자신의 목표를 관철시키기 위해서라면 엄포를 놓기도 하고 교활한 수법도 마다하지 않는다. 고도의 전략과 강철 같은 정신력으로 협상 테이블에 감도는 숨 막히는 긴장감을 즐기기도 한다. 18년을 함께한 부인과 이혼할 때도 부인 측 변호사가 "27년 변호사 생활 동안 이번처럼 지독한 상대는 처음이다"라며 고개를 저었다는 일화는 유명하다.

François Pinault

명품과 미술품 시장의 식탐가
프랑수아 피노

2000년대 초반 명품 업계는 이탈리아 명품 브랜드 구찌(Gucci)를 두고 프랑스 거인들이 벌이는 '쩐의 전쟁'으로 달아올랐다. 명품 거인 루이비통 모에 헤네시(LVMH)의 베르나르 아르노(Bernard Arnault) 회장과 유통 거인 피노-쁘렝땅-흐두뜨(현재 PPR 그룹: Pinault-Printemps-Redoute)의 프랑수아 피노(François Pinault, 1936년~) 회장이 대결의 당사자였다.

승리의 여신은 프랑수아 피노 PPR 그룹 명예회장의 편이었다. 먼저 구찌를 탐낸 건 아르노였지만, 정작 구찌를 품에 안은 건 피노였다. 1999년 '명품 사냥꾼'으로 불리던 아르노가 구찌 지분을 매집하며 M&A를 시도하자 구찌 그룹 경영진은 당시 명품 업계와 거리를 두고 있던 피노에게 구원을 요청했다. 피노는 인수전에 50억 달러 이상을 쏟아 부었고, 14억 달러를 들여 구찌 지분 34%를 매수해 두었던 아르노는 결국 무릎을 꿇었다.

피노는 구찌, 이브생로랑, 보테가베네타, 부셰론, 세르지오로시, 발렌시아가, 알렉산더맥퀸, 스텔라매카트니, 브리오니 등의 브랜드를 거느린 명품 거인으로 변신해, 아르노에 대적하는 라이벌로 급부상했다.

공방에서 장인들이 '한 올 한 올', '한 땀 한 땀' 정성을 들여 제작하는 명품도 옛말이 되었다. 명품그룹 LVMH와 PPR의 라이벌 구도는 명품 업계에도 대기업 자본의 파워가 커지고 있다는 것을 의미한다.

재계 거물들이 쟁탈전을 벌인 세기의 명품, 구찌

구찌의 역사는 1921년 이탈리아 피렌체에 문을 연 피혁제품 공방으로 거슬러 올라간다. 창업주 구찌오 구찌(Guccio Gucci, 1881~1953년)의 구상은 고향 토스카나 장인의 숙련된 기술로 유럽 상류층 패션 감각을 충족시킬 수 있는 명품을 만들겠다는 것이었다. 구찌는

▶ 명품 업계 라이벌 LVMH와 PPR

410억 달러(2012년)	총자산 (「포브스」기준)	130억 달러(2012년)
루이비통, 로에베, 셀린느, 펜디, 겐조, 도나카란, 지방시, 마크 제이콥스 등	패션 브랜드	구찌, 이브생로랑, 보테가베네타, 발렌시아가, 알렉산더맥퀸, 스텔라매카트니, 푸마 등
드비어스LV, 불가리, 프레드, 쇼메, 태그호이어, 제니스, 위블로 등	보석 및 시계	부셰론
크리스찬 디올, 겔랑, 베네피트, 프레시, 메이크업포에버 등	향수 및 화장품	없음
모엣샹동, 돔페리뇽, 샤토디켐, 크뤼그, 헤네시, 뵈브클리코, 벨버디어보드카 등	주류	샤토라투르
세포라, DFS갤러리아, 마이애미크루즈라인서비스 등	유통	크리스티, 프낙, 라 흐두뜨

사보이호텔 등 런던과 파리의 최고급호텔 벨보이로 일한 경력이 있는데, 이때 귀족들이 애용하는 고급 가죽제품에 눈을 떴다고 한다.

구찌의 공방은 장인의 솜씨로 정교하게 마무리한 가방, 구두 등 가죽 액세서리로 상류 사회에서 인기를 얻었다. 승마에서 영감을 얻은 홀스빗(말 재갈) 모양의 금속버클장식, 제2차 세계대전 당시 부족한 가죽자재의 대안으로 고안한 뱀부백(대나무 손잡이를 단 핸드백), 재클린 케네디 오나시스(Jacqueline Kennedy Onassis)가 애용한 재키오백, 알파벳 G를 맞물린 GG로고 등도 구찌를 상징하는 아이콘으로 떠올랐다. 그레이스 켈리(Grace Kelly), 엘리자베스 테일러(Elizabeth Taylor)와 같은 셀러브리티들이 구찌를 입고 나타나면서 명성은 더욱 높아졌다. 1970년대에는 도쿄와 홍콩에까지 진출하며 전성기를 누렸다.

▾ 미국의 패션 디자이너 톰 포드는 파산 위기에 처한 구찌를 1990년대 가장 인기 있는 브랜드로 화려하게 부활시켰다.

그러나 구찌오와 네 아들이 구축한 구찌의 가족 경영은 3대를 넘기지 못했다. 구찌오의 손자 마우리치오 구찌(Maurizio Gucci)가 경영권을 잡았으나 가족 간 내분으로 인해 회사는 이미 엉망진창이 되었다. 라이선스 남발로 브랜드 이미지도 추락했다. 1990년대 초반 중동계 투자그룹 인베스트코프가 모든 지분을 인수하면서 구찌와 구찌 일가의 인연은 끊어졌다.

구찌 일가와 결별한 이후 구찌는 보다 젊고 거대한 명품왕국으로 부활했다. 빛바랜 구찌의 명성을 되살린 건 미국 출신 디자이너 톰 포드(Tom Ford)였다. 톰 포드는 1990년 구찌에 영입될 당시에는 무명이었다. 그러나 1994년 제품디자인부터 매장전시, 광고캠페인을 총괄하는 크리에이티브 디렉터로 승진한 뒤, 기존의 고루한 이미지를 떨쳐내고 젊고 도발적인 '톰 포드'식 구찌로 탈바꿈시켰다. 톰 포드가 떠난 2004년 무렵 구찌는 이브생로랑, 보테가베네타 등의 브랜드를 거느린, 기업가치 100억 달러의 명품 그룹이 되어있었다.

피노, 구찌를 손에 넣고 명품 업계 거물로

명품 브랜드 구찌를 쟁취함으로써 피노는 단숨에 명품 업계 거인으로 등극했다. 재산도 급증했다. 피노의 재산 규모는 2002년 31억 달러에서 2012년 130억 달러(『포브스』 집계)로 10년 새 네 배가량 늘었다.

피노는 사업가보다는 미술품 컬렉터로 더 조명을 받아왔다. 그래서 사업가로서의 면모가 묻히곤 했지만, 사실 그만큼 냉철한 사업가도 보기 드물 것이다. 부부동반 식사모임을 가질 정도로 친한 사이였던 아르노의 뒤통수를 치면서 구찌 경영권을 차지한 것이 단적인 사례다.

파리 남서쪽 브르타뉴주의 시골마을에서 태어난 그는 고등학교를 중퇴하고 아버지의 제재소에서 일을 돕다가 가업을 물려받았다. 스물일곱의 나이에 소시에테피노라는 이름으로 세운 목재 유통회사가 PPR 그룹의 뿌리다.

유통 업계에서 명품 업계로 사업을 확장함에 따라 피노 명예회장은 재계에서 입지를 더욱 견고히 다져 나갔다. 그런 그가 사업을 키우는 단계마다 어김없이 등장하는 것이 M&A다. 피노는 특히 경영이 악화한 기업들을 헐값에 사들여 정상화시켜 돈을 버는 것으로 유명했다. 1991년 가구가전 유통 업체 콘포르마를 인수하며 유통업에 진출한 뒤, 프랑스 1위 백화점 쁘렝땅과 통신판매회사 라 흐두뜨를 차례로 손에 넣어 피노-쁘렝땅-흐두뜨그룹을 세웠다. 구찌를 인수한 뒤 그룹 이름을 PPR로 바꾸고, 쁘렝땅백화점의 지분을 처분함으로써 그룹의 핵심사업을 유통에서 명품으로 완전히 이동시켰다. PPR 그룹은 2007년 스포츠용품 업체 푸마도 손에 넣었다.

그가 명품 업계로 눈을 돌린 이유는 다름 아닌 돈이었다. 피노 회장의 오른팔로 2005년 은퇴할 때까지 15년간 PPR 그룹의 CEO를 지낸 세르주 웽베르는 "유통업만으로는 사업을 국제적으로 확장하는데 한계가 있지만, 명품 브랜드는 투자를 하지 않아도 아프리카부터 아시아를 가로질러 사업을 뻗어갈 수 있었다"고 했다. 역설적이게도 상위 1%를 위한 명품 그룹이 '브랜드 사냥'을 통해 순식간에 이루어진 것이다.

2003년 피노는 PPR 그룹 경영을 아들 프랑수아 앙리 피노(François-Henri Pinault, 1962년~)에게 넘기고 후선으로 물러났다. 맨주먹으로 PPR 제국을 세운 피노 명예회장에 비하면 비즈니스스쿨을 졸업한 뒤 그룹 주요 계열사를 거치며 경영수업을 받은 프랑수아 앙리 피노는 운이 좋은 편이다. 멕시코 출신 영화배우 셀마 헤이엑(Salma Hayek)과 결혼해 유명세를 떨치기도 했다. 아들 피노는 처음부터 아버지의 카리스마에 미치지 못한다는 평가도 들어야 했다. 2011년에는 프랑수아 앙리 피노가 구찌 그룹에 대한 친정경영을 선언하면서, 루이비통에 대해 더욱 치열한 추격전을 예고했다.

명품 거인의 럭셔리한 취향

"현대미술을 수집하는 이유는 기업가로서 동시대 작가들의 시선을 통해서 오늘과 미래를 보기 위해서다. 미술품 수집을 통해 내 삶은 더 매력적으로 변했다."

2011년 개인 소장 작품 전시에 맞춰 한국을 방문한 피노는 기자회견에서 미술품 컬렉터로서의 삶에 대해 이렇게 설명했다. 피노는 아들에게 회사를 맡기고 경영보다 미술품 수집에 더 많은 시간과 관

▶「아트뉴스」 선정, 세계 미술품 수집가 톱 10 (2012년 기준)

이름	직업
베르나르 아르노 부부(프랑스)	LVMH 회장
레온 블랙 부부(미국)	아폴로글로벌매니지먼트 회장
엘리 브로드 부부(미국)	부동산 재벌
피에르 첸(대만)	야게오 그룹 창업주
스티브 코헨 부부(미국)	SAC캐피털어드바이저스 창업주
로널드 로더 부부(미국)	에스티로더 명예회장
드미트리 마브로마디스(그리스)	컬렉터
필립 니아코스(그리스)	스타브로스니아코스 재단 대표
프랑수아 피노(프랑스)	PPR 그룹 명예회장
셰이크 알 마야사 빈 카리파 알타니 공주(카타르)	카타르 왕족

심을 쏟으며 은퇴생활을 즐기고 있다.

미술품 수집은 억만장자 피노가 고생해서 모은 재산으로 누리는 최고의 명품 취향이다. 피노는 미술계에서 손에 꼽히는 20세기 미술품 컬렉터다. 파블로 피카소(Pablo Picasso), 피에 몬드리안(Piet Mondrian), 제프 쿤스(Jeff Koons), 데미안 허스트(Damien Hirst) 등의 작품을 포함한 2,000점 이상의 작품을 소장하고 있고, 소장품 가치는 수십억 달러를 호가한다. 소장품을 전시하기 위해 이탈리아 베네치아에 2006년과 2009년 개인미술관 팔라조 그라시와 푼타델라 도가나를 건립하기도 했다. 세계적인 미술품 경매회사 크리스티도 소유하고 있다.

피노는 와이너리 샤토 라투르의 소유주이기도 하다. 재미있게도 라이벌 아르노 역시 와인과 미술품 분야에서는 큰손으로 꼽힌다. 보통사람들은 범접하지 못하는 영역이건만, 두 프랑스 명품 거인은 치열한 장외 전쟁을 펼치고 있는 셈이다.

부자 DNA

냉철함의 DNA
피노는 경영이 악화된 기업을 헐값에 사들여 정상화시키는 방법으로 유통에 이어 명품 제국을 세웠다. 탐나는 먹잇감 앞에서는 친분도 그 다음이다. 피노보다 먼저 구찌에 공들였던 아르노 회장과는 부부동반 모임을 갖고 자녀 결혼식에서 옆자리에 앉을 만큼 가까웠던 사이로 알려져 있다. 크리스티를 통해 예술품을, 구찌를 통해 명품을 파는 그는 자본주의 소비문화의 첨단을 지배하고 있다.

Vladimir Lisin

프롤레타리아의 신화를 쓴
철의 노동자

블라디미르 리신

20세기 초 자본가가 주인인 세상을 거부하며 사회주의혁명을 성공시킨 프롤레타리아의 국가 소비에트연방. 그러나 20세기 말 페레스트로이카(개혁)와 글라스노스트(개방)로 대표되는 변화의 바람이 불고 급격한 사회주의 붕괴를 겪으면서 해체의 길을 걷고 말았다. 소련 해체 이후 새롭게 시장 경제가 뿌리를 내린 러시아에는 '프롤레타리아의 성공 신화'가 잇따랐다. 혁명의 주인공 프롤레타리아들이 시장 경제의 풍운아로 등극하기 시작한 것이다.

러시아 노보리페츠크철강의 총수 블라디미르 리신(Vladimir Lisin, 1956년~) 회장 또한 프롤레타리아로 출발해 변화의 바람을 타고 입지전적 성공 신화를 쓴 주인공이다.

철의 노동자가 쓴 성공 신화

러시아는 시장 경제의 역사가 일천하고 부자의 지형도 급변하는 나라다. 리신은 미국 발 금융위기가 세계 경제를 강타한 뒤 러시아에서 위기를 가장 잘 버텨낸 최고의 갑부로 급부상하면서, 2010~2011년 「포브스」로부터 러시아 제1의 부호로 꼽혔다. 2011년 개인 재산은 240억 달러에 달했다(2012년은 알리셰르 우스마노프에 밀려 2위).

1975년 시베리아의 바이칼-아무르 철도 건설현장 벌목노동자로 사회에 첫 발을 내디딘 열아홉 살의 대학생 리신이 오늘날 자신의 모습을 상상이나 할 수 있었을까.

리신은 전형적인 노동자계급 출신이다. 청년 시절을 보낸 고향은 서시베리아의 중공업도시 노보쿠즈네츠크다. 도처에 탄광과 제철소가 널려있는 철강도시이다 보니 리신은 마치 타고난 운명처럼 철강노동자의 길로 들어섰다. 리신은 서시베리아금속공과대학에 입학해 철·비철금속 주조를 전공했다. 대학을 졸업한 뒤 툴라체르메트 제철소에 일자리를 얻어 현장반장과 부공장장 등으로 착실히 승진 코스를 밟아나갔다. 1986년에는 카자흐스탄의 카라간다 제철 공장으로 옮겨 부사장 자리까지 올랐다.

러시아에 분 변화의 바람은 거셌다. 노동자가 자본가가 될 수 있는 세상이 온 것이다. 1991년 소련 해체와 개혁·개방의 기치 속에 국영기업들은 민간의 손에 넘어가기 시작했다. 이 과정에서 정치 권력층 즉, 크렘린과 유착 하에 국영기업을 헐값에 인수함으로써 나중에 러시아 경제를 좌지우지하는 신흥재벌 올리가르히가 대거 탄생한다. 리신도 러시아 금속장관으로 임명된 직장 상사를 따라 이때 모스크바로 진출함으로써 신흥재벌 대열에 편입할 수 있는 발판을 만들었다.

리신이 자본의 세계에 발 딛은 데는 1990년대 러시아 금속산업의 막강한 실력자로 군림한 미하일-레브 체르니(Mikhail-Lev Chernoy) 형제의 역할이 컸다. 체르니 형제가 이끌던 트랜스월드그룹(TWG)은 권력층과 긴밀한 관계를 배경삼아 민영화되는 알루미늄 기업들을 독식했다. 리신은 1992년 TWG에 알루미늄·철강 수출 담당 임원으로 합류한 뒤 사바알루미늄, 마그니토고르스크 등 몇몇 철강 및 금속기업의 경영에 관여했다. 노보리페츠크철강에는 1995년 이사로 합류해, 1998년 이사회 의장이 됨으로써 전문경영인으로서 최고 위치에 올랐다.

그러나 그가 갈 길은 체르니 형제와는 달랐다. 리신은 스스로 기업의 오너가 되고자 했고, 특별히 철강업에 집중하고자 했다. 2000년 TWG로부터 독립과 동시에 리신은 노보리페츠크철강의 지분 확보에 나섰다. 처음 그가 받은 지분은 전체의 13% 정도

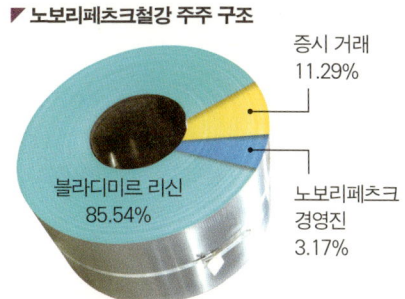

에 불과했으나 미국 투자가 조지 소로스, 러시아 재벌 블라디미르 포타닌(Vladimir Potanin)이 보유하고 있던 지분도 추가로 인수했다. 노보리페츠크철강이 런던 증권 시장에 상장되었음에도 리신의 지분율은 80%가 넘는다.

처세에 능한 영리한 여우?

정경유착의 결말은 종종 파국으로 치달았다. 한때 러시아 제1의 갑부였던 석유재벌 미하일 호도로코프스키(Mikhail Khodorkovsky)도 2003년 블라디미르 푸틴 대통령과 갈등을 빚다가 유코스 그룹의 공중분해와 함께 추락했다.

리신은 대부분의 올리가르히와 달리 화려한 스포트라이트를 피하고 실속을 챙겼다. 리신이란 이름은 '여우'를 뜻하는 러시아어에서 유래했다. 그는 언론 및 크렘린과 적절한 거리를 유지하면서 이름처럼 영리하게 대처했다. 가족사항만 보더라도 이 갑부에게 세 명의 자녀가 있다는 정도만 알려졌을 뿐, 그들의 구체적인 신상은 알려진

게 없다. 러시아 경제지 「피난스」는 리신의 성공 비결로 "열심히 일하고 정치에 관여하지 않는 생활철학"을 언급했다. 그러나 그가 정치 권력과 완전히 담을 쌓고 사는 것은 아니다. 올리가르히들과 불편한 관계였던 푸틴과도 교류가 있다. 모스크바 근교에 있는 자신의 사격장 '폭스롯지'에 푸틴을 초청할 정도의 사이는 된다고 한다.

리신은 유럽축구클럽이나 요트·스포츠카 등에 돈을 펑펑 쓰는 과시적 소비와는 거리를 두고 있고, 일벌레 이미지도 강하다. 다만 사격과 러시아전통공예품 카슬리주철상 수집에는 아낌없이 투자한다. 열두 살에 입문한 사격은 예외적으로 열정을 쏟아 붓는 일로, 러시아사격연맹회장을 맡아 대외활동을 활발히 펼치기도 했다.

■ 금융위기에 더욱 강해진 올리가르히

리신은 언론과의 인터뷰에서 "사람마다 다르겠지만 내게 돈은 '자유의 척도', 그리고 '많은 가능성'을 의미한다"고 밝혔다. 부자가 된 비결을 묻는 질문에도 미국, 유럽의 시장 경제에서 나고 자란 부자들과 다르지 않았다. "열심히 일하면 된다." 시장 경제의 수업기간은 짧았지만 자본의 논리가 뼛속 깊이 스며든 인물이다.

리신의 기업 경영은 다른 올리가르히들과 대비된다. 헐값으로 알짜배기 에너지기업들을 손에 넣어 재산을 불린 졸부들이 문어발처럼 사업 영역을 넓히며 값을 따지지 않고 해외기업을 인수하는 동안, 그는 오로지 철강에만 치중했다. 리신은 그 이유를 "하나에 집중하는 것이 가장 생산적"이기에 "핵심 사업과 시너지가 낮은 값비싼 해외자산을 인수하지 않았다"고 했다.

세계 금융위기에 많은 러시아 자산가들이 큰 타격을 입은 반면 리신이 건재할 수 있었던 것은 철강 생산의 효율을 극대화하는 방향으로 확장 전략을 구사했기 때문이다. 그는 철광석과 제철용 유연탄을 채굴하는 광산을 사고, 흑해 투아프세 항만과 페테르부르크항을 운영하는 물류기업 유니버설카고홀딩을 인수했다. 제철에 필요한 원자재를 자급하고 안정적인 물류 통로를 구축함으로써, 수출이 70%에 달하는 노보리페츠크철강의 수익구조를 개선하는 효과를 거뒀다는 분석이다.

그러나 사업 다각화의 필요성도 커지고 있다. 철강 업계 불황에는 그 역시 속수무책일 수밖에 없다. 2011년 철강재 가격 하락과 수요 감소의 여파로 노보리페츠크철강의 주가가 45% 추락했고, 리신의 재산은 3분의 1이 사라졌다. 이후 리신은 42억 달러를 투자해 러시아 철도를 운영하는 퍼스트카고의 경영권을 인수하는 등 운송 분야로 사업의 스펙트럼을 확대하고 있다.

부자 DNA

프로페셔널 DNA

리신은 철강산업을 주 무대로 성장해왔다. "우리 시대는 더 많은 전문 지식을 필요로 한다. 하나에 몰두하는 것이 확장보다 더 생산적이다. 물론 어떤 이에게는 반대인 경우도 있겠지만, 나는 모든 일을 잘하는 사람이 아니다." 그의 확고한 원칙이 응축된 발언이다. 정치 권력이 사업의 토대를 마련해줬다지만, 전 세계에서 가장 수익성 높은 철강회사를 만들기까지 현재의 결실은 집중을 통한 전문성에서 비롯되었다.

Mukesh Ambani, Anil Ambani

인도 경제를 쥐락펴락하는
막장드라마 주인공

암바니 형제

"빌 게이츠를 제쳤다!" 2007년 10월, 세계인의 이목이 인도의 한 남자에게 쏠렸다. 주식가치 상승으로 무케시 암바니(Mukesh Ambani, 1957년~)가 마이크로소프트의 빌 게이츠를 제치고 세계 억만장자 순위 1위에 등극했다는 소식이 전해졌기 때문이다.

당시 그의 재산은 1조 3,000억 루피(약 28조 8,000억 원)였다. 그의 동생 아닐 암바니(Anil Ambani, 1959년~)의 재산도 9,000억 루피에 달했다. 형제는 인도 최대의 기업인 릴라이언스 그룹의 2세들이다. 이후 주가하락으로 1위 자리를 내주고 최근 여러 악재가 겹쳐 순위가 많이 밀려났지만, 암바니 형제는 여전히 인도 최고 갑부이고 세계에서도 손꼽히는 억만장자다. 2012년 「포브스」 집계에 따르면 무케시는 세계 19위(223억 달러), 아닐은 118위(78억 달러) 갑부다.

아버지 디루바이, 무일푼으로 '인도를 삼킨 기업'을 만들다

형제의 아버지는 릴라이언스 그룹의 창업주인 디루바이 암바니(Dhirubhai Ambani, 1932~2002년)다. 인도 구자라트에서 교사의 아들로 태어난 디루바이는 집안 형편이 넉넉지 않아 마을을 지나가는 순례자들에게 먹을 것을 팔아 돈을 벌기도 했다. 빨리 돈을 벌고 싶다는 생각에 학교를 그만둔 디루바이는 열여섯 살에 형이 일하고 있던 예멘의 아덴으로 건너가 다국적 정유회사 셸의 주유원으로 일했다. '셸 같은 거대 기업을 만들어보자'고 마음먹은 것도 그 때라고 전해진다.

10년간 아덴에서 생활하면서 사무직으로 승진하고 결혼해 아이도

▶ 디루바이를 소재로한 영화 〈구루〉의 스틸 컷.

낳았지만, 디루바이는 새로운 도전을 시작했다. 스물여섯 살(1958년)에 안정적인 월급쟁이 생활을 청산하고 인도 뭄바이로 돌아와 열 평 남짓한 사무실에서 종자돈 5만 루피(150만 원)로 '릴라이언스커머셜코퍼레이션'이라는 회사를 차렸다. 그 회사가 오늘날 '인도를 삼킨 기업'으로 불리는 인도 최대 그룹 릴라이언스다.

"크게 생각하고, 남보다 앞서 생각하라." 디루바이가 생전에 입에 달고 다녔던 이 말처럼 그는 사업을 확장시켜 시장을 선점했다. 무역업으로 시작했던 회사는 2년 뒤 섬유산업에 진출했고, 얼마 지나지 않아 자체 개발한 브랜드 '비말'로 대히트를 쳤다. 1977년부터 1980년까지 3년 동안 하루도 빠짐없이 인도 전역에 비말 대리점이 세워졌을 정도라고 한다.

방직 업계 1위에 올라선 릴라이언스는 이후 석유화학, 정유, 석유가스 등의 산업에 진출하며 계속 몸집을 불려나갔다. 1990년대에는 130년 역사의 인도 최대 기업인 타타 그룹과 어깨를 나란히 했고, 이후 릴라이언스의 시장가치가 타타를 제치며 명실상부한 인도 최대 그룹이 되었다.

디루바이의 자수성가 스토리는 2007년 〈구루(Guru : 힌두교의 스승, 권위자)〉라는 제목의 영화로 만들어져 히트를 치기도 했다.

'청출어람(靑出於藍)' 2세들

무케시와 아닐이 아버지의 회사에서 일하기 시작한 것은 둘 다 스물네 살 때부터다. 뭄바이대학에서 화학공학을 전공한 무케시는 미국 스탠퍼드대학 경영대학원(MBA)을 1년 다니다 인도로 돌아와 1981년부터 아버지의 회사에서 일했다. 동생 아닐은 뭄바이대학에서 기초과학을 전공한 후 미국 펜실베이니아대학에서 MBA를 마치고 1983년에 릴라이언스 공동 최고경영자로 입사했다.

형제는 디루바이가 1986년 중풍으로 쓰러져 몸이 불편해지자 경영을 맡았고, 2000년대에는 통신, 유통, 생명공학, 엔터테인먼트 등에 진출하며 그룹을 더욱 키워갔다. "새로운 시장에 도전해 경쟁업체를 따돌리는 경영 방식과 수완은 아버지를 그대로 빼 닮았다"는 게 대체적인 평가다.

무케시는 특히 그룹이 석유화학, 정유, 가스탐사, 정보통신 등으로 사업을 확장하는데 중심적인 역할을 했다. 그는 여러 섬유 가운데 폴리에스터 부문의 사업 규모를 키운 후 가격을 대폭 낮춰 경쟁자들을 고사시켰다. 휴대폰 사업에 진출했을 때는 기존 1분당 4루피(120원)였던 통화 요금을 40파이스(12원)로 낮춰 시장점유율 2위 업체로 치고 올라갔다. 주도권을 쥘 수 있는 분야와 규모의 경제를 통해 '게임의 규칙'을 바꿀 수 있는 분야에 진출하는 것이

▼ 디루바이는 1986년 중풍으로 쓰러져 2002년 돌연 숨을 거두면서 후계 문제를 분명히 하지 못해 갈등의 불씨를 남겼다. 사진은 디루바이의 시신을 들것으로 옮기는 암바니 형제(왼쪽이 장남 무케시, 오른쪽이 차남 아닐).

그의 주요 사업 전략이었다.

아닐은 걸음마 단계에 있던 인도 금융 시장에 새 바람을 일으킨 '금융귀재'로 불렸다. 그는 글로벌 예탁증권, 전환사채, 채권 등을 해외에 상장하며 인도 최초로 해외 금융 시장 공략에 나섰다. 인도 경제가 개방된 1991년 이후 릴라이언스가 해외 금융 시장에서 20억 달러를 조달 받도록 한 것도 그의 수완이었다.

인도판 '형제의 난', 그리고 내리막길

"돈을 버는 일은 나를 흥분시키지 않는다. 나를 진짜 흥분시키는 건 내가 이루는 성취 그 자체다." 디루바이가 평소 강조하던 말이다. 그래서였을까. 2002년 중풍으로 쓰러져 사망한 디루바이는 재산에 관해 아무런 유언도 남기지 않았다. 그리고 이것은 무케시와 아닐, 두 형제의 경영권 분쟁의 씨앗이 되었다.

디루바이의 자녀 4남매 중 두 딸과 부인은 그룹 경영에 관심이 없었고, 형제는 경영권을 두고 서로를 공격하고 비방하기 시작했다. 인도 최대 기업의 형제가 싸울 때마다 인도 증시도 덩달아 출렁거렸다. 릴라이언스 그룹의 불안이 인도 경제에 미치는 영향이 엄청났기 때문에 만모한 싱(Manmohan Singh) 총리와 치담바람(P. Chidambaram) 당시 재무장관이 측근을 보내 중재에 나섰을 정도였다.

결국 2005년 어머니의 중재로 릴라이언스 그룹은 둘로 쪼개졌다. 무케시가 그룹 내 핵심기업인 릴라이언스 인더스트리즈를 비롯하여 정유·석유화학·유통·석유가스 개발 부문을 갖고, 아닐은 통신·금융·전력·엔터테인먼트 부문을 차지했다. 그러나 이후에도 둘 사이에는 릴라이언스 상표권을 둘러싼 분쟁, 그룹 자회사간 가스공급 가격 시비 등 갈등이 이어졌다.

형제는 2009년 5월 '평화협정'을 맺기도 했다. 2006년 서로의 사업 분야에 침범하지 않기로 불가침 협약을 맺었지만, 워낙 사업이 얽혀있었던 터라 불가침협약을 폐기하고 새로운 평화협정을 맺은 것이다. 형제는 표면적으로는 화해를 한 것처럼 보이지만 여전히 앙숙이다. 게다가 릴라이언스 그룹도 서서히 내리막길에 접어들었다는 징후까지 나타나고 있다.

릴라이언스 그룹에는 태생적인 약점이 있다. 설립(1958년) 40년 만에 인도 최대의 그룹으로 성장하기까지 '은밀한 거래' 즉 정경유착

▎아시아 10대 족벌기업

국가	기업명
한국	삼성전자
인도	릴라이언스 인더스트리
대만	흔하이, 팍스콘
홍콩	신흥기 부동산
인도	타타 컨설팅
홍콩	청콩실업
홍콩	허치슨 왐포아
싱가포르	윌마르 인터내셔널
인도	바르티 에어텔
대만	포모사 석유화학

투자은행 크레디트스위스에 따르면 족벌기업은 전체 상장기업 수의 절반과 주식 시장의 3분의 1을 차지한다. 아시아 경제를 쥐락펴락하는 족벌기업들이 후세대로 권력을 이양하는데 잡음이 생기면서 기업가치도 위협받고 있다.

자료 : 크레디트스위스

이 있었다. 실제로 무케시는 2008년 "릴라이언스 그룹은 권력자들의 약점과 공무원들의 사적인 일정, 경쟁 업체의 정보 등을 캐내기 위해 뉴델리에 로비스트와 스파이 조직을 가지고 있었다"고 폭로하기도 했다. 스스로 '양심고백'을 한 것이 아니라 "이 조직을 동생 아닐이 관장했다"며 아닐을 흠집내기 위한 전략적 폭로였지만, 결과적으로는 스스로 정경유착을 인정한 셈이다.

1990년대 초까지 사회주의적 성향이 강했던 인도 정부는 각 기업에 제품 생산량까지 배정하며 기업 활동을 일일이 제한했다. 하지만

▶「포브스」 선정 부자 구단주 순위

순위	종목	구단주	소유팀	재산
1	크리켓	무케시 암바니 (인도)	뭄바이	223억
2	축구	리나트 아흐메도프 (우크라이나)	FC샤흐타르	160억
3	농구·미식축구	폴 앨런 (미국)	포틀랜드·시애틀	142억
4	농구	미하일 프로호로프 (러시아)	뉴저지	132억
5	축구	로만 아브라모비치 (러시아)	첼시	121억
6	농구·아이스하키	필립 안슈츠 (미국)	LA레이커스·LA킹스	70억
7	축구	실비오 베를루스코니 (이탈리아)	AC밀란	59억
8	농구	리처드 데보스 (미국)	올랜도	50억
9	농구	미치 애리슨 (미국)	마이애미	47억
10	축구	조 루이스 (영국)	토트넘	38억

0 50억 100억 150억 200억 250억 (달러)

「포브스」가 조사한 가장 돈이 많은 구단주에 무케시 암바니가 뽑혔다. 무케시는 가족들과 함께 크리켓팀 뭄바이 인디언스의 홈구장 스카이박스에서 응원하는 것을 최고의 즐거움으로 여긴다. 2008년 무케시가 창단한 뭄바이 인디언스는 창단 2년만인 2010년 2위에 오르는 기염을 토했다. 「포브스」는 부자들이 경쟁적으로 스포츠구단을 소유하는 현상을 두고, "부자들에게 스포츠 구단은 갖고 놀 수 있는 장난감과 같다"고 평했다.

릴라이언스는 항상 최대 할당량보다 많은 제품을 생산해 판매했다고 한다. 뒤따르는 경쟁사의 비판과 정부의 견제는 재계와 정계에서 막강한 영향력을 행사했던 디루바이가 정치적으로 해결하곤 했다.

정부가 스스로 규제를 완화한 것인지 릴라이언스에만 특혜를 준 것인지는 구분하기 쉽지 않지만, 릴라이언스 계열사들은 후발주자로 사업에 뛰어들어도 손쉽게 업계 제일 혹은 수위 기업으로 자리매김했다. 정부 보호를 받으며 높은 진입장벽을 만들어 시장에서 경쟁하지 않고 소비자에게 부담을 전가시킨다는 비판을 받는 것은 당연했다.

곪았던 것은 결국 터졌다. 2010년 인도에서는 "정부가 2008년 2세대(2G) 이동통신사업자 주파수 할당 입찰 과정에서 부적격 업체에 특혜를 제공해 400억 달러의 국고 손실을 입혔다"는 '2G 주파수 스캔들'이 온 나라를 뒤흔들었다. 아닐의 통신회사 릴라이언스 텔레콤도 이 스캔들에 연루된 혐의로 회사 중역 세 명이 수감되었다. 또 아닐이 불법투자행위로 주식거래 금지 처분을 받는 등 부정부패 혐의가 하나씩 드러나면서 릴라이언스 텔레콤의 주가가 반토막 났다. 2008년만 해도 325억 달러의 재산으로 세계 10위권 부자에 꼽혔던 아닐은 2012년 재산이 4분의 1가량으로 쪼그라들어 갑부 순위에서도 118위로 밀려나고 말았다.

무케시 역시 석유 개발 과정에서 정부의 특혜를 받았다는 의혹을 받은데다, 가스 생산량마저 줄어들면서 주가가 하락하고 있다. 이에 일각에서는 형제의 부정부패로 인해 릴라이언스 그룹이 결국 내리막길에 들어섰다는 평가도 나오고 있다.

가난한 나라의 가장 사치스런 부자

높이 172미터(일반 건물 60층 높이), 연면적 3만 7,000제곱미터의 27층 건물. 헬스와 스파 시설, 극장, 연회장, 공중정원, 헬기착륙장을 갖추고 관리직원만 600명인 초호화 저택이 있다. 뭄바이에 있는 무케시의 대저택 '안틸리아'다. 2009년 완공된 이 집의 가격은 1조 3,000억 원으로, 세계에서 가장 비싼 집이다.

무케시의 초호화 생활은 '퇴폐성 소비주의의 극치'라는 비판을 받는다. 2007년에는 영화배우 출신 아내의 생일선물로 500억 원 상당의 22인승 항공기를 주문해 입방아에 오르기도 했다. 그런데 거기서 끝이 아니었다. 세금을 덜 내기 위해 개인적으로 사용할 이 비행기를 상업용으로 수입했다는 사실이 1년 뒤에 들통났고, 그 해 연말 「뉴스위크」가 선정한 '올해의 망신살 갑부 15인'에 선정되었다. 2007년 릴라이언스의 주가 급등으로 세계 최고 부자에 올랐을 때 "재산은 단지 숫자일 뿐"이라고 말하는 등 평소 돈에 초연한 듯한 말을 했던 것과는 사뭇 다른 모습이었다. 실제로 그는 기부 등 사회 환원 활동을 거의 하지 않는다.

▶ 무케시의 저택 안틸리아는 높이가 삼성동 아셈타워와 비슷하고 면적은 프랑스 베르사유궁전 보다 넓다. 내부에는 대리석과 금으로 마감한 초호화 연회장과 헬스, 스파, 극장 등이 있다.

최근 몇 년 새 인도 경제가 초고속

성장을 하고 있다지만, 빈곤층은 더 늘어나는 추세다. 하루 2달러 이하로 살아가는 사람이 전체 인구의 77%(8억 3,600만 명, 2007년 기준)를 차지할 정도다. 이 '가난한 나라'에서 무케시의 나눔 없는 초호화 생활이 여론의 뭇매를 맞는 것은 어쩌면 당연해 보인다.

이기심의 DNA

릴라이언스 그룹은 40년 간 숨 가쁜 성장을 계속해왔다. 빛이 강한만큼 그림자도 짙었다. 릴라이언스 그룹이 손을 뻗친 업계는 경쟁자들이 고사를 면치 못했으며, 로비스트와 스파이 조직을 별도로 운영하면서까지 정계와 강한 유착의 고리를 형성했다. 암바니 가문의 돈을 향한 이기심 앞에 피를 나눈 형제 사이는 한 푼이라도 더 뺏기 위해 짓밟아야하는 관계가 되어버렸다.

William H. Gates

독점자본가 VS. 나눔전도사
빌 게이츠

"우주는 오직 나를 위해 존재할 수도 있다. 만약 그렇다면 내가 잘되는 건 당연하며, 나는 그것을 받아들여야 한다."

1995년 불과 마흔 살에 「포브스」 선정 세계 억만장자 순위 1위에 올랐던 빌 게이츠(William H. Gates, 1955년~)는 2년 후 「타임」과의 인터뷰에서 이렇게 말했다. 서른 살에 마이크로소프트(MS)의 상장으로 억만장자 대열에 들어선 후 10년 만에 세계 최고 부자 타이틀을 거머쥐었으니 자신감이 넘칠 만도 했다. 그는 이후로도 최근까지 세계 최고 부자 자리를 놓치지 않은 덕에 세상에서 가장 유명한 사람이 되었지만, 한편으로는 부를 축적하는 과정에서 엄청난 비판에 시달리기도 했다.

PC 시대에 'MS 왕국'을 열다

많은 사람들이 게이츠와 그의 고교 선배 폴 앨런(Paul Allen)이 IBM PC용 운영체제인 MS-DOS를 만들었다고 알고 있다. 하지만 MS-DOS는 사실 시애틀 컴퓨터 프로덕트라는 회사가 개발한 QDOS라는 프로그램을 게이츠가 사들인 후 이름을 바꾼 것이다.

MS가 '대박'을 터뜨리게 된 계기는 1980년 IBM이 개인용 컴퓨터를 만들기 시작하면서 찾아왔다. 당시 IBM은 컴퓨터를 구동하는 운영체제(OS)가 필요했으나 MS는 이를 개발할 만한 역량이 안 되었다. 게이츠는 대신 CP/M-86을 개발한 디지털 리서치라는 회사를 알려주었다가 양사 간의 협상이 틀어지자 QDOS의 라이선스를 사서 IBM에 납품했다. QDOS가 CP/M-86과 상당히 유사해 표절 의혹을

▶ 컴퓨터에 대한 관심으로 세 살의 나이 차에도 불구하고 친구가 된 고교 동창생 빌 게이츠와 폴 앨런은 1975년 MS를 공동 설립했다. 앨런은 1982년 암 진단을 받고 MS를 떠났다.

받고 있었지만 IBM에는 이 사실을 알려주지 않았다.

게이츠의 사업가적 안목은 여기서 빛났다. '컴퓨터 산업=하드웨어 산업'으로만 여겨지던 당시, 누구도 진정한 가치를 몰랐던 QDOS를 게이츠는 5만 달러를 주고 통째로 샀다. 이후 QDOS의 이름은 MS-DOS로 바뀌었고, 세계 모든 기업과 집에 컴퓨터가 놓이는 'PC의 시대'가 도래하자 80% 이상의 PC에 MS-DOS가 깔리게 되었다.

다음 과제는 현재의 컴퓨터 같은 그래픽사용자환경(GUI)을 갖춘 운영체제를 만드는 일이었다. MS는 제록스와 애플이 만든 GUI를 모방해 윈도를 만들었다. 첫 제품은 너무 조악해 혹평을 들었으나, 나중에 나온 '윈도 3.0'은 제대로 만들어 인기를 끌었다. MS의 이런 전략을 '베이퍼웨어(vaporware)'라 부른다. 베이퍼웨어는 아직 개발에 들어가지도 않은 제품을 대대적으로 발표해 기대감을 높이는 전략이다. 그리고는 계속 출시를 늦추다 버그가 많은 상태로 출시한 뒤 나중에 나오는 버전을 통해 제품을 완성시킨다.

스마트폰 시대에도 MS의 베이퍼웨어 전략은 계속되었다. 애플의 iOS와 구글의 안드로이드 운영체제가 인기를 얻자 부랴부랴 '윈도폰'이라는 모바일운영체제를 발표한 것이 바로 그것이다. 윈도폰 운영체제는 iOS를 모방한 것이 분명해 보이는 안드로이드에 비해 전혀 다른 모양새라 참신해 보였으나, 실제로 이를 제대로 구동하는 스마트폰이 출시된 것은 훨씬 뒤의 일이었다.

13년 연속 세계 최고 부자 타이틀을 거머쥐다

과정이야 어찌 되었든 윈도95가 출시된 후 90% 이상의 컴퓨터가 이 운영체제를 사용함으로써 MS는 사실상 시장을 독점하게 되었다. 처음 DOS가 보급될 때만 해도 대부분 복제품이었으나, 윈도로 시장을 장악한 후 MS는 점차 가격을 올리고 라이선스 관리를 강화하기 시작했다. 사실 MS-DOS 시절까지만 해도 '소프트웨어를 돈을 주고 구입해야 한다'는 인식 자체가 없었는데, MS가 소프트웨어 분야에 '저작권' 개념을 도입해 새로운 시장을 창출한 것이다. MS는 반드시 컴퓨터 당 한 개씩 사용권을 얻어야 한다는 정책을 밀고 나갔고, 기업들은 직원 수보다 라이선스를 적게 구입할 수 없게 되었다. 그러니 사용자들은 새 버전이 나오면 어쩔 수 없이 사야 했다.

엑셀 등 오피스 프로그램에도 같은 전략을 채용했다. 윈도 최신버전은 날로 비싸졌지만, 이미 MS 프로그램으로 사무자동화 환경을 구축한 기업들은 다른 선택권이 없었다. 결국 PC가 한 대씩 늘어날 때마다 MS는 그만큼 수익이 나는 구조를 갖추게 된 것이다.

경쟁자는 가차 없이 밀어냈다. 현재의 인터넷인 월드와이드웹(www)이 처음 보급될 때만 해도 '넷스케이프'라는 웹브라우저가 대세였다. 그러나 MS가 윈도에 '인터넷 익스플로러(이하 익스플로러)'를 끼워 넣자 수년 만에 익스플로러의 시장점유율은 90%를 넘어섰다. MS는 경쟁사가 MS를 위협할 것으로 생각되는 소프트웨어를 개발한다는 정보를 입수하면, 압력을 가해 개발을 중단시키기도 했다.

게이츠는 '공공의 적'이 되었다. 네티즌들은 MS를 공공연히 'M$'라고 표기했다. 프로그램 소스코드를 공개하는 오픈 소스 진영의 개발자들은 MS를 돈 밖에 모르는 회사라고 비난했다. 심지어 로터스와 오라클 등 세계 유수 소프트웨어 업체의 CEO들마저 "내가 빌 게이츠를 싫어하는 모임의 대표"라고 자청할 정도로 MS와 게이츠의 악명은 높았다. 게이츠는 분명 컴퓨터 발전을 가능케 한 천재 기업가인 동시에 무자비한 독점기업가였던 셈이다.

▶ PC 운영체제 시장점유율
(2011년 8월 기준)

자료 : 위키미디어

MS는 윈도를 무기로 PC용 운영체제 시장을 장악해 독점적 이익을 누려왔다. 2001년부터 2010년까지 MS의 영업이익률은 39%를 기록했다.

시대를 막론하고 독점은 부의 산파 역할을 한다. 과거 석유 업계를 독점한 존 록펠러와 최근 빌 게이츠에게 '세계 최고 부자' 타이틀을 빼앗은 멕시코 통신 재벌 카를로스 슬림 역시 독점으로 부를 일궈냈다.

마침내 1998년 미 법무부가 MS를 향해 '익스플로러 끼워 팔기'와 관련한 반독점소송을 개시했다. 수년 간 진행된 재판 과정에서 법무부는 익스플로러에 대해 "운영체제 독점을 이용한 끼워 팔기"라고 문제 삼았지만 MS 측은 "윈도와 익스플로러는 절대 분리될 수 없는 통합된 제품"이라고 반박했다.

▼ 1998년 미국 상원 법사위원회 청문회에서 MS가 독점 제국을 만들려한다는 주장에 게이츠는 윈도우 95에 익스플로러를 설치하지 못하게 막는 것은 컴퓨터를 편리하게 사용하려는 소비자의 욕구를 가로막는 것이라 맞섰다. 하지만 재판부는 MS의 독점 혐의를 인정했다.

하지만 MS 측이 제출한 비디오는 조작 흔적이 발견되어 증거로 채택되지 못했다. 또 MS 윈도팀장이 이메일에 "우리는 윈도의 지위를 더 잘 이용해야 한다"고 적은 것이 드러났다. 판사는 윈도가 설치된 컴퓨터에서 익스플로러를 지워도 컴퓨터가 정상적으로 작동된다는 점을 보여주며 '통합프로그램'이라는 MS의 주장을 무력화했다. 결국 1999년 11월 재판부는 MS의 독점혐의를 사실로 인정했다.

2000년 게이츠는 인생 최대의 좌절을 겪는다. 새천년이 시작된 2000년은 게이츠의 인생에서 특별한 한 해였다. 그 해 4월 MS는 법원으로부터 기업분할 명령을 받았다. 정부로부터 독점자본가로 낙인 찍히고 기업을 쪼개라는 명령까지 받은 것이다. 마치 한 세대 전 존 록펠러(John Davison Rockefeller)의 스탠더드 오일이 완전독점 체제를 구축하자 엄청난 비판에 직면하고 반독점법까지 만들어진 것과 유사한 상황이 벌어졌다. 게이츠는 록펠러와 놀라울 정도로 유사한 방식으로 소송과 세간의 비판에 대응해 나갔다. 바로 '기부'를 돌파구로 삼은 것이다.

독점의 과실을 기부로 나누다

게이츠는 애초 아버지의 권유에도 불구하고 자선사업이나 기부에 큰 관심이 없었다고 한다. 그는 자신이 삶의 지표를 바꾼 것은 부인 멜린다(Melinda Gates) 덕분이었다고 여러 번 말했다. 멜린다의 조언으로 그는 자산 200억 달러 규모의 '빌 앤 멜린다 게이츠 재단'을 설립했다. 재단의 주된 관심 분야는 AIDS나 말라리아, 풍토병 등 질병 퇴치를 위한 연구와 교육이다. 하지만 독점사업가가 소송을 벌이는 와중에 천문학적 기부를 한 것을 두고 일각에선 '고도의 홍보작전'이란 비판이 나왔다.

2001년 기업분할 항소심에서 승리한 뒤에 게이츠는 꾸준히 사재를 재단에 기부했다. 그의 진정성이 받아들여지면서 게이츠의 냉혈적 자본가 이미지는 따뜻한 기업인으로 바뀌어 갔다. 마침내 2005년

▶ 국가별 가장 많이 사용하는 웹브라우저
● 인터넷 익스플로러 ● 파이어폭스 ● 크롬 ● 오페라

2011년 5월

「타임」은 록밴드 U2의 리더 보노와 함께 빌과 부인 멜린다 게이츠를 인류를 위해 인도적 노력을 아끼지 않는 '올해의 인물들'로 선정했다.

2006년 게이츠는 "앞으로 2년 뒤 MS 경영에서 완전히 손을 떼고 자선사업가로 살겠다"고 발표한다. 그리고 얼마 안 있어 워런 버핏이 20년 동안 총액 300억 달러에 이르는 거금을 빌 앤 멜린다 게이츠 재단에 기부하겠다고 발표해 세계를 놀라게 했다. 당시 버핏은 "멜린다가 없었다면 게이츠 재단에 재산을 기부하지 않았을지도 모른다"고 밝혔다.

약속대로 2008년 재단 일에만 몰두하기 시작한 게이츠는 그 해 초 다보스포럼 연설에서 '창조적 자본주의'라는 개념을 주창한다. 그는 부유한 사람뿐 아니라 가난한 사람들을 위해서도 자본주의가 기여할 수 있도록 하는 새로운 시장 시스템을 설계하고, 기업들도 이를

강력한 경쟁자들의 출현으로 MS의 PC 지배력도 점차 흔들리고 있다. 익스플로러는 윈도와 함께 MS의 PC 지배력을 견인하던 제품이었다. 그러나 2011년에서 2012년, 1년 사이 구글 크롬이 익스플로러가 수성하던 국가들을 빠른 속도로 대체해나가고 있다.

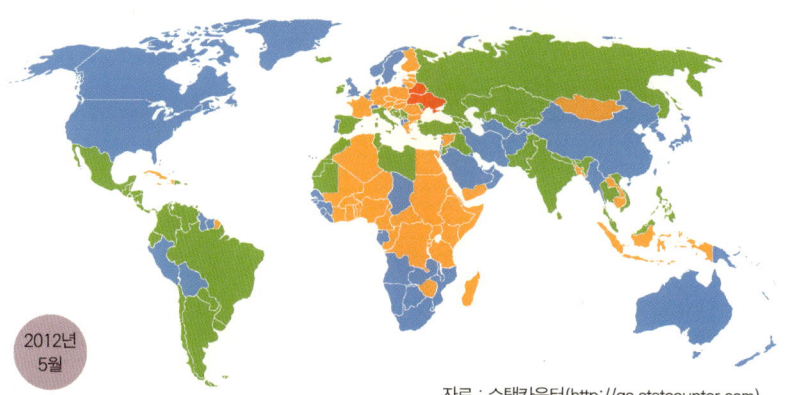

2012년 5월

자료 : 스탯카운터(http://gs.statcounter.com)

염두에 둔 사업모델을 찾아야 한다고 말했다. 시장 경제 체제를 무너뜨리지 않으면서 세계적으로 자본이 빈민들을 외면하고 이미 부유한 쪽으로 쏠리는 것을 막는 방안을 찾자는 얘기다. 독점으로 막대한 재산을 모은 사람이 해도 되는 말인가 싶기는 하지만 많은 사람들은 그의 말에서 순수함과 진정성을 느끼고 있는 것 같다.

한때 '돈밖에 모르는 냉혹한 독점자본가'로 여겨졌던 게이츠는 10년 간의 노력을 통해 이 같은 이미지를 완전히 벗었다. 「포브스」

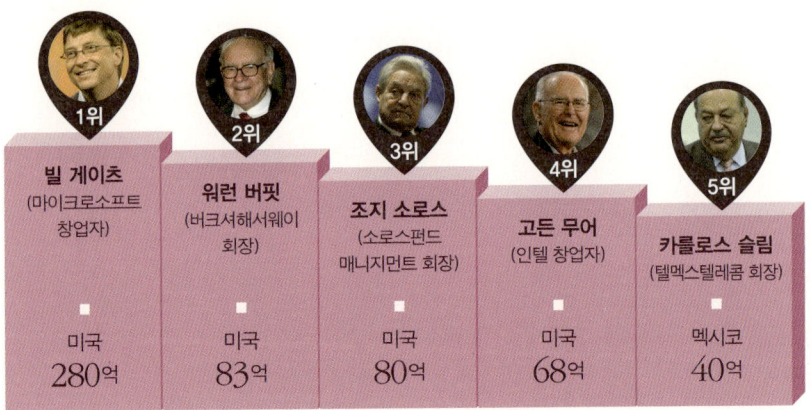

▶ 억만장자 기부 현황 (단위 : 달러)

순위	이름	국적	기부액
6위	조지 카이저(BOK파이낸셜 회장)	미국	40억
7위	엘리 브로드(선아메리카 창업자)	미국	26억
8위	아짐 프렘지(위프로테크놀로지 회장)	인도	21억
9위	제임스 스토워스(아메리칸센추리 창업자)	미국	20억
10위	마이클 블룸버그(블룸버그통신 창업자)	미국	18억

자료: 「포브스」, 2011년

는 억만장자들의 실제 기부 현황을 집계해 종종 발표하는데, 게이츠는 2위와 큰 격차로 1위 자리를 지키고 있다. 막대한 기부에도 불구하고 끝까지 순수성을 의심 받았던 록펠러와 달리, 게이츠는 천문학적인 규모의 재산을 자녀에게 물려주지 않고 자기가 번 돈을 죽기 전에 거의 모두 기부하겠다고 밝힘으로써 '노블레스 오블리주 정신의 실천가'로 인정받게 되었다.

자신감의 DNA

소프트웨어 분야에서 아직 개발되지 않은 제품을 미리 앞당겨 발표하는 것을 베이퍼웨어라고 한다. 베이퍼웨어는 사용자들에게 지금 할 수 없는 일이 가능하다는 환상을 심어주고, 당장 구할 수 있는 경쟁업체의 제품을 사지 못하도록 한다. 실제로 신기루에 매료된 사용자들은 자발적으로 MS 제품을 기다렸고, 베이퍼웨어 전략은 MS가 성장하는데 크게 기여했다. 마흔 살에 자신의 성공을 당연하게 여길 만큼 항상 자신감 넘쳤던 게이츠가 아니고서는 사용할 수 없는 전략이었다.

George Soros

금융의 연금술사

조지 소로스

"헤지펀드가 유로화에 공격을 퍼붓고 있다(Hedge Fund Pounds Euro)."

2010년 2월 25일 「월스트리트저널」 1면에 섬뜩한 제목의 기사가 실렸다. 조지 소로스(George Soros, 1930년~)가 운영하는 펀드를 포함한 초대형 헤지펀드 관계자들이 2월 초 뉴욕 맨해튼에서 비밀회의를 가지고, 유로화 폭락에 베팅해 큰돈을 벌 계획을 세웠다는 내용이었다. 실제로 남유럽 재정위기가 계속되면서 유로화는 폭락을 거듭하고 있었다.

기사의 헤드라인이 지나치게 자극적이라는 비판도 받았지만, 이 헤드라인을 통해 편집자가 노린 것은 자명했다. 독자들에게 '검은 수요일'을 연상시키고자 했던 것이다.

영국 중앙은행을 굴복시킨 사나이

검은 수요일은 1990년 10월 유럽환율제도(ERM)에 가입했던 영국이 2년 뒤(1992년 9월 16일) 헤지펀드의 파운드화 매도 공세를 버티지 못하고 ERM에서 탈퇴한 '영국판 외환위기'를 가리키는 말이다. 그날 영국 중앙은행인 영란은행은 외환보유고를 대규모로 투입해 파운드화를 매수하고 기준금리도 하루 새 두 차례나 인상했다. 하지만 하루 동안 무려 100억 달러 이상의 매도 포지션을 취한 소로스의 공격에 무릎을 꿇고 말았다. 한 달 후, 영국 일간지 「더 타임스」는 "파운드화 폭락으로 10억 달러를 번 사나이"로 소로스를 지목했고, 그는 "하루 만에 영란은행을 굴복시킨 환투기꾼"이라는 악명을 얻게 되었다.

이후 각국에서 통화위기가 발발할 때마다 소로스는 배후로 지목되어 왔다. 1997년 아시아 외환위기 당시 마하티르(Mahathir bin Mohamad) 말레이시아 총리는 "소로스가 미얀마 군사

▼ 1990년 소로스는 ERM에 내재한 불합리를 꿰뚫어보고 외환보유고가 400억 달러 내외에 불과했던 영국을 공격했다. 소로스의 공격에 영국 파운드화는 속수무책으로 폭락했고, 그는 10억 달러를 벌었다.

정권의 아세안(ASEAN, 동남아국가연합) 가입을 허용한 데 불만을 품고 의도적으로 태국 바트화, 말레이시아 링기트화 등 아시아 통화를 공격했다"며 소로스를 원색적으로 비난했다. 2010년 유로화 폭락 사태를 겪은 유럽 각국 수장들도 "투기세력에 맞서 유로화를 지키겠다"며 소로스 같은 헤지펀드 세력을 '악(惡)의 축'으로 묘사했다.

환투기꾼 VS. 자선사업가, 야누스의 얼굴

소로스는 한편에서는 악마로 불리지만, 다른 한편에서는 천사의 얼굴을 한 세계적 자선사업가로 불리기도 한다. 「포브스」 억만장자 리스트에서 2010년 당시 재산은 140억 달러, 순위는 35위에 머물렀지만 그가 살아오면서 기부한 총 액수는 72억 달러로 당시 빌 게이츠(280억 달러)에 이어 세계 2위를 기록했다.

투기만큼이나 공격적인 소로스의 자선사업은 일반적으로 자선단체들이 빈곤 퇴치나 환경 보호 등 '인류 공영'을 목표로 활동하는 것

과 달리 강한 정치적 동기에서 진행된다. 이는 소로스의 파란만장한 유·청년기의 경험이 영향을 미친 결과다.

소로스는 1930년 헝가리 부다페스트에서 유대인 변호사의 아들로 태어났다. 1944년 나치가 유대인 탄압을 시작하자 수용소행을 피하기 위해 공무원의 양자로 입적해, 혈통을 숨기기도 했다. 1947년 헝가리가 공산화되자 영국으로 떠난 그는 짐꾼, 웨이터 등으로 일하며 학비를 벌어 런던정경대학(LSE)과 대학원을 졸업했다. 특히 철도 노동자로 일하다 다쳤을 때 사회보험 혜택을 받지 못하자 병실에 누워 "나중에 성공하면 반드시 자선사업을 하겠다"고 다짐했다고 한다.

소로스는 재학 중 『열린 사회와 그 적들(The Open Society and It's Enemies)』이란 저서로 유명한 철학자 칼 포퍼(Karl Popper)의 가르침을 받고 큰 감명을 얻어, 이후 '열린 사회'라는 개념을 현실에서 구현하기 위해 노력했다. 주된 타깃은 자신의 고향인 사회주의 체제 하의 동유럽이었다. 1969년 짐 로저스(Jim Rogers)와 함께 설립한 퀀텀펀드가 10년간 연평균 35%의 전설적인 수익률을 기록하며 대성공을 거두자, 그는 1979년 열린사회기금을 창설하고 1984년에는 헝가리에 소로스 재단을 설립했다.

이후 동유럽 각국에 설립된 소로스 재단의 지원을 통해 수많은 지식인들과 학생들이 서구 자본주의 국가로 유학을 가게 되었다. 결과적으로 이들은 동유럽 사회주의 붕괴 과정에 관여했을 뿐만 아니

▶ 소로스는 2003년 조지 W. 부시 대통령을 낙선시키기 위해 미국 전역을 돌며 강연을 하고 정치사회단체에 수백만 달러를 기부하는 등 뚜렷한 정치적 목표를 가지고 기부활동을 벌이기도 했다.

라, 이후 순조로운 체제전환을 주도하는 리더가 되었다.

'2004년 미국 대선'을 앞둔 2003년 11월, 소로스는 돌연 "조지 W. 부시 대통령의 재선을 막을 수만 있다면 전 재산이라도 내놓겠다"며 낙선운동에 뛰어들었다. 그가 이라크전을 강행하고 국제질서를 어지럽힌 부시 전 대통령을 '열린 사회의 적'이라고 봤기 때문이다. 그는 당시 인터넷을 기반으로 한 정치사회단체에 수백만 달러씩 기부하고 '우리는 왜 부시의 재선을 막아야 하는가?'를 주제로 미국을 돌며 강연을 하기도 했다.

"시장은 합리적이지 않다"

소로스의 투자는 상처 난 곳을 후벼 파는 하이에나 같은 방식 때문에 비난을 받기도 하지만, 시장에 대한 확고한 철학과 분석에 바탕을 두고 있는 것 역시 사실이다. 그는 칼 포퍼의 열린 사회 개념에서 '재귀성 이론(The Theory of Reflexivity)'이란 투자 철학을 이끌어냈다.

포퍼는 "인류사회는 인간이 오류를 범할 수 있다는 점을 인식할 때에만 진보하며, 궁극적인 진리를 독점할 수는 없다"고 강조했다. 따라서 재귀성 이론은 시장이 합리적으로 움직이고 주가 등이 실제 가치를 반영한다는 '합리 가설'을 전면 부인한다. 오히려 일반적으로 시장은 편견과 오류로 왜곡되어 있으며, 그러한 불균형은 투자자들에게 영향을 미치고 투자자 역시 불균형을 심화시키는 쪽으로 자기실현을 거듭해가며 '쏠림 현상'이 나타난다고 주장한다. 주식 시장에서 주가가 상승하면 긍정적인 편견에 의해 상승 추세가 강화되고, 주가가 떨어지면 부정적 편견이 강해져 하락을 더 부채질하는 현상을 예로 들 수 있다. 시장에 이러한 불균형이 포착되면 적극 활용하는 게 그의 투자 기법이다.

이 같은 논리에 따르면 1992년의 검은 수요일도 사실 영국 정부가 자초한 측면이 있다는 주장이 성립한다. 당시 독일은 통일 이후 구 동독에 대한 지원 때문에 발생한 인플레이션을 막기 위해 금리를 2년간 열 차례나 올렸다. 마르크화 상승이 예견되는 상황이었다. 반면 영국은 실업률 증가와 최악의 불경기를 맞아 파운드화 하락이 예상되는 상태였다. 그런데도 2년 전 보수당 정부가 사실상 고정환율제인 ERM에 가입했기 때문에 파운드화는 충분히 평가절하되지 않았다. 소로스는 ERM에 내재한 이 같은 불합리를 꿰뚫어보고 외환보유고가 400억 달러 내외에 불과했던 영국을 타깃으로 공격을 시작했던 것이다.

검은 수요일 이후 보수당 정부는 변동환율제를 도입해 환율을 시장에 맡긴 데 이어 고금리정책도 포기했다. 금리가 내려가고 파운드화의 가치가 하락하면서 비로소 영국 경제는 회복국면에 진입하기 시작했다.

1997년 들어선 노동당 정부는 중앙은행을 재무부에서 독립시켜 통화정책에 대한 개입을 차단했다. 영국 정부가 단일 통화인 유로화 채택을 거부한 것도 검은 수요일이 준 교훈 때문이다. 결국 검은 수요일은 영란은행에 치욕을 안기고 영국 경제에 큰 타격을 입혔지만, 정부의 잘못된 정책 판단을 수정하고 경제의 체질을 개선하는 계기가 되었다.

투자 실패는 더 큰 성공으로 만회

소로스가 투자할 때마다 성공을 거뒀던 것은 아니었다. 대규모 손실을 본 적도 많았다. 그러나 그는 외환·주식·채권 시장을 넘나들며 공격적이고 다양한 투자를 함으로써 더 큰 수익을 얻어 실패를 만회했다. 기회가 포착되면 엄청난 규모의 대출을 통해 공격적인 레버리지 투자를 감행했다.

소로스는 1994년 미국과 일본의 무역협상이 타결되면 엔화가 결국 하락할 것으로 내다보고 엔화를 집중적으로 매도하는 투기에 나섰다. 그러나 엔화는 1995년 초 달러당 79엔이라는 사상 최고치까지 치솟았고, 그는 6억 달러의 손실을 입었다. 그럼에도 소로스의 펀드는 '턴 어라운드(실적 회복)' 기업에 대한 주식투자 덕에 그 해 39%라는 높은 수익률을 기록했다.

1998년 8월에는 러시아가 모라토리엄을 선언했다. 러시아 주식에 많이 투자했던 소로스는 20억 달러에 이르는 투자손실을 입었다. 곧이어 미국의 대형 헤지펀드 롱텀 캐피탈 매니지먼트(LTCM) 사태*가 터졌다. 그러나 이 해에도 소로스의 펀드는 17%의 수익률을 올렸다.

1999~2000년까지 이어진 닷컴 버블 당시에는 닷컴주를 공매도하다 엄청난 손실을 입었고, 이에 따라 은퇴설도 나돌았지만 재기했다. 2007~2008년 서브프라임모기지 위기가 금융 시장을 덮치자 공매도를

롱텀 캐피탈 매니지먼트 사태 롱텀 캐피탈 매니지먼트는 노벨 경제학상 수상자 등 세계 최고의 금융 전문가들을 영입해 만든 헤지펀드다. 1998년 8월 러시아가 모라토리엄을 선언하자 LTCM은 한 달 동안 19억 달러를 잃고 펀드 자산은 1,250억 달러에서 2% 수준인 22억 800만 달러로 감소했다. LTCM은 레버리지를 활용해 1조 달러가 넘는 돈을 운용하면서도 현금을 거의 보유하고 있지 않았다. LTCM의 파산은 세계 금융 시장에 일대 혼란을 몰고 왔다. 미국 연방준비은행은 긴급 지원을 해 사태를 수습했다. LTCM 사태 이후 헤지펀드에 대한 규제의 필요성이 대두되었다.

통해 대규모 수익을 올리기도 했다.

소로스의 제자이자 소로스 펀드를 장기간 운용했던 스탠리 드러켄밀러(Stanley Druckenmiller)는, 소로스가 손실을 두려워하지도 않고 거액의 손실에도 전혀 괴로워하지 않는다고 평한 적이 있다. '한 거래에서 실패하면 다른 거래에서 성공해 만회할 수 있다는 자신감' 때문이다. 아마도 한 국가를 향해서 무자비한 공격을 감행할 정도로 무모함과 두둑한 배짱을 갖고 있기에 가능한 자신감일 것이다.

'악덕 투기꾼'과 '세계적 자선사업가', '금융의 연금술사'와 '메시아적 진보철학자' 그에 대한 평가는 극명하게 엇갈린다. 그의 진짜 얼굴이 무엇이든 그의 다음 타깃이 한국만은 아니길 바란다.

▶ 조지 소로스와 워런 버핏은 둘 다 기업을 경영하지 않고 돈을 굴려 부자가 되었다는 공통점이 있다. 하지만 세간의 평가는 크게 다르다. 버핏이 '오마하의 현인'이라 칭송받으며 바람직한 투자자의 표본으로 인식되는 반면, 소로스는 시장을 교란시키고 경제의 근간을 흔드는 투기꾼의 이미지가 강하다.

강심장의 DNA

헤지펀드는 태생적으로 고수익에 비례하는 고위험을 동반하는 금융상품이다. 하지만 소로스는 돈을 벌기 위해 돈을 아끼지 않는다. 또 6억 달러, 20억 달러에 이르는 손실에도 낙심하지 않는다. 하지만 그의 배포 큰 배팅 뒤에는 시장에 내재한 불합리를 꿰뚫어보는 날카로운 분석력이 있다.

The World's Billionaires
세계 억만장자 리스트

1위
▶ 카를로스 슬림
Carlos Slim Helu
690억 | 통신 | 멕시코

2위
▶ 빌 게이츠
William H. Gates
610억 | 마이크로소프트 | 미국

5위
◀ 아만시오 오르테가
Amancio Ortega
375억 | 자라 | 스페인

6위
◀ 래리 엘리슨
Larry Ellison
360억 | 오라클 | 미국

9위
 리카싱
李嘉誠
255억 | 청콩실업 | 홍콩

10위
▶ 카를 알브레히트
Karl Albrecht
254억 | 알디 | 독일

12위
◀ 데이비드 코크
David Koch
250억 | 복합적 | 미국

14위
◀ 셸던 아델슨
Sheldon Adelson
249억 | 라스베이거스 샌즈 그룹 (카지노) | 미국

순위 ◀
이름
재산(달러) | 부의 원천 | 국적

자료 : 「포브스」, 2012년
* 언론에 한 번도 얼굴을 공개한 적이 없는 인물은 사진란을 비워둠

| 3위 ▶ **워런 버핏** Warren Buffett 440억 \| 버크셔 해서웨이 \| 미국 |  | 4위 ◀ **베르나르 아르노** Bernard Arnault 410억 \| LVMH \| 프랑스 |  |

 7위 ◀ **에이케 바티스타** Eike Batista 300억 | EBX 그룹 (광업, 석유) | 브라질    8위 ◀ **스테판 페르손** Stefan Persson 260억 | H&M | 스웨덴

11위 **크리스티 월튼** Christy Walton 253억 | 월마트 | 미국    12위 ◀ **찰스 코크** Charles Koch 250억 | 복합적 | 미국

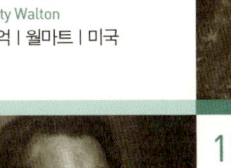 15위 ◀ **릴리안 베탕쿠르** Liliane Bettencourt 240억 | 로레알 | 프랑스    16위 ◀ **짐 월튼** Jim Walton 237억 | 월마트 | 미국

17위
◀ 앨리스 월튼
Alice Walton
232억 | 월마트 | 미국

18위
◀ 롭슨 월튼
S. Robson Walton
231억 | 월마트 | 미국

21위
▶ 락시미 미탈
Lakshmi Mittal
207억 | 철강 | 인도

22위
▶ 조지 소로스
George Soros
200억 | 헤지펀드 | 미국

24위
◀ 래리 페이지
Larry Page
187억 | 구글 | 미국

26위
◀ 제프 베조스
Jeff Bezos
184억 | 아마존닷컴 | 미국

29위
▶ 알 왈리드 빈 탈랄
Alwaleed Bin Talal
180억 | 투자 | 사우디아라비아

29위
▶ 리쇼키
李兆基
180억 | 복합적 | 홍콩

32위
◀ 이리스 폰트보나
Iris Fontbona
178억 | 광업 | 칠레

34위
◀ 미하엘 오토
Michael Otto
176억 | 유통, 부동산 | 독일

37위
▶ 리카르도 살리나스 플리에고
Ricardo Salinas Pliego
174억 | 유통, 미디어 | 멕시코

38위
▶ 알베르토 바이에르레스 곤잘레스
Alberto Bailleres Gonzalez
165억 | 광업 | 멕시코

41위
◀ 마이클 델
Michael Dell
159억 | 델 | 미국

41위
◀ 블라디미르 리신
Vladimir Lisin
159억 | 철강, 운송 | 러시아

19위
◀
무케시 암바니
Mukesh Ambani
223억 | 석유화학, 석유, 가스 | 인도

20위
◀
마이클 블룸버그
Michael Rubeans Bloomberg
220억 | 블룸버그 LP | 미국

23위

미켈레 페레로
Michele Ferrero
190억 | 제과 | 이탈리아

24위
▶
세르게이 브린
Sergey Brin
187억 | 구글 | 미국

27위
◀
토마스-레이먼드 콕 형제
Thomas & Raymond Kwok
183억 | 부동산 | 홍콩

28위
◀
알리셰르 우스마노프
Alisher Usmanov
181억 | 철강, 통신, 투자 | 러시아

29위
▶
지나 라인하트
Gina Rinehart
180억 | 광업 | 호주

32위
◀
베르톨트 테오 알브레히트 주니어
Berthold & Theo Jr. Albrecht
178억 | 알디, 트레이더 조스 | 독일

35위
◀
데이비드 톰슨
David Thomson
175억 | 미디어 | 캐나다

35위
◀
마크 저커버그
Mark Zuckerberg
175억 | 페이스북 | 미국

39위
▶
리나트 아흐메토프
Rinat Akhmetov
160억 | 철강, 석탄 | 우크라이나

39위
▶
청위퉁
鄭裕彤
160억 | 복합적 | 홍콩

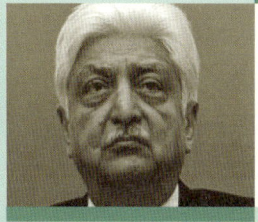

41위
◀
아짐 프렘지
Azim Premji
159억 | 소프트웨어 | 인도

44위
◀
스티브 발머
Steve Ballmer
157억 | 마이크로소프트 | 미국

45위
◀ 알렉세이 모르다쇼프
Alexey Mordashov
153억 | 철강, 투자 | 러시아

46위
◀ 블라디미르 포타닌
Vladimir Potanin
145억 | 광업 | 러시아

48위
 게르만 라레아 모타 벨라스코
German Larrea Mota Velasco
142억 | 광업 | 멕시코

50위
◀ 칼 아이칸
Carl Celian Icahn
140억 | 인수합병 | 미국

52위
◀ 재클린 마스
Jacqueline Mars
138억 | 제과 | 미국

52위
◀ 존 마스
John Mars
138억 | 제과 | 미국

57위
▶ 미하일 프리드만
Mikhail Fridman
134억 | 석유, 은행, 통신 | 러시아

58위
▶ 미하일 프로호로프
Mikhail Prokhorov
132억 | 투자 | 러시아

61위
◀ 모하메드 알 아모디
Mohammed Al Amoudi
125억 | 석유, 복합적 | 사우디아라비아

61위
◀ 앤 콕스 체임버스
Anne Cox Chambers
125억 | 미디어 | 미국

64위
▶ 루이스 카를로스 사르미엔토
Luis Carlos Sarmiento
124억 | 은행 | 콜롬비아

64위
▶ 빅토르 벡셀베르크
Viktor Vekselberg
124억 | 석유, 광업 | 러시아

69위
◀ 도널드 브렌
Donald Bren
120억 | 부동산 | 미국

69위
◀ 조르제 파울로 레만
Jorge Paulo Lemann
120억 | 주류 | 브라질

47위
◀ 필 나이트
Phil Knight
144억 | 나이키 | 미국

48위
◀ 폴 앨런
Paul Allen
142억 | 마이크로소프트, 투자 | 미국

50위
▶ 버짓 라우징
Birgit Rausing
140억 | 패키지 | 스웨덴

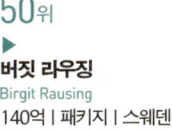

52위
◀ 포레스트 마스 주니어
Forrest Mars Jr
138억 | 제과 | 미국

52위
◀ 조제프 사프라
Joseph Safra
138억 | 은행 | 브라질

56위
◀ 바지트 알렉베로프
Vagit Alekperov
135억 | 루크석유 | 러시아

59위
▶ 주자네 클라텐
Susanne Klatten
130억 | BMW, 제약 | 독일

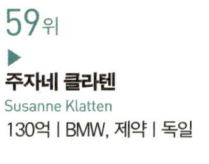

59위
▶ 프랑수아 피노
François Pinault
130억 | 유통 | 프랑스

61위
◀ 존 폴슨
John Paulson
125억 | 헤지펀드 | 미국

64위
◀ 로버트 쿽
Robert Kuok
124억 | 복합적 | 말레이시아

67위
▶ 안토니오 에르미리오 지 모라이스
Antonio Ermirio de Moraes
122억 | 복합적 | 브라질

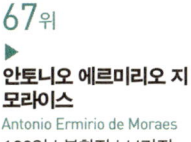

68위
▶ 로만 아브라모비치
Roman Abramovich
121억 | 철강, 투자 | 러시아

69위
◀ 로널드 페럴만
Ronald Perelman
120억 | 인수합병 | 미국

72위
◀ 레오나드 블라바트니크
Leonard Blavatnik
119억 | 복합적 | 미국

72위
레오니드 미헬슨
Leonid Mikhelson
119억 | 가스, 화학 | 러시아

74위
레오나르도 델 베키오
Leonardo Del Vecchio
115억 | 안경 | 이탈리아

76위 ▶
슈테판 크반트
Stefan Quandt
112억 | BMW | 독일

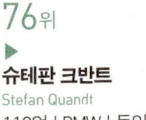

78위
제럴드 캐번디시 그로브너
Gerald Cavendish Grosvenor
110억 | 부동산 | 영국

81위 ◀
안드레이 멜리첸코
Andrey Melnichenko
108억 | 석탄, 비료 | 러시아

82위 ◀
제임스 사이먼
James Simons
107억 | 헤지펀드 | 미국

85위 ▶
에비게일 존슨
Abigail Johnson
103억 | 피델리티 | 미국

86위 ▶
리옌훙
李彦宏
102억 | 바이두 | 중국

88위
조지 카이저
George Kaiser
100억 | 석유, 가스, 은행 | 미국

88위 ◀
요한나 크반트
Johanna Quandt
100억 | BMW | 독일

93위 ▶
세르쥬 다쏘
Serge Dassault
99억 | 항공 | 프랑스

93위
아난다 크리슈난
Ananda Krishnan
99억 | 통신 | 말레이시아

97위 ◀
알레한드로 산토 도밍고
Alejandro Santo Domingo Dávila
95억 | 주류 | 콜롬비아

98위 ◀
호르스트 파울만
Horst Paulmann
93억 | 유통 | 칠레

75위
◀
존 프레드릭센
John Fredriksen
113억 | 해운 | 키프로스

76위
◀
알리코 단고테
Aliko Dangote
112억 | 설탕, 시멘트 | 나이지리아

78위
▶
해롤드 햄
Harold Hamm
110억 | 석유, 가스 | 미국

80위
▶
사비트리 진달
Savitri Jindal
109억 | 철강 | 인도

83위
◀
에르네스토 베르타렐리
Ernesto Bertarelli
106억 | 바이오, 투자 | 스위스

84위
◀
잭 테일러
Jack Taylor
104억 | 엔터프라이즈 렌터카 | 미국

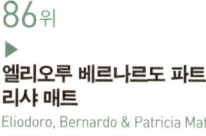

86위
▶
엘리오루 베르나르도 파트리샤 매트
Eliodoro, Bernardo & Patricia Matte
102억 | 제지 | 칠레

88위
▶
레이 달리오
Ray Dalio
100억 | 헤지펀드 | 미국

88위
한스 라우징
Hans Rausing
100억 | 패키지 | 스웨덴

88위
◀
야나이 다다시
柳井正
100억 | 유통 | 일본

95위
▶
클라우스 미카엘 퀴네
Klaus-Michael Kühne
98억 | 쇼핑 | 독일

96위
팔론지 미스트리
Pallonji Mistry
97억 | 건설 | 아일랜드

99위
◀
겐나디 팀첸코
Gennady Timchenko
91억 | 석유, 가스 | 러시아

100위
◀
로렌 파월 잡스
Laurene Powell Jobs
90억 | 애플, 디즈니 | 미국